KB141313

**시대의
물음에 답하라**

대한민국이 직면한 도전과
리더의 역할에 관하여

철학문화연구소 엮음

시대의 ——————
물음에 답하라

생각의닻

일러두기

1. 본서는 계간 《철학과현실》 120호(2019년 봄호)부터 131호(2021년 겨울호)까지 실렸던 12편의 좌담과 수십 편
   의 칼럼과 논단 중 우리 사회의 가장 긴요한 문제와 시대정신, 리더십 등과 관련된 글을 편집·정리했다.
2. 좌담은 현장감을 살리기 위해 최대한 현장의 어투를 그대로 사용했다.
3. 인명과 지명 등 고유명사는 해당 언어의 발음을 외래어 표기법에 따라 적었다.
4. 논문이나 보고서, 다큐멘터리 등은 〈 〉, 잡지나 단행본 등은 《 》로 구분했다.
5. 원활한 독서를 위해 각주를 미주로 변경했다.

시대정신과
우리 사회의 급소

우리 삶과 사회를 근본적으로 바꿔놓을 시대의 대전환이 일어나고 있다. 우리에게 닥쳐올 새로운 시대는 어떤 모습일까? 우리는 어떤 시대에서 다른 어떤 시대로 이행하고 있는가? 우리는 이런 질문을 너무 자주 들어 진부하게 생각하는 경향이 있다. 시대가 변한다는 사실은 익히 알고 있지만, 그 변화의 속도와 범위가 너무 빠르고 방대해서 변화의 방향을 가늠하기 어렵다. 어쩌면 시대 변화의 방향과 의미를 생각하는 것 자체가 무의미해졌다는 것이 새로운 변화의 징후일지도 모른다.

우리를 기존의 관점과 사고방식으로부터 깨워놓는 것은 언제나 '위기의식'이었다. 우리는 일반적으로 변하는 시대를 쫓아가기에 급급해 시대가 변한 뒤에야 비로소 시대의 변화를 인식하곤 한다.

"미네르바의 올빼미는 황혼 녘에야 날갯짓을 한다"는 헤겔의 말처럼 우리는 중요한 사건이 일어난 뒤에야 비로소 그 의미를 성찰할 수 있는 것인가. 물론 과거에 대한 성찰이 미래의 방향을 설정하는 데 도움이 되지만, 중요한 것은 '지금 그리고 여기'에서 일어나는 사건의 의미를 포착하는 일이다.

우리가 살아가는 시대에 대한 의식은 시대 변화에 대한 성찰과 함께 형성된다. 여기서 우리는 '시대정신'이라는 헤겔의 개념에 주목한다. 시대에 따라 역사적으로 나타나는 헤겔의 절대정신을 전적으로 믿는 것은 아니지만, 시대 전환을 관통하는 무엇인가가 있다고 전제한다. 그것을 '문화적 경향'으로 부르든, 아니면 '메가트렌드'로 부르든, 우리는 시대의 변화를 읽어낼 수 있는 역사적 관점과 안목이 필요하다.

시대정신은 물론 구체적인 모습으로 나타나지 않는다. 헤겔의 철학적 과제는 프랑스 대혁명으로 표출된 '자유의 이념'이었다. 헤겔은 말 위에 위풍당당하게 앉아 예나로 진군하는 나폴레옹을 "세계영혼"이라고 불렀다. 그러나 21세기의 시대적 대전환을 온몸으로 말해줄 '위대한 인물'은 존재하지 않는다. 우리는 오히려 우리의 삶을 근본적으로 바꿔놓을 위기 현상에 집중해야 한다. 우리가 이러한 위기 속에 숨겨진 전환의 기호를 읽어내지 못하면, 우리의 삶이 더욱더 위태로워질 수 있는 그런 요소를 찾아내야 한다. 우리는 그것을 '시대의 급소'라 명명한다. 급소(急所)는 사전적으로 조금만 다쳐도 생명에 지장을 주는 몸의 중요한 부분을 의미한다. '시대의 급소'는 그것을 읽어내지 못하면 우리의 사회적, 정

시대의 물음에 답하라

치적 삶에 지장을 주는 시대 전환의 징후와 방향이다.

21세기의 현대사회는 문명사적 전환에 직면해 있다. 하나는 전 세계로 확산된 '자본주의'에 의한 것이며, 다른 하나는 외부의 자연환경뿐만 아니라 인간의 본성마저 대상으로 삼는 '과학과 기술'에 의한 것이다. 오늘날 자본주의는 극단적 불평등을 통해 사회를 양극화하고 있다. 사회적 불평등이 심해질수록 많은 사람이 인간 존엄보다는 생존 자체를 걱정해야 하는 주변부로 내몰린다. '잉여 존재', '흙수저', '헬조선', '20대 80의 사회'라는 신조어들은 모두 사회가 극단적으로 분열되고 있음을 말해준다. 이러한 징후가 무엇을 말하는지 성찰하고 대비하지 않는다면, 우리는 이러한 양극화의 경향이 초래할 사회적 위험을 상상조차 할 수 없을 것이다.

우리는 종종 변화에 둔감해져 그것이 가져올 치명적 위험을 보지 못하는 경우가 있다. 인간에 의한 자연 착취와 환경 오염이 대표적이다. 오늘날 사과를 재배할 수 있는 한계선이 점점 더 북상하고 있다는 사실을 대수롭지 않게 생각하듯이 기후변화가 초래할 미래의 대재앙을 공상과학으로 치부한다. 눈에 보이는 검은 먼지보다 눈에 보이지 않는 백색 먼지가 훨씬 더 치명적일 수 있다는 사실을 인식하면서도 우리는 기존의 생활방식을 고수한다. 과학과 기술이 가져올 편의뿐만 아니라 위험과 폐해를 미리 성찰해야만 4차 산업혁명의 역사적 의미를 제대로 파악할 수 있을 것이다.

이 책을 기획할 때는 우리 사회의 안팎에서 일어나는 위기 현상이 주요 관심사였다. 대전환기를 책임질 20대 대통령을 뽑는 대선이 임박한 시점에서 시대정신을 파악할 필요가 있었다. '시대의 급소'를 찾고자 하는 이 책은 자연스럽게 두 부분으로 구성되었다. 우리 사회의 문제점이 무엇인지를 총체적으로 파악하여 미래의 방향을 설정하려는 '시대정신과 리더십'을 앞세웠고, '공정의 문제와 능력주의'를 다룬 후반부에서는 삶과 직결된 현안과 쟁점을 살펴보았다. 우리 사회를 안으로부터 읽어내어 앞으로 나아갈 방향을 모색하는 길에서 좌담과 글로 참여해주신 여러 선생님께 다시 한번 감사의 말씀을 드린다.

여기에 실린 글들은 이미 계간 《철학과현실》에 발표되었지만, '시대의 급소'를 찾는 일이 어느 때보다 시급하다는 인식에서 한 권의 책으로 묶게 되었다. 서문을 쓰고 있는 지금 그 필요성을 다시 한번 확인하게 된다. 2022년 2월 24일, 러시아의 우크라이나 침공으로 세계는 전혀 다른 시대를 맞이하고 있기 때문이다. "깨보니 다른 세계였다"는 말처럼 우크라이나 전쟁 이후의 세계는 그 이전의 세계와는 전혀 다를 것이다. 독일 총리 올라프 숄츠가 의회 연설에서 언급한 '시대전환'(Zeitenwende)이라는 독일어 낱말이 암시하는 것처럼 시대가 근본적으로 변하고 있다.

우리는 어쩌면 그동안 익숙했던 패러다임과 결별해야 할지도 모른다. 우리는 오랫동안 평화에 익숙해져 전쟁 같은 끔찍한 일은 일어나지 않을 것이라 믿었다. 이런 믿음이 하룻밤 사이에 깨진 것이다. 푸틴은 '유라시아주의'라는 정치적 종교에 기반한 러시아 제국을 건설하겠다는 생각에 국제질서를 파괴했다. 그는 핵전쟁 위협마저 서슴지 않는다. 유라시아의 반대편에는 중화주의로 무장한 중국이 제국주의적 야망을 실현할 기회를 엿보고 있다.

한편에는 러시아와 유럽, 다른 한편에는 패권국 미국과 중국 사이의 갈등을 더는 단순한 패권 경쟁으로 볼 수 없게 되었다. 새뮤얼 헌팅턴이 오래전에 예견한 '문명의 충돌'이 이제는 폭력적인 문화 전쟁으로 전개될 수도 있다. 이제 우리는 전혀 새로운 시대로 진입하고 있다. 그런데 우리 사회는 여전히 심각하게 분열되어 내부적으로 진영 전쟁을 치르고 있지 않은가? 우리 사회의 심각한 문제를 보지 못하게 만드는 정치적 양극화와 인간다운 삶을 불가능하게 만드는 사회적 양극화는 모두 진영 전쟁으로 압축된다. 이것이 바로 우리 사회의 급소다.

사건이 일어나고 나서야 그 의미와 심각성을 깨닫는다면 너무 늦다. 그렇다면 우리는 어떻게 시대정신을 읽어낼 수 있는가? 멈춰서 생각해야 한다. 그리고 무엇이 문제인지를 질문하고, 자신의 의견을 자유롭게 개진해야 한다. 이 책이 우리 시대의 위기를 읽어내고, 미래의 방향을 찾아가는 조그만 이정표가 되기를 진심으로 기대한다. 이정표가 의미 있으려면, 우리는 모두 스스로 걸어야 한다.

2022년 봄을 기다리며
이진우

목차

목차

1부

전 지구적 도전과
우리의 선택

김태유

윤평중

최진석

김도연

시대정신과 리더십

◆ 김도연, 김태유, 윤평중, 최진석

윤평중

오늘 다룰 주제는 '시대정신과 리더십'입니다. 사실 이 주제는 굉장히 방대한 것이기도 하고 뜬구름 잡는 방식의 총론적 거대담론에 가까운 주제일 수도 있겠습니다만, 사안의 중요성과 시의성 때문에 전문가 선생님들과 깊이 있게 토론하는 자리가 꼭 필요하다고 생각합니다. 그 이유를 선생님들께서는 이미 짐작하셨을 것입니다. 한국 사회는 극단적인 진영 대립으로 분화되어 있는, 그런 사회이기도 합니다. 모든 중요한 이슈들이 소용돌이의 정치에 휩쓸린 나머지 장기적 비전이나 국가적인 중대 현안들이 경시되거나 뒷전으로 밀려나면서 한국인들의 삶의 세계에서 정말로 중요하고 유의미한 문제들이 제대로 다루어지지 않고 있다고 봅니다. 세계사적 문명 변환이나 세력 전이에 어두운 나머지 국난의 고통을 겪었던 한반도의 어두운 역사를 떠올리지 않을 수 없습니다. 그래서 여러 전문가 선생님들을 모시고 지금 대한민국이 직면한 시대정신의 변화는 무엇을 가리키고 있으며, 어떤 리더십이 미래를 대비할 수 있는지 살펴보려고 합니다. 그런 맥락에서 '시대정신과 리더십'을 큰 주제로 삼으면서 세 가지 세부 주제를 다뤄보려고 합니다. 제가 잠정적으로 생각해본 이슈들이 있는데, 첫 번째 세부 주제는 '미·중 패권경쟁과 국가 대전략'입니다. 두 번째 세부 주제는 '포스트 코로나와 4차 산업혁명' 또는 '정보통신기술혁명 다시 읽기'입니다. 세 번째 세부 주제는 '격차사회를 넘어서 사회통합으로'입니다. 세 개의 세부 주제를 차례대로 논의하면서 자연스럽게 전체 주제인 '시대정신과 리더십' 쪽으로 수렴이 되도록 토론이 진행될 것으로 기대합니다. 세 가지 세부 주제들 자체도 사실은 각각 하나의 단독 주제로 다루거나 큰 학술대회에서 해명해도 충분히 건사하기 어려울 정도로 거대한 주제이긴 합니다만, 일단 잠정적으로 초안을 잡아봤습니다. 토론해나가는 과정에서 여러 선생님들께서 관련되는 다른 이슈들이나 평소 생각하신 것들을 자유롭게 말씀하시면서 논의를 진행했으면 합니다.

시대의 물음에 답하라

미·중 패권경쟁과 국가 대전략

윤평중

그러면 바로 '미·중 패권경쟁과 국가 대전략'이라는 첫 번째 세부 주제로 논의를 시작하겠습니다. 제가 생각하기로는 지난 100년으로만 범위를 좁혀도 우리가 국제정치와 세계 경제적인 패러다임 변환의 시대를 제대로 읽어내지 못해서, 혹은 지혜롭게 대응하지 못해서 국가 절멸의 위기로 치달았다고 봅니다. 국민들 차원에서도 시민사회의 분열과 진영 대립, 우물 안 개구리식 시야의 편협함이 나라의 위기와 민중의 고통을 부추겼지요. 한말韓末은 말할 것도 없고, 해방 전후 시기나 6·25전쟁의 경우에도 마찬가지입니다. 지금 대한민국을 중대 안보위기로 몰아넣고 있는 북핵 문제도 사실은 미·중 패권경쟁과 국가 대전략의 하부 주제라는 생각이 듭니다. 우리는 이념과 진영에 따라 국가전략조차 파당화하는 관행이 매우 심각합니다. 극심한 국론분열은 통합된 의지와 리더십으로 국가전략을 성찰하고 실행하는 '사회의 집합적 능력'을 크게 떨어뜨렸습니다. 그 결과, 망국을 맞거나 전쟁을 불러와 국가가 초토화되고 한국 사회 전체가 절멸의 위기로 내몰렸습니다. 이러한 긴박한 상황에서 우리가 미·중 패권경쟁을 문명론적이고 철학적인 맥락에서 어떻게 조감해야 하고, 어떻게 대응할 것인가에 대해서 이야기를 해주시죠. 이제 자유롭게 말씀을 하시면 되는데, 첫 토론거리이기 때문에 김도연 교수님께 화두 정리를 부탁드리겠습니다.

김도연

저는 '미·중 패권경쟁과 국가 대전략'이라는 논의 주제에 대해 전문성은 없습니다만, 방금 윤평중 교수님의 이야기를 들으면서 그레이엄 앨리슨Graham T. Allison의 《예정된 전쟁Destined for War, 2017》이라는 책이 생각났습니다. 조그만 골목에서부터 아주 큰 세계 무대에 이르기까지 기존의 지배세력이 있는 상황에서 신흥세력이 부상하면 충돌하게 되어 있다는 것입니다. 그런 측면에서 제2차 세계대전 이후 지금까지 약 70년간 세계를 지배해온 미국과 신흥세력인 중국 간에 전쟁 가능성이 있다는 이야기지요. 그런 전쟁 가능성은 우리가 인식하고 있는 것보다 훨씬 더 높다는 게 많은 분들의 얘기고, 특히 조금 전에 윤 교수님께서 지적하셨듯이 그 불꽃이 튈 지역은 한반도가 될 가능성이 가장 크다는 것이 우리가 당면한 문제입니다.

말씀드렸던 책을 다시 찾아보면, 지난 500년간 신흥세력과 지배세력이 충돌한 총 16건의 사례 중에서 12건이 결국 전쟁으로 이어졌습니다. 충돌이 전쟁까지 이어진 최근 사례는 미국과 일본의 태평양전쟁이고, 반면에 미국과 소련의 쿠바 핵 위기는 전쟁을 회피한 경우로 꼽힙니다. 미국과 소련이 전쟁을 피할 수 있었던 주요 요인 중 하나는 세계를 통째로 날려버릴 수 있는 핵무기에 대한 공포가 아니었을까 하는 생각이 듭니다.

2008년에 과학자들은 인도와 파키스탄 간의 전쟁을 시뮬레이션한 적이 있습니다. 히로시마급 핵폭탄 100개를 주고받는 경우를 상정해, 상대방에게 큰 타격을 입히기 위해 인구 밀집 도시지역을 폭격한다고 가정했습니다. 그 결과는 화염과 방사능으로 2백만 명의 직접적인 희생자가 발생하며, 대기를 뒤덮는 검은 재로 지구가 냉각되어 전 세계 농업이 거의 궤멸되고, 그 후유증으로 약 10억 명의 인구가 전쟁 후 몇 달 안에 기근 등으로 희생될 것으로 전망되었습니다. 그런데 히로시마급 핵폭탄 100개를 다 합친 위력은 요즘 미국이나 러시아가 가지고 있는 약 5,000개의 핵폭탄 중 한 개만도 못한 정도입니다. 지금 우리는 상상할 수 없는 위협이 도사리는 세계에 살고 있는 셈입니다. 온 인류의 파멸이라는 두려움 때문에 미국과 중국이 군사적으로 맞붙는 그런 전쟁은 앞으로도 피해 가지 않을까 싶습니다. 소망사항입니다.

그런데 군사적 전쟁은 아니더라도 그만큼 무서운 것이 경제 전쟁 아니겠습니까. 몇 년 전 우리나라에 사드THAAD를 배치한 일로 미국과 중국이 갈등하면서, 그 불똥이 튀어서 우리나라의 롯데마트가 중국에서 모두 철수하는 일이 있었습니다. 중국에는 약 100여 개의 롯데마트가 있었던 것으로 아는데, 경제적으로 상당한 타격을 받았습니다. 이런 일이 다시 발생한다면 우리의 전략은 무엇일까요? 미·중 갈등을 해결할 전략이 있고 이를 구현할 수 있다면, 그야말로 노벨평화상을 받을 만한 일입니다. 1978년에는 지미 카터 미국 대통령이 안와르 사다트 이집트 대통령과 메나헴 베긴 이스라엘 총리를 캠프 데이비드에 불러서 서로 화해시키지 않았습니까. 그런 힘이 있으면 되는데, 우리가 갖고 있는 능력은 그것과 거리가 있습니다. 그럼에도 미국과 중국이 공통으로 관심을 갖는 사안을 우리가 발굴하고, 그것을 통해서 서로 얼굴을 맞대고 대화하게 하면 갈등을 해소하는 데 조금은 기여하지 않을까 싶습니다.

이에 대해서는 아마 김태유 교수님이 훨씬 더 좋은 이야기를 해 주실 수 있을 것 같습니다. 예를 들어, 북극항로나 동북아시아의 에너지 공동체 같은 것들은 모두가 관심을 갖고 서로 윈윈win-win 할 수 있는 주제들이 될 것 같습니다. 그런 측면에서 국방과 외교에 더욱 치중하는 리더십이 우리에게 필요하며, 각 분야의 전문가를 활용하는 일이 중요한 것 같습니다. 국가의 미래가 아닌 국내의 현실 정치를 위해 국제관계를 이용하는 리더십은 전혀 바람직하지 않습니다. 예를 들어, 지난 10년간 일본과의 관계를 보면 그야말로 최악입니다. 이웃과 관계가 나쁘면서 내가 행복하기는 절대 불가능한 일입니다.

또 하나 연결해서 말씀드리면, 미·중 간의 경쟁은 결국 반도체 같은 기술경쟁입니다. 대만은 TSMCTaiwan Semiconductor Manufacturing Company가 있기에 절대로 중국이 침공할 수 없다는 이야기도 있습니다. TSMC가 망가지면 중국이 멈추기 때문입니다. 이처럼 기술력에 기초한 전략자산을 확보하는 것이 굉장히 중요하다고 생각합니다. 이는 결국 기술 인력과 연결됩니다. 현재 우리 사회에서 기술 인력에 대한 병역 특례 등을 축소하는 일은 안타깝습니다. 국회에서도 언론특별법이 아니라, 반도체특별법이나 데이터특별법으로 우리에게 필요한 전략자산을 확보하기 위한 그런 정책적 노력이 필요하다고 생각합니다.

시대의 물음에 답하라

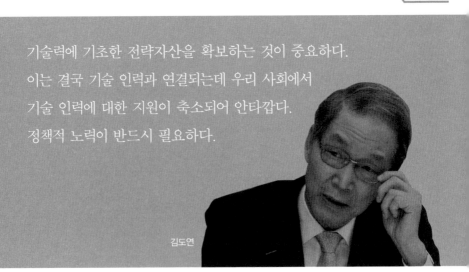

기술력에 기초한 전략자산을 확보하는 것이 중요하다.
이는 결국 기술 인력과 연결되는데 우리 사회에서
기술 인력에 대한 지원이 축소되어 안타깝다.
정책적 노력이 반드시 필요하다.

김도연

윤평중

김도연 교수님께서 미국과 중국의 대립이 군사적 열전으로 비화하는 아마겟돈의 시나리오까지 말씀을 해주셨고, 우리가 인류 보편사의 관점에서 그런 재앙을 피해갈 수 있는 지혜 창출의 필요성도 언급해주셨습니다. 그런 맥락에서 미·중 패권경쟁이 궁극적으로는 기술경쟁으로 수렴될 수밖에 없는 맥락도 짚어주셨습니다. 그러면서 두 번째 세부 주제까지 간단하게 언급해주신 셈이 되었습니다.

그러면 미·중 패권경쟁뿐 아니라 인류 역사를 통관하면서 강대국들 사이의 패권다툼이나 국가전략 문제를 오랫동안 천착해오신 김태유 교수님께서 얘기를 이어주시죠.

김태유

앞서 김도연 교수님께서 서두를 잘 시작해주셨고, 제가 언급하고자 하는 것과는 다른 측면을 먼저 말씀해주셨기 때문에 제가 말씀드릴 부담도 상당히 줄었습니다. 또 들어보시면 알겠지만, 다행스럽게도 저도 비슷한 결론을 가지고 이야기를 시작하게 됐습니다.

앞서 윤평중 교수님께서 우리가 과거에 세계 정세에 대해서 너무 무지하고 제대로 몰랐기 때문에 대응을 잘못해서 총체적 위기를 맞이했다고 언급하셨는데, 매우 적절한 지적이었다고 생각합니다. 그래서 지금 우리가 미·중 패권 문제를 어떻게 직시하느냐가 중요하다고 생각합니다. 저는 이것을 문명의 충돌처럼 추상적이고 현학적으로 설명하는 것에는 동의하지 않습니다. 이것은 구체적이고 현실적인 문제라고 생각합니다. 문명의 충돌에 관해 설명할 때 보면, 기독교 문명과 무슬림 문명이 부딪쳤다고 이야기합니다. 그런데 사실 그때는 산업혁명이 일어나기 전인 상업혁명 시대이기 때문에 인류 문명에 가장 핵심적인 부가가치는 몰루카 제도, 즉 향신료 제도에서 나는 후추, 정향, 육두구 같은 아주 값비싼 향신료였습니다. 이러한 향신료는 인도양을 지나 아라비아를 거쳐서 콘스탄티노플Constantinople에서 지중해의 도시국가 베니스, 피렌체, 제노바 상인들에게 넘어가서 유럽으로 가는 '밸류체인value chain'을 형성하고 있었습니다. 사실 중동 문제는 석유 이전에 무슬림들과 지중해 크리스천들이 어떻게 향신료의 밸류체인을 더 많이 가질 것인가 하는, 뺏고 빼앗기는 경제적인 다툼으로 시작된 것입니다. 실제로 역사상 있었던 모든 국제적인 갈등과 전쟁을 자세히 살펴보면 문명 간의 갈등이라기보다는 문명 내의 갈등인 경우가 훨씬 더 많았습니다. 그래서 현학적인 문명의 충돌로 설명해서는 안 된다고 생각합니다. 이제 패권전쟁의 본질에 대해서 본격적으로 말씀드려보겠습니다.

사실 미·중 패권전쟁은 자본주의 발전사의 한 단면입니다. 미국은 자본주의 1.0이라고 불리는 자유시장 체제하에서 대량생산을 시작했고, 1920년대에 비약적으로 발전했습니다. 정말 대단한 발전이었습니다. 그 당시를 일부 경제사학자들은 '포효하는 20년대', '1920년대의 포효하는 미국 경제'라고까지 표현했는데, 이런 미국 경제가 어느 날 갑자기 대공황에 의해서 완전히 무너져버렸습니다. 대공황에 대한 공포는 미국인이 가지고 있는 공포 중 가장 큰 것이 되었습니다. 그래서 미국은 생산력과 고용을 유지하고, 경제를 순환시켜서 미국 경제를 지속적으로 발전시키는 경제성장을 국가전략의 기본 목표로 하고 있습니다. 두 번째 측면은, 미국이 다민족국가라는 사실입니다. 정말 슬픈 과거지만, 미국이 신대륙을 개척할 때 아프리카 흑인들이 노예로 잡혀 와서 노동력을 제공했습니다. 지금은 노예가 모두 해방되었지만, 그들의 후손 대부분이 경제적으로나 사회적으로 취약계층으로 전락해 있습니다. 다민족 사회라는 사실과 역사적인 문제 때문에 미국은 취약 계층의 삶이 어려워지면, 언제든 폭동이 일어날 수도 있습니다. 단일민족이라는 표현에는 동의하지 않지만, 같은 국가, 같은 민족, 같은 문화를 형성하면서 오랫동안 살아온 비교적 호모지니어스homogeneous한 나라들과 달리 미국은 아주 작은 문제도 폭동으로 확산되어 왔습니다. 세 번째 측면으로, 미국 사람들은 유럽에서 굶주림과 신분의 차별 및 종교적 탄압으로부터 자유를 찾아 미국으로 떠나왔기 때문에 미국 사람들의 심성에는 기본적으로 고립주의, 즉 먼로주의Monroe Doctrine가 자리 잡고 있습니다. 그래서 전후 미국이 공산주의의 확산을 막기 위해서 마샬플랜을 추진하여 패전국 독일과 일본의 경제를 부흥시켰다는 사실에는 동의하지만, 그것만 가지고 전후 미국이 주도하는 세계경제 질서를 제대로 설명하기에는 한계가 있다고 생각합니다.

미국이 제2차 세계대전에 돌입하기 전에 뉴딜정책을 통해서 대공황으로부터 벗어나려고 노력했습니다만, 뉴딜정책이 경제적으로 성공했다는 증거는 어떤 경제 논문에서도 찾아볼 수 없습니다. 즉, 뉴딜정책은 경제적으로는 실패한 정책입니다. 다만 정치적으로는 어느 정도 성과를 거둔 것으로 보입니다. 미국 경제가 본격적으로 되살아난 것은 제2차 세계대전으로 전시 수요가 확장되면서 미국에서 완전 고용이 이루어졌기 때문입니다. 이론적으로는 전쟁이 끝나면 전시 수요가 소멸되기 때문에 전쟁 때 확장되었던 산업 생산시설로 인하여 전후 더 큰 치명적인 대공황을 불러올 수밖에 없습니다. 그래서 해결책은 전시에 확장한 생산력을 유지하는 것이었고, 그러기 위해서는 어딘가 미국 상품의 소비처를 찾아야 했습니다. 그때 가장 좋은 방법은 유럽과 패전국 경제를 재건하는 것이었습니다. 왜냐하면, 유럽 재건에 소요되는 막대한 물자와 장비의 수출은 미국을 전후 대불황에 빠지지 않도록 해주었

　　　　　　　　　　　　　시대의 물음에 답하라

기 때문입니다. 게다가 유럽 경제가 빨리 재건되면 다시금 구매력을 갖게 되고, 그러면 미국의 제품들을 계속 소비하는 선순환이 가능할 것이라고 생각했기 때문입니다. 저는 미국이 그때 선택할 수 있었던 유일한 해결책이 마샬플랜Marschall Plan을 통해서 전쟁으로 파괴된 유럽과 패전국을 빨리 부흥시키는 것이었다고 봅니다. 그것은 일부 사람들이 얘기하듯이 미국은 인류 역사상 최초의 자비로운 정복자여서가 아니라, 미국 경제를 전후 불황으로부터 호황으로 되돌릴 수 있는 피할 수 없는 선택이었다고 할 수 있습니다. 그리고 당시 독일과 일본은 패전국이었기에 기업도, 고용도 없었습니다. 그래서 사람들은 헝그리 정신으로 일자리만 있으면 열심히 일하게 되었습니다. 당시 패전국 독일과 일본은 저부가가치 노동 집약적인 싸구려 경공업 상품을 많이 생산해서 그것을 미국으로 수출했습니다. 미국은 승전국이기 때문에 임금이 높아서 값싼 상품을 생산할 수 없었습니다. 그런데 독일과 일본에서 가난한 사람이 쓸 싸구려 물건들이 미국으로 흘러들어오니까, 미국의 취약계층들은 적게 일하고도 많이 소비할 수 있었습니다. 그래서 1960년대 미국 선술집에서 하는 농담 중 하나가 "미국의 가난한 흑인 아이가 휴가 갈 때 맨발로 갈까 봐 걱정돼서 일본 노동자는 휴가도 안 가고 죽어라 일해서 운동화를 만든다"였다고 합니다. 그만큼 전후 일본과 독일 사람들은 정말 열심히 일했습니다. 독일은 제2차 세계대전 전에 이미 V2 로켓을 쏘아올렸고, 메사슈미트 262라는 세계 최초의 제트기를 만들었으며, 타이거탱크 같은 전설의 탱크를 만들 수 있는 엄청난 기술력을 보유한 나라였습니다.

일본도 제로센Zero Fighter이라는 세계 최고의 함상기를 가지고 있었고, 호쇼鳳翔라는 세계 최초의 항공모함을 만들었을 뿐 아니라, 전술적으로는 실패했지만 야마토大和, 무사시武藏 같은 세계 최대의 전함도 건조할 수 있는 기술력을 가지고 있었습니다. 이런 기술을 가진 나라들이 신기술로 공장을 새로 지으면 승전국의 오래된 공장보다 더 효과적으로 더 좋은 상품을 생산할 수 있습니다. 그래서 독일과 일본이 금방 선진국 대열에 진입할 수 있었습니다. 그렇게 빠르게 고부가가치 상품을 생산하게 되니까, 임금이 올라서 이제 미국의 취약계층이 쓸 수 있는 싸구려 물건을 만들 나라가 없어졌습니다. 그때 한국과 대만 같은 동아시아 국가들이 값싼 노동 집약 제품을 만들어서 미국에 수출함으로써 일본과 독일이 하던 역할을 이어받았습니다. 그 후 한국과 대만도 임금이 오르고 점점 고부가가치 상품을 생산하게 됩니다. 다시 한국과 대만의 역할을 이어받은 것이 중국입니다. 중국은 14억 인구의 엄청나게 싼 노동력을 기반으로 정말 값싼 물건을 대량 생산해서 미국과 여러 나라에 공급하게 됩니다. 이러한 중국의 역할로 인해서 그동안 세계경제는 인플레이션 없이 건실한 성장을 할 수 있었던 것입니다.

제가 이렇게 장황하게 설명한 이유는 현대 세계 경제질서라고 하는 게임의 초청자host가 미국이고, 중국은 손님guest에 지나지 않는다는 사실을 말씀드리기 위한 것입니다. 게임의 호스트는 게스트를 바꿀 수 있지만, 게스트는 호스트를 바꿀 수 없는 것이 '게임의 법칙'입니다. 미국은 게스트를 독일과 일본에서 한국과 대만

시대의 물음에 답하라

으로, 또 다시 중국으로 바꾸어 왔습니다. 그리고 이미 중국을 인도나 아세안으로 바꾸어가기 시작한 것으로 보입니다. 그런데 중국은 원천기술을 가진 미국의 역할을 바꿀 대안이 마땅히 없다는 것이 문제입니다. 이것이 바로 '미·중 패권전쟁'의 본질입니다.

또 한 가지, 미·중 패권전쟁의 본질은 '질quality'과 '양quantity'의 싸움이라는 점입니다. 중국은 14억 명 인구라는 엄청나게 큰 덩치 때문에 아직 질적으로는 멀었지만, 양적으로는 엄청난 국력을 갖게 되었습니다. 중국의 국력은 독일과 일본, 또는 한국과 대만과는 상대가 안 될 정도로 엄청나게 크기 때문에 이것을 기반으로 미국에 도전하고 있습니다. 사실 중국의 역사는 북방 기마민족의 대륙 정복사라고 해도 과언이 아닙니다. 몽고족의 원元나라, 거란족의 요遼나라, 여진족의 금金나라, 만주족의 청清나라 등입니다. 유목으로 단련된 북방 기마민족은 전쟁을 잘했지만, 농경민족이었던 중국은 그렇지 못했습니다. 인구라는 양에서 앞섰음에도 기마술이라는 질을 이길 수 없었던 것입니다. 그런데 지금 중국이 아직 질적으로는 개도국 수준이지만, 14억 인구라는 양을 가지고 미국에 도전하려고 하는 것이 문제입니다. 또한 중국은 유아독존적 사고를 가지고 있습니다. 이것을 '중화주의'라고 부르는데, 중화주의란 사실상 북방 정복 민족에게 지배받는 열등감을 해소하기 위한 '정신승리(루쉰의 《아큐정전》)'에 가까운 것이기도 합니다. 게다가 중화주의는 주변에 대한 배려가 하나도 없는 옹졸한 사고입니다. 중국을 중심으로 모든 것을 독식하겠다는 사고의 한계 때문에 지금도 중국이 '굴기崛起'라는 이름으로 자동차 굴기, 배터리 굴기 등 닥치는 대로 모두 중국 혼자 독점하려 합니다. 과거에도 중국의 중화주의가 결국은 동양의 몰락을 가져왔다는 역사적 평가가 있었는데, 아직도 그런 문제가 그대로 남아 있습니다. 미국 주도의 국제무역질서라는 질적으로 우수한 체제를 중화주의가 양적으로 극복할 수 있다고 생각하는 것이 문제라고 생각합니다. 게다가 지금 중국은 당黨이 영도하는 국가, 국가 위에 당이 있는 국가, 독재라기보다는 전제專制국가입니다. 그래서 최고 지도자의 제왕적 목표를 위해서는 수단과 방법을 가리지 않습니다. 자유민주주의라는 질적으로 선진화된 체제를, 구시대의 열등한 전제 체제의 양적 힘으로 밀어붙여 이길 수 있다고 생각하는 것이 가장 큰 문제입니다.

이상 말씀드린 내용을 종합 정리하면, 미·중 패권전쟁의 본질은 첫째 호스트 미국과 게스트 중국과의 싸움이고, 둘째 질적으

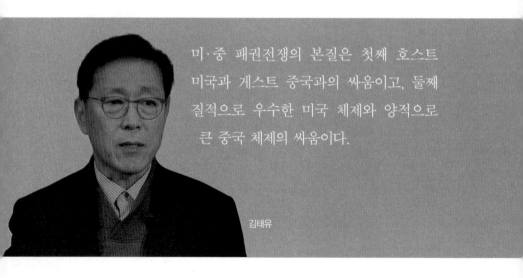

미·중 패권전쟁의 본질은 첫째 호스트 미국과 게스트 중국과의 싸움이고, 둘째 질적으로 우수한 미국 체제와 양적으로 큰 중국 체제의 싸움이다.

김태유

시대의 물음에 답하라

로 우수한 미국 체제와 양적으로 큰 중국 체제의 싸움이라고 결론지을 수 있습니다. 다음 정부와 대통령의 국가전략은 이러한 객관적 사실을 기반으로 수립되어야 할 것입니다.

윤평중

논의의 구체성이 중요하다는 김태유 교수님의 말씀에 전적으로 동의합니다. 거대담론도 필요할 때가 있지만 개별 이슈들에 대한 구체적 분석이야말로 중요하다고 생각합니다. 이렇게 디테일하고 상세한 정보를 들으면, 저처럼 철학을 전공한 사람들은 철학이나 인문학이 뜬구름 잡는 이야기가 아닌가 생각하게 됩니다. 김태유 교수님께서 구체적 현실과 문명 변환의 큰 그림을 종합해 현재의 상황을 자세하게 짚어주셨습니다.

　최진석 교수님께서는 다양한 탐구를 하고 계시지만, 최근에 강조하신 것 중에는 국가의 철학적인 본질에 대한 통찰력 있는 말씀도 있습니다. 그것에 입각해서 앞으로 대한민국의 진로와 한국 사회를 이끌 수 있는 리더십의 바람직한 형태가 무엇인가에 대해서 인문학적이고 철학적인 통찰이 가득한 이야기를 해주고 계시는데요. 최진석 교수님의 말씀을 들어보겠습니다.

최진석

앞서 두 분께서 너무나 자세하고도 깊이 있는 말씀들을 해주셔서 제가 기가 질렸습니다. 하지만 용기를 내어 말씀을 드려보겠습니다. 우리나라는 패권을 가져본 적이 없고, 패권국들의 움직임에 종속적으로 반응해온 역사를 가지고 있습니다. 그런데 지금 패권 간의 갈등이 커지니까 역사 속에서 당했던 불행들이 연상돼서 더 큰 충격을 받는 것 같습니다. 그동안 우리는 패권에 여러 번 반응했는데, 그것이 매번 성공적이지는 않았습니다. 우리에게 충격을 줬던 큰 패권경쟁은 명나라와 청나라 사이의 패권경쟁이었습니다. 명나라와 청나라의 패권경쟁 때 우리는 새로 등장하는 청나라가 얼마나 강한가 하는 것은 고려하지 않고, 명나라에 두었던 이념적 정당성만 붙들고 있다가 큰 피해를 당했습니다. 그때 명나라는 중화민족이었고, 청나라는 몽골 이민족이었습니다. 우리는 주자학을 중심 이념으로 삼고 '소중화小中華'를 자처하는 태도로 살았기 때문에 명나라와 청나라 두 패권국들 사이의 현실적인 국방력이나 산업 등 전체적인 국력을 자세히 살피지 않은 채, 소중화라는 명분 하나만 붙들고 대응했습니다. 이처럼 우리에게는 이념과 명분에 집착하는 태도로 패권경쟁을 대하다가 큰 피해를 자초했던 역사가 있습니다만 그런 태도가 아직도 큰 변화 없이 지속되고 있다고 봅니다. 미국과 중국의 패권경쟁의 내용을 살피는 것도 중요하겠지만, 그것보다도 거기에 어떻게 대응할 것인가가 우리에게는 더 중요한 문제입니다. 그런데 지금 우리가 미·중 간의 패권경쟁에 대응하는 것을 보면, 기본적으로 가져야 할 원칙이나 객관적 근거들을 살피지 않고 반응하고 있습니다. 패권국들 사이에서 독립국가로 살아남기 위해서는 그 큰 나라가 우리나라의 세 가지, 즉 영토, 역사, 문화에 대해서 어떻게 생각하는지, 즉 우리의 영토와 역사와 문화를 욕심내는지 욕심내지 않는지, 영토와 역사와 문화를 존중하는지, 존중하지 않는지를 가장 근본적으로 고려해야 합니다. 그런데 이것이 명나라와 청나라의 패권경쟁 속에서도 고려되지 않았고, 나중에 청나라와 일본 사이의 패권경쟁에서도 고려되지 않았습니다. 그리고 지금도 고려되지 않고 있습니다. 이것이 가장 중요한 문제입니다. 또 우리는 흔히 중국을 신흥 강자라고 하고, 미국을 기존의 강자라고 하는데, 중국의 신흥성은 역사적으로 깊이 고려되어야 할 점이 있습니다. 그것이 뭐냐면, 중국은 제국을 긴 시간 운영해온 패권국이었다는 것입니다. 물론 중국은 근대에 들어와서 패권의 권위를 상실했지만, 이제는 그것을 회복했습니다. 그러나 전통적으로 중국이 운영해왔던 패권 운영방식의 그것과 지금의 패권 운영방식이 크게 다르지 않을 것입니다. 이 점은 앞서 김태유 교수님께서 하신 말씀에 동의합니다. 그런데 우리는 심리적으로 신흥 강자라면 더 새뜻하게 받아들이고, 기존의 패권국에 대해서는 저물어가는 듯한 인상을 갖는데, 그런 심리적 인상으로 패권충돌을 대하다가는 굉장히 큰 실수를 할 수 있습니다. 미국과 중국의 국력을 비교하고 객관적으로 봐야 합니다. 국력을 비교하는 데 있어서 가장 기본적인 것은 GDP입니다. 세계 총생산량에서 미국이 차지하는 비율은 2019년 기준으로 24.42%, 중국은 16.34%입니다. 일본이 5.79%이고, 한국이 1.87%이니, 중국, 일본, 한국의 총생산을 다 합해도 미국의 그것보다 조금 적습니다. 총생산량이 어느 정도 차지하는가, 에너지 자급률이 얼마나 되는가, 식량 자급률이 얼마인가, 신산업의 발생 추이가 어떠한가, 인터넷 운용 주도권을 얼마나 가지고 있는가, 화폐의 전략적 주도권이 어느 정도인가, 시민의식은 어떠한가, 그 나라의 상상력과 창의성은 어떠한가, 자유의 지수는 어느 정도인가, 어떤 가치를 추구하는가, 핵이나 항공모함의 역량은 어떠한가, 군사비 지출은 어떠한가 등등을 종합적으로 고려해서 국력을 비교해야 합니다. 그런데 통계적으로 국력을 비교하는 논의는 찾아보기가 매우 어렵습니다. 그냥 중국은 곧 미국을 앞설 것이라거나, 중국이 더 강해질 것이라는 이야기들은 하는데, 종합적으로 통계적인 근거를 밝히면서 하는 논의는 찾기가 어렵더라고요. 이런 현상이 함축하고 있는 것이 무엇인가. 아직도 우리는 무지의 상태에서 외교나 국제 관계를 대하는 태도가 있다는 것입니다. 저는 이 무지의 상태가 굉장히 각성해야 할 부분이라고 생각합니다. 우리는 중국을 모릅니다. 미국도 잘 모르는 것 같습니다. 물론 지식인들이 개별적으로 제시하는 바가 없지는 않지만, 그것이 정책, 정치, 외교로 포용되는 일관된 지식 형태로는 구성되고 있지 않습니다. 그러면 지적 각성에 의하지 않고, 이념이나 주관으로 판단하게 될 것입니다. 우리는 패권 간의 충돌 속에서 계속 무지의 상태를 지속해왔습니다. 얼마나 무지한가 하면, 3.1절이나 8.15 광복절이 되면 아직도 서대문에 있는 독립문 앞에 가서 만세를 부르는 사람들이 있습니다. 서대문에 있는 독립문이 우리가 일본으로부터 독립한 것을 기념하는 독립문인 줄 알고 있는 사람들이 의외로 많습니다. 청나라 때 24살 된 원세개袁世凱가 감국대신監國大臣으로 조선에 옵니다. 그리고 '준칙3단準則三端'이라는 규정을 만들죠. '연회장에서 조선 공사는 항상 청나라 공사 뒤에 앉고, 조선 공사는 청나라 공사를 방문하여 그를 대동해 외부에 가고, 중대 교섭 사건은 청나라 공사와 미리 상의하라'는 것이었습니다. 이 정도면 거의 속국이나 다름없습니다. 그런데 일본은 청일전쟁에서 승리하자 청나라 관리들을 일본으로 불러들여서 시모노세키 조약을 맺습니다. 시모노세키 조약 제1조는 '청국은 조선국이 완전한 자주독립국임을 인정한다'입니다. 조선은 청나라의 속국이었다가 일본의 식민지로 이동한 겁니다. 이러한 상황에서 독립문이 세워졌던 것입니다. 그러면 왜 그러한 상황이 되었는가. 독립국임을 자처했던 대한제국에서 발급한 여권을 보면 서기가 아니라 중국 연호, 즉 광무 연호를 쓰고 있습니다. 그러니까 독립에 대한 생각 자체가 수준이 낮았던 겁니다. 강국들 사이의 패권경쟁에서 우리가 살아남기 위해서는 깨어나야 하고, 알아야 합니다. 그런데 아직도 무지합니다. 왜 아직도 무지한 상태인가? 무지의 상태에 있는 이유는 두 가지가 있습니다. 하나는 이념화되어 있기 때문입니다. 명나라와 청나라의 패권경쟁 속에서 우리가 명나라를 끝까지 추종한 이유는 이념화되어 있었기 때문입니다. 주자학 이념에 갇혀 있었기 때문에 그랬습니다. 지금도 미·중 패권 속에서 우리나라의 정책을 주도하는 그룹들은 사회주의, 민족관념, 동포주의라는 세 가지의 경향성에 갇혀서 미·중 패권을 보고 있습니다. 사회주의와 민족관념 두 가지라고도 할 수 있겠습니다. 이런 이념화된 요소가 조선시대 때부터 지금까지 계속되고 있습니다. 그다음은 시야가 좁기 때문입니다. 우리가 건국, 산업화, 민주화의 과정을 쭉 거쳐 오면서 가장 개방적인 사고를 펼쳤던 때는 산업화 시기입니다. 그런데 민주화라는 것은 기본적으로 계급 운동이 정치 운동화된 것입니다. 그러니까 민주화에는 어쩔 수 없이 계급 운동의 속성이 있고, 주도 계급의 교체 문제가 있습니다. 때문에 이때 시야는 국내로 확 좁혀집니다. 그래서 지금 우리나라에서 가장 큰 문제는 패권경쟁을 객관적으로 볼 수 있느냐 하는 것입니다. 미·중 패권의 문제도 국내의 이념 문제에 종속되어 있습니다. 그렇기 때문에 미·중 간의 충돌에 대한 우리의 태도를 분명하게 정하기 어려운 것입니다. 저는 이것이 오히려 가장 큰 문제라고 보고 있습니다.

윤평중

지금 우리의 운명을 좌우할 수도 있는 미·중 패권다툼과 국가전략의 문제에 대해서 오랫동안 성찰하고 생각해오신 세 선생님의 말씀을 듣다 보니까 정말 갈 길이 멀고, 특히 우리 지식인들이 해야 할 일이 너무 많은데, 어떤 의미에서는 우리가 그 의무를 방기하고 있지 않나 하는 생각도 듭니다. 세 분 선생님의 말씀이 그런 중차대한 문제에 대해서 다시 한번 생각해보고 본격적으로 응전할 태세를 모색하는 데 중요한 인문학적·사회과학적 계기가 될 것이라는 생각이 듭니다. 제가 평소에 강대국들의 패권경쟁과 국가전략 문제를 생각하면서 '동아시아 그레이트 게임'이라는 말을 한번 만들어봤습니다. '그레이트 게임The Great Game'이라는 용어는 다 알고 계시겠지만, 영국이 '해가 지지 않는 제국'일 때 중앙아시아 쪽으로 남하해오는 러시아 제국, 그러니까 중앙아시아를 둘러싼 제국 영국과 제국 러시아 사이의 거대한 국제 정치적 경쟁을 일컫는 말입니다. 이때 미국은 아직 세계사의 전면에 나서지 않았던 시대이기도 합니다. 그런데 19세기 초에서 20세기 초까지 1백 년 동안 계속된 영국과 러시아의 그레이트 게임은 중앙아시아에 국한되지 않고 동아시아까지 확대됩니다. 영국이 러시아의 동북아 진출을 막기 위해 1885년부터 1887년까지 거문도를 불법 점령하게 되지요. 그것이 1894년 청일전쟁, 1896년 아관파천, 1904년 러일전쟁으로 비화하면서 한반도의 명운을 결정짓게 됩니다. 흥미로운 것은 영국이 거문도를 불법 점령해 함대를 주둔시켰을 때, 고종과 조선 조정은 한 달 이상 영국의 거문도 점령 자체를 알지 못했다는 사실입니다. 명성황후 시해 이후 트라우마에 시달린 고종은 수 차례 외국 공사관으로 파천을 시도했으나 번번이 실패했고, 1896년 러시아 공사관으로 피신하게 됩니다. 나라가 망국의 위기를 맞은 이 결정적 시기에조차 고종과 조선의 지배세력은 리더십을 전혀 보여주지 못했습니다. 자신과 가문의 안녕에만 몰두해 민중에 대한 가렴주구苛斂誅求를 일삼았습니다. 외부 침략에 의해 나라가 무너지기 이전에 이미 국가가 내부 균열과 부패로 붕괴 직전에 있었다고 해도 과언이 아닙니다. 그래서 저는 '그레이트 게임'이라는 용어를 동아시아 쪽에 적용하면, 우리나라가 처해 있는 상황이 좀 더 명료하게 파악될 수 있다는 생각을 해봤습니다. 제가 보기에 '동아시아 그레이트 게임'은 21세기 동아시아 그레이트 게임을 포함해서 도합 4번 정도였습니다. 7세기 삼국통일 과정에서의 제1차 동아시아 그레이트 게임, 16세기 임진왜란과 정유재란, 즉 7년 전쟁 때 발현된 것이 제2차 동아시아 그레이트 게임입니다. 그다음 20세기의 6·25전쟁이 제3차 동아시아 그레이트 게임이라고 봅니다. 지금 현재진행형인 21세기 미·중 패권경쟁이 제4차 동아시아 그레이트 게임이라고 할 수 있겠습니다. 흥미롭게도 이 네 번의 동아시아 그레이트 게임에서 중국은 항상 주 행위자로 등장합니다. 세계적으로도 비슷하지만, 특히 한국 지식인 사회에서는 중국이 대국으로 굴기하면서 G2를 넘어 G1으로 상승해갈 것이라고 전망하는 분들이 다수였다는 생각이 듭니다. 그런데 G2, G1을 불문하고, 과연 중국이 20세기 중후반부터 미국이 압도적으로 향유하고 있는 세계 제1의 초강대국의 위치에 이를 수 있을 것인가에 대해서는 여러 가지 의문을 제시할 수 있습니다. 여기서 일정한 개념 설명이 필요합니다. 제국주의의 시대는 지나갔지만, 제국은 엄존합니다. 제국은 특정 지역이나 대륙에서 질서를 창조하고 보증하는 강대국을 가리킵니다. 결국 군사력과 경제력 같은 '하드파워hard power'에다 문화나 이데올로기 같은 '소프트파워soft power'를 결합한 패권국이 제국입니다. 역사적 실례로 로마제국, 오스만제국, 대영제국, 소련, 21세기 미국과 중국이 바로 제국입니다. 아까 선생님들께서 지적을 해주셨는데, 안정적인 인구 수급, 즉 생산력 있는 젊은 인구가 항상적으로 수혈될 수 있는 유일무이한 21세기 제국은 미국이라고 봅니다. 그리고 미국은 지금까지 발견된 것만으로도 300년 이상 사용할 수 있는 셰일 오일shale oil을 본토에 확보하고 있기 때문에 중동으로부터 조금 물러나서 동아시아를 포함한 중국을 자신의 경쟁상대로 과녁을 단일화할 수 있는 전략적 계기가 마련되었다고 봅니다. 그다음에 식량 자급

시대의 물음에 답하라

입니다. 제가 알기로는 제국의 역사에서 에너지와 식량 자급을 거의 완벽에 가깝게 성취한 유일무이한 제국은 미국뿐입니다. 이에 비해 중국은 에너지도 그렇고, 식량도 그렇고, 또 이제 급속하게 노령화하고 있는 인구문제도 그렇고, 심각한 내부 문제를 가지고 있는 것이 사실입니다. 게다가 중국 반만년 역사에서는 민주주의나 인권, 법치주의가 존재하지 않습니다. 전 세계를 이끌 제국으로서는 치명적인 약점이 아닐 수 없습니다. 또 문화나 스포츠 등의 매력 자본과 '소프트파워'에서 중국이 상대적으로 낙후되어 있다는 사실을 감안해야 합니다. 나아가 미국 군사력은 중국을 포함한 세계 군사력 순위 2위~10위까지 국가들의 군사력을 전부 합친 것보다도 강력하지요. 미·중 패권경쟁의 미래는 단일한 요인이나 하나의 관점으로만 재단하기 어려운 복합적 이슈이지만, 저는 패권국으로서 중국이 미국을 쉽게 대체할 수 있다고 생각지 않습니다. 미·중 패권경쟁이 수십 년 안에 승패가 결정될 수 있는 다툼이라고도 보지 않습니다. 저는 이 다툼이 앞으로 100년 이상 지속될 수 있는 게임이라는 생각합니다. 그렇게 보면 미국과 중국에 우리나라는 운명적으로 연관되어 있기 때문에 결국 미·중 패권경쟁은 대한민국의 국가전략을 모색하는 데 있어서도 결정적인 요소가 될 수밖에 없습니다. 영구집권을 굳힌 시진핑 중국 주석의 대국굴기가 전체주의적이고 공세적인 중화주의로 나타나면서 대만의 운명이 풍전등화와 같습니다. 그리고 대만의 미래는 한반도와도 직결돼 있다는 것이 제 판단입니다. 6·25전쟁과 장진호 전투의 경험을 상기해보면, 세계 전체의 제1강대국은 아닐지라도 동아시아 패권국이 될 것이 분명한 중국의 국가의지와 중화민족주의를 과소평가하는 것은 매우 위태로운 일이라고 생각합니다. 앞서 김도연 교수님도 말씀하셨고, 김태유 교수님도 분석을 하셨는데, 이런 패권경쟁이라는 것이 군사, 경제, 소프트파워, 이데올로기 등 전 영역을 다 포괄하지만, 사실 이것들이 수렴되는 주요 지점 가운데 하나가 결국 기술경쟁입니다. 미·중 패권경쟁이 정보통신 기술혁명의 앞으로의 추이와 관련되고, 산업혁명과 직결된 주제로 확장되는 이유가 여기에 있습니다. 우리의 두 번째 세부 주제가 바로 정보통신 기술혁명입니다. 4차 산업혁명이 우리의 운명, 우리의 국가 대전략과 관련해서 어떠한 함의를 갖는가 하는 것이 초미의 관심사이기 때문에 미·중 패권경쟁에 대한 우리의 논의를 '국가 전략과 관련해서 4차 산업혁명에 어떻게 대응할 것인가' 하는 주제로 이어가겠습니다. 지금부터는 순서가 정해져 있는 것이 아니므로 선생님들께서 자유롭게 말씀해주시고, 말씀하시는 중에도 필요하다고 생각하시면 중간에 개입하셔도 괜찮습니다. 자유롭게 말씀하시죠.

정보통신기술혁명 다시 읽기

김태유

가능하면 간단명료하게 말씀드릴까 합니다. 우리가 산업혁명을 제대로 이해하기 어려운 이유는 1차, 2차, 3차, 4차 등 너무 많기 때문입니다. 혁명이라는 것은 세상을 바꾸는 것이라서 과거 8,000년 농업사회를 산업사회로 바꾼 것이 산업혁명입니다. 그런데 그 과정이 150여 년이나 걸리다 보니까 학자들이 산업혁명의 전반부를 뚝 잘라서 1차, 후반부를 2차라고 불렀습니다. 실제로 1, 2차 산업혁명은 연속적인 현상이고, 농업사회가 산업사회로 바뀐 대혁신입니다. 그러면 3, 4차 산업혁명은 무엇인가. 현대 산업사회가 미래의 지식산업사회로 바뀌어가는 새로운 문명사적 대혁신입니다. 그 과정은 아직 완성되지 않았습니다. 이것도 상당히 오래 걸릴 것인데, 이미 상당히 진행된 앞부분을 3차 산업혁명이라고 부르고, 현재 진행 중인 뒷부분을 4차 산업혁명이라고 부릅니다. 그래서 산업혁명은 산업혁명과 지식산업혁명 단 두 개인데, 현재 우리는 관행적으로 1차 산업혁명과 4차 산업혁명이라고 쓰고 있습니다.

그런데 지금 윤평중 교수님께서 한국의 산업혁명에 대해서 논리를 집약시켰으면 하는 느낌으로 말씀을 하셔서 제가 짤막하게 한국의 4차 산업혁명에 대해서 말씀드리겠습니다. 과거 중국은 아편전쟁에서 패배하고 나서 엄청난 반성을 했습니다. 대청제국이 어떻게 영국에 패배할 수 있냐고 해서 시작한 것이 1861년 양무운동洋務運動이고, 이것이 중국의 산업혁명이었습니다. 공장을 짓고, 무기를 만들고, 유학생을 보내고, 기술자를 초빙해서 중국이 근대 강대국 중 하나가 된 것으로 생각하기도 했었습니다. 이것이 동치제同治帝 때 추진되었기 때문에 '동치중흥同治中興'이라고까지 불렀습니다. 그러나 그 후 청나라는 청불전쟁에서 프랑스에 패하고, 청일전쟁에서도 일본에 패했습니다. 청나라가 양무운동이라는 산업혁명에 실패했기 때문입니다. 중국보다 작은 나라였던 일본의 메이지유신明治維新은 양무운동보다 7년이나 늦은 1868년에 시작되었습니다. 그런데 일본은 산업혁명에 성공했습니다. 캉유웨이, 량치차오 같은 중국의 지식인들이 그 이유를 연구해보니, 중국은 중체서용中體西用이라는 명분하에 중국의 몸체, 즉 제도는 그대로 두고 서양의 과학기술만 들여오려고 한 것이 실패의 원인이었습니다. 그에 비해 일본은 메이지유신을 하면서 화혼양재和魂洋才, 즉 혼만 남기고 모두 바꾸려고 했습니다. 일본의 몸체를 서양식 제도로 몽땅 바꾼 겁니다. 그래서 산업혁명에 성공할 수 있었던 것입니다. 실패한 양무운동과 성공한 메이지유신 모두 산업을 일으키고, 과학기술을 증진시키고, 나라를 발전시키는 것을 목표로 했습니다. 방법론에 있어서 중국은 중체, 즉 중국의 제도를 고집했고, 일본은 화혼, 즉 일본의 제도까지 모두 바꾸었습니다. 산업혁명을 추진하는데 제도 혁신을 함께했느냐 아니냐의 차이로 일본의 성공과 중국의 실패가 나뉘었습니다. 그런 측면에서 현재 우리나라의 4차 산업혁명 위원회의 활동은 중국의 실패한 양무운동을 답습하고 있는 것처럼 보입니다. 과학자, 기술자, 기업가 몇 명이 모여서 인공지능을 하자, 사물인터넷을 하자는 등의 이야기들이 분분합니다. 그 자체가 잘못되었다거나 가치가 없다는 뜻은 전혀 아니지만, 국가적 대혁신인 4차 산업혁명에 성공하기 위해서는 근본적인 제도 혁신이 꼭 수반되어야만 합니다. 현재 우리가 4차 산업혁명을 잘하고 있느냐 못하고 있느냐 하는 논쟁에 있어서 제가 어떤 정부나 특정 정책을 비판하는 것이 아니라, 제도 혁신과 함께 하는 산업혁명은 성공하지만 제도 혁신 없이 과학기술만 하는 산업혁명은 절대로 성공할 수 없다는 사실을 말씀드리는 것입니다. 제가 평소에 저의 이런 생각을 김도연 교수님께 여쭤보고 반응을 듣고 싶었기 때문에 바통을 넘겨드릴까 합니다.

김도연

지금 하신 말씀에 동감합니다. 산업혁명이란 이름은 그 당시에는 몰랐지만, 훗날 지나고 보니 기술과 산업에 의해서 우리 인간의 삶이 크게 바뀌었기에 혁명이란 이름을 붙인 것입니다. 그런데 요즘 우리는 혁명의 소용돌이 속에서 살고 있는 것이 틀림없습니다. 예를 들면, 우리 모두 스마트폰이 없으면 못 사는 삶이 되었습니다. 하지만 스마트폰은 이제 겨우 10년 된 일입니다. 10년 사이에 이렇게 바뀌었습니다. 제 기억으로는 2012년에 세종시를 만들면서 광화문의 청사와 연결하기 위해 정부가 상당한 예산을 들여서 화상회의 시스템을 만들었습니다만, 지금 우리가 사용하고 있는 Zoom보다 훨씬 못한 것이었습니다. 이렇게 세상이 바뀌고 있습니다.

그리고 그 혁명을 가속시키고 있는 것은 인공지능 Artificial Intelligence, AI이라고 생각합니다. MIT Massachusetts Institute of Technology에서는 이미 2년 전에 무려 1조 원을 들여서 인공지능 단과대학을 만들었습니다. AI 전문가를 키우는 것만이 아니라, AI를 모든 분야에서 사용해야 한다는 것입니다. "AI는 인문학 발전에 큰 디딤

돌이 될 것이다. 이것을 수용해야 한다"라는 당시 MIT 인문예술대학 학장의 인터뷰는 매우 인상적이었습니다.

지금 우리는 산업시대에서 디지털 시대로의 문명 전환기에 살고 있습니다. 중국의 경우, 디지털 문명시대에는 AI를 통해서 세계를 리드하겠다고 국가적으로 선언했습니다. 여하튼 과학기술이 우리의 미래를 결정하는 것은 틀림없는 사실입니다. 물론 빛과 그림자도 있습니다. 사실 'Science and Technology', 이 둘은 완전히 구분이 되는 개념입니다. 그런데 우리는 '과학기술'이라고 합쳐서 부르고 있습니다. 'Science and Technology'를 이끌고 있는 대표적 기관인 앞서 말씀드린 MIT의 문장紋章은 'Mens et Manus'입니다. 'Mens'는 머리, 두뇌력이라는 뜻이고, 'Manus'는 손, 손재주라는 뜻입니다. Science와 Technology는 이렇게 서로 완전히 다른 개념입니다. 여담입니다만, 1960년~1970년대 우리 과학자들은 자기들도 돈을 버는 데 기여한다고 내세우고 싶었고, 반면에 우리 기술자들은 스스로도 선비이고 학자이고 싶었던 모양입니다. 그런 것이 타협점이 되어 우리는 과학기술이라고 뭉뚱그려 부르는 것이 아닌가 하는 생각이 듭니다. 그런데 역설적으로 요즘에는 과학과 기술이 합쳐지는 경우가 많습니다.

그러면 어떻게 과학기술을 진흥할 수 있을까요? 인류 역사에서 어떤 시기에 과학기술이 크게 발전했는지를 돌이켜보면, 두 가지 필요충분조건이 있다고 생각합니다. 첫 번째는 극심한 경쟁입니다. 쉽게 이야기하면, 같은 제품을 놓고 두 회사가 사활을 걸고 경쟁을 벌이면 해당 제품 관련 기술이 크게 좋아집니다. 따라서 자유로운 경쟁을 보장하는 것이 중요합니다. 사실 극심한 경쟁의 최고 단계는 국가 간의 전쟁입니다. 다들 아시다시피 항공기, 컴퓨터 등 대단한 기술발전들은 모두 전쟁 중에 나왔습니다. 이 시기에는 국가 최고 지도자가 기술에 지대한 관심을 갖기 때문입니다. 결국, 경쟁과 국가 최고 지도자의 관심은 과학기술을 발전시키는 두 가지 필요충분조건입니다.

윤평중

김도연 교수님의 말씀에 전적으로 공감합니다. 제가 초·중·고교 교육을 받았을 때를 상기해보면, 우리를 가르쳤던 중학교, 고등학교 선생님들은 '물질문명', '정신문화'를 구분해서 쓰셨습니다. 당시에는 우리가 아직 개발도상국 시절이었기 때문에 물질문명은 서양에 뒤처지지만, 철학이나 정신문화에 있어서는 우리가 앞서 있으니 기죽을 것 없다고 선생님들이 항상 말씀하셨습니다. 그런 구분은 후발 국가로서의 손상된 자존심을 보완하고 학생들을 격려하는 차원에서 말씀하신 것이라고 생각해서 이해는 됩니다만, 이것이 근본적으로 부실한 얘기라는 생각이 듭니다. 물질문명과 정신문화의 이분법은 현실을 제대로 담아내지 못한 1차원적인 구분법에 불과합니다. 저는 근본적으로 정신문화와 물질문명은 서로 길항관계를 맺으면서도 긴밀히 동행한다고 봅니다. 우리가 과학기술의 의미에 대해서 논의를 하고 있는데, 김도연 교수님께서 설명하신 것처럼 서구의 근대 사회로부터 비롯된 패권의 시발점도 사실은 서구의 근대 과학의 헤게모니hegemony로부터 비롯된 것입니다. 우주 전체를 검증 가능한 자연법칙의 잣대로 들여다보고, 경험을 중시하고, 관찰을 중시하는 이른바 과학적 태도는 서양 근대에 지적재산권이 있음을 부인하기 어렵습니다. 이것은 단순한 오리엔탈리즘이 아니고 명백한 세계사적 현실을 말씀드리는 것입니다. 그것과 관련해서 한국의 철학자들을 비롯한 인문학자들이 자연과학을 중심으로 한 현대 학문의 변화나 사회적 수요로부터 멀어지면서, 인문학이 중요하고 철학의 부흥이 중요하다고 자기 충족적·자폐적 주장을 관성적으로 설파하는 건 아닌지 의심스럽기도 합니다. 철학도 그렇고 인문학도 그렇고, 결국은 당대의 현실에서 산출되는 중차대한 도전에 대해서 응답해야 우리가 살고 있는 현실에 뿌리내린 제대로 된 철학적 성찰이나 사회과학적 탐구가 가능해집니다. 철학을 비롯한 인문학이나 사회과학적 성찰이 탄탄하고 견고해지려면 과학적 태도와 과학적 학문 방법론이 그 밑에 깔려 있어야 한다고 생각합니다. 물론 저의 이런 주장은 과학만능주의나 자연과학 환원론과 거리가 멉니다. 현대인은 누구나 세계를 설명하는 이론으로서의 과학적 상식에 입각해서 삶을 영위하고 담론을 유통해야 한다는 시각에서 바라보면, 교육의 편제에서 문과와 이과를 나누는 오래된 한국식 구분법은 시대착오적이라는 생각을 가지고 있습니다. 제가 알기로 김도연 교수님께서 교육정책을 이끄실 때 현재의 상황에 맞게 교육정책을 근본적으로 바꾸지 않으면 안 된다고 주장하신 것으로 알고 있습니다. 최진석 교수님은 이 문제에 대해서 어떻게 생각하시는지 궁금합니다.

       시대의 물음에 답하라

최진석

김도연 교수님께서 과학과 기술이 '과학기술'이라는 말로 합성어 처럼, 습관적으로 사용하게 된 연유를 잘 모르겠다고 하셨는데 요. 저는 과학이라는 개념을 기술이라는 개념으로부터 분리해내 지 못하고 있는 것이 우리의 수준이라고 봅니다. 청나라 후반부 기간을 제외하고 아편전쟁 이전까지, 대개 제국들은 세계 총생산 량의 약 25%를 점유했습니다. 일본의 쇼군이 일본 전체를 장악 할 수 있었던 힘은 일본 총생산량의 약 25%를 가지고 있었기 때 문입니다. 대영제국도 제가 듣기로는 세계 총생산량의 약 26% 정 도를 점했다고 합니다. 금융위기 이전의 미국은 약 28%까지 차지 하던 나라입니다. 그런데 아편전쟁 이전까지 중국은 약 32% 정도 를 차지한 것으로 알려져 있습니다. 사실 화약, 나침반, 비단, 도 자기, 심지어 칫솔까지 세계 최초는 대부분 중국에서 나왔습니다. 그런데 여기서 주의 깊게 봐야 할 것은 중국에서 만든 세계 최초 들이 전부 과학적 성과가 아니라 기술적 성과라는 점입니다. 아편 전쟁은 동양에 대한 서양의 완전한 승리를 의미합니다. 그런데 또 여기에는 기술의 높이에서 만들어낸 생산력이 과학의 높이에서 만 들어낸 생산력을 이겨내지 못한다는 의미도 있습니다. 저는 과학 적 수준에서 만들어낸 생산력이 기술 수준에서 만들어낸 생산력을 압도한 사건이 아편전쟁이라고 봅니다. 그때 서양 제국주의에 의 해서 완전히 패배한 동아시아의 두 주도 국가인 일본과 중국이 절 치부심해서 복수를 꿈꾸는 과정에서 가장 중요하게 틀어쥔 두 가 지가 과학과 철학입니다. '동양에는 없는데 서양에는 있는 힘의 원천이 무엇인가' 하고 찾아보니까, 동양에는 기술과 사상, 혹은 기술과 이데올로기는 있는데, 과학과 철학이 없다는 것을 알게 되었습니다. 그래서 중국과 일본이 서양에 패배하고 나서 제일 먼저 한 일은 '서양 배우기'입니다. 배움의 최정점에 과학과 철학이 있었습니다. 특히 과학이 있었습니다. 그때 우리는 서양을 배워야겠다는 생각 자체를 하지 못했기 때문에 과학을 주체적으로 인식하지 못했습니다. 과학이 무엇인지 모르고 있었던 것입니다. 사실 그것이 지금까지 이어져오고 있습니다. 그래서 우리는 지금 4차 산업혁명에 올라타야 하는데, 과학과 기술을 아직 지적으로 분리하지 못하고 과학기술이라는 합성어를 습관적으로 사용하는 정도에 머물러 있는 것입니다. 그런데 이런 수준으로는 4차 산업혁명에 효과적으로 올라타서 선도적인 높이로 올라서기 어렵습니다. 과학은 기술보다 더 추상화된 장치입니다. 지식과 정보가 물건을 만들어내는 일에 직접 개입하는 이 높이를 따라잡는 것이 보통 힘든 일이 아닐 것입니다. 그러니까 과학이 무엇인지부터 다시 배워야 하고, 과학이 우리에게 무엇이었는가에 대해서도 다시 배워야 합니다. 어쨌든 우리는 4차 산업혁명에 올라타야 합니다. 이것이 우리에게는 마지막 축복이자 기회이기 때문입니다. 저는 4차 산업혁명이 우리에게 굉장히 중요한 의미가 있다고 봅니다. 왜냐하면 1820년은 산업혁명 중간 지점인데, 이 1820년대 대분기大分岐 이후로 1760년에 시작된 1차 산업혁명이 조성한 새로운 생산관계와 생산력이 만들어낸 사회 시스템이 기본적으로 설정됩니다. 그래서 1820년대의 선진국은 지금까지도 선진국을 유지하고 있고,

그때 후진국은 지금도 후진국입니다. 아직까지도 선진국과 후진국의 교체가 일어나지 않고 있습니다. 왜 그러냐? 과학을 아는 나라와 모르는 나라 사이에는 이 교체가 불가능하기 때문입니다. 지금까지 역사 속에서 1820년대 이후로 중진국 함정에 빠졌다가 나온 나라는 하나도 없습니다. 우리는 지금 '중진국 함정'에 빠져 있습니다. 역사적인 사례로 본다면, 우리가 중진국 함정에서 벗어나서 선도력을 갖는 선진국에 올라설 수 있느냐, 없느냐 묻는다면 올라설 수 없다, 불가능하다고 말하는 것이 정답에 가까울 것입니다. 그러나 이것은 현재의 패러다임paradigm이 유지될 때라는 하나의 조건이 필요합니다. 사실 4차 산업혁명은 기존의 패러다임이 깨진다는 신호입니다. 실제로 패러다임이 완전히 깨지고 있습니다. 후발주자에게는 패러다임이 깨질 때만 기회가 있습니다. 게다가 지금은 우리의 국력이 가장 강할 때입니다. 선도국의 꿈을 이루려면, 지금이 딱 적기입니다. 그런데 아쉽게도 이 4차 산업혁명의 민족사적, 혹은 문명사적 의미를 우리가 제대로 알고, 대처하고 있는가에 대해서는 상당히 회의적입니다. 왜 회의적이냐. 김도연 교수님께서 말씀하셨듯이 과학과 기술을 분리해서 볼 능력이, 그 정도의 지력이 아직 우리에게는 없기 때문입니다. 제가 정부의 4차 산업혁명위원회에서 발간한 보고서를 읽었는데, 거기에 4차 산업혁명으로 포용국가를 이룬다는 구절이 있습니다. 사실 문명사를 조금이라도 이해하는 사람이 들으면 이것은 코미디 같은 이야기입니다. 저는 정책을 입안하고 집행하는 어떤 세력의 4차 산업혁명에 대한 인식이 매우 낮다고 생각합니다. 이것은 4차 산업혁명 정책에서 김태유 교수님 같은 분이 주도하지 못하고 있는 것으로도 알 수 있습니다. 4차 산업혁명의 중요한 부분인 빅데이터나 정보를 관리하는 수장이 국감에 나와서 예산의 70%가 일자리 창출에 사용되었다고 말하더군요. 우리가 4차 산업혁명을 포용국가를 만드는 하부 개념으로 이해하고, 일자리를 창출하는 하부 개념으로 운영하고 있다는 것을 알 수 있었습니다. 지금 우리나라의 전자산업은 굉장히 발전했습니다. 이때 저는 경북대학교 전자공학과에 큰 의미를 둡니다. 경북대학교 전자공학과는 1년에 600명 정도의 학생을 뽑았습니다. 미래는 절대 시간과 기다림으로 열리지 않습니다. 미래는 인재만이 열 수 있습니다. 그러니까 미래는 준비된 인재 없이 열 수도 없고, 열리지도 않습니다. 4차 산업혁명의 핵심은 AI입니다. 그런데 우리가 AI 인재를 길러내고 있습니까? 제가 얼마 전에 신문을 보니까, 서울대학교에 AI 전문대학원을 만들었는데, 정원이 40명밖에 안 된다고 하더군요. 'AI 인재 100만 명' 프로젝트를 정부 주도로 밀어붙이는 중국과 크게 비교됩니다. 스탠퍼드대학교의 경우만 해도 700여 명을 뽑는다고 들었습니다.

윤평중

최진석 교수님께서 과학과 기술의 학문적인 구분으로부터 시작해서 우리의 현실까지 말씀해주셨습니다. 통절한 현실 진단이 아닐 수 없습니다. 우리 사회는 2차 세계대전 이후 독립한 신생국가 중에서는 산업화와 민주화를 유일하게 동반 성취한 경이로운 나라라는 평가가 있는 것이 사실입니다. 그럼에도 김도연 교수님과 김태유 교수님이 강조하시고, 최진석 교수님이 지적하신 것처럼 사회 전체적으로 오피니언 리더들은 말할 것도 없고, 일반 시민사회 차원과 우리 생활 세계의 지평에서도 과학 마인드가 부족하고 피상적입니다. 과학의 성격에 대한 제대로 된 이해가 결여되어 있고, 과학을 스마트폰을 제작하는 것과 같은 기술적인 발전의 성과로 좁혀서 이해하는 태도가 만연해 있습니다. 저는 사회 전체적으로 리더십이나 팔로워십followership에서, 공히 과학 마인드가 비교적 공고하게 보편적으로 공유되고 있는 사회가 선진사회라고 생각합니다. 아까 김도연 교수님께서 말씀하신 것처럼, 과학 자체가 제대로 발전하기 위해서는 성역 없는 내부 경쟁과 자유토론이 존중되어야 합니다. 과학의 기본 성취와 통찰이 사회적 상식과 교양으로 권장되고 격려되는 문화가 되어야 선진국으로 진입해 들어갈 수 있습니다. 과학을 편리한 기술적 제품을 만드는 신기한 재주로 축소시키는 선입견은 세계를 법칙적이고 추상적으로 조망해 존재 세계의 본질에 육박해 들어가는 과학의 특성을 오해한 것이지요. 과학적 지식과 상식이 존중받는 풍토는 선진 국가와 그렇지 못한 국가를 나누는 중요한 기준이라고 봅니다. 교육 자체, 학교 교육만이 아니라 사회교육, 시민교육에 있어서도 과학 마인드가 시민의 보편적인 생활 상식이 되는 사회야말로 제대로 된 사회라고 생각합니다.

최진석

제가 마지막 한 줄을 말씀드리고 싶습니다. 4차 산업혁명을 어떻게 대처할 것인가 하는 문제는 가장 기초적으로 교육혁명과 함께 가야 합니다. 이 말씀을 드리고 싶었습니다.

김도연

과학 문화, 과학적인 사고, 혹은 과학과 철학이란 이야기를 들으면서 생각난 것인데요. 우리 헌법 127조에는 "국가는 과학기술의 혁신과 정보 및 인력의 개발을 통하여 국민경제의 발전에 노력하여야 한다"라고 명시되어 있습니다. 즉, 과학기술은 경제 발전의 도구일 뿐이지요. 1961년 케네디가 '스푸트니크 쇼크' 후에 추진한 과학기술 진흥 프로젝트 "Man on the Moon", 이 얼마나 가슴 설레는 말입니까. 이것은 더 잘 살아보자는 말이 아닙니다. 소련을 제압하자, 소련의 기술경쟁에서 앞서자는 것이 실제 목표였지만, 그러나 제안한 "Man on the Moon"에는 인간으로서의 꿈이 들어 있습니다. 앞서 말씀하셨듯이 과학과 철학이 합쳐져야 나올 수 있는 말인 것 같습니다. 우리도 그렇게 가야겠습니다.

김태유

아마 곧 다음 주제로 넘어가야 할 것 같아서 제가 한 말씀만 보태겠습니다. 우리가 과학과 기술을 이야기하는데 빠진 중요한 정의가 한 가지 있는데, 그것은 공학입니다. 사실은 공학 안에는 과학과 기술이 함께 있고, 경제성과 신뢰성까지 들어 있습니다. 과학과 기술에 대해서는 같이 교직에 있었던 김도연 교수님과는 오래전부터 토론을 했고, 최진석 교수님과도 몇 번 이야기할 기회가 있었습니다. 그런데 오늘 제가 드릴 말씀은 한 나라의 경제가 기술과 기업을 통해서 마지막으로 만들어낸 최종 상품 자체에 중요한 의미가 있다는 것입니다. 앞서 말씀드린 타이완의 생존 전략(TSMC의 예)과 마찬가지로, 미·중 관계에서도 기술과 기업이 우리나라의 생존 전략이 되어야 합니다. 조미수호통상조약이 맺어지고, 초대 주조선 특명전권공사特命全權公使로 부임했던 루시어스 푸트Lucius Harwood Foote는 첫해에 미국으로 보낸 보고서에 "조선에는 쌀과 소 가죽이 조금 있고, 전복 껍데기와 사람 머리털 같은 상품이 있다"라고 썼습니다. 이 보고서를 받은 미국은 주조선 특명전권공사를 변리공사로 격하하고, 후임자를 발령하지 않았습니다. 조선과의 외교를 사실상 단절한 것입니다. 그래서 이로부터 20년 후 '가쓰라-태프트 협약The Katsura-Taft Agreement'으로 미국이 조선을 배신했다는 얘기는 잘못된 것입니다. 우리나라가 세상에 내놓을 수 있는 최종 상품이 곧 대한민국의 국격이고, 대한민국의 미래를 보장하는 안전장치라고 할 수 있습니다. 그것이 현재 우리의 반도체이고, 배터리, 조선造船입니다.

윤평중

김태유 교수님께서 아주 중요한 말씀을 해주셨습니다. 제가 모 신문에 칼럼을 쓰고 있는데, 칼럼에는 제 전공이 정치철학으로 명기됩니다. 그런데 칼럼을 쓰는 과정에서 정치철학적 태도와 정치공학적 책략이라는 표현을 구분해서 쓸 때가 있는데, 그것에 대해 항의하는 공대 교수님의 편지를 받은 적이 있습니다. 공학이라는 것은 그렇게 폄하될 수 없는 독자적인 의미와 연관 체계를 가진 굉장히 중요한 지적 작업이라는 것을 통렬하게 지적하셨습니다. 김태유 교수님께서 지금 말씀하신 것도 그러한 맥락과 관련이 있다고 생각합니다.

김태유

한 말씀만 보태겠습니다. 정확하게 표현하면, 우리가 공학이라는 표현을 잘못 사용하는 경우가 많이 있는데, '정치 공학'이 아니라 '정치 공작political manipulation'이라는 말이 맞습니다. 기왕에 말이 나왔으니 기술technology, 技術, 과학science, 科學, 공학engineering, 工學의 정의를 말씀드리겠습니다. 기술은 "인간의 삶의 목표를 달성하는 수단"으로 그 역사는 인간이 도구를 사용하기 시작하면서부터입니다. 과학은 인간의 천문, 지리 등 자연 현상에 대한 순수한 호기심이 중세 유럽에서 유행한 연금술鍊金術과 결합하여, "측정 및 실험과 같이 객관적으로 검증된 방법으로 찾아낸 자연계의 법칙"에 관한 이론 체계입니다. 공학은 인간이 추구하는 목표를 달성함에 있어 "기술과 과학을 결합시키되 경제성이 확보되고 신뢰성이 담보되도록 만든 실천적 학문 체계"라고 할 수 있습니다. 과학적 이론은 천 번 만 번 실패 끝에 한 번 찾아내면 성공이지만, 공학적 제품은 백만 개 중 하나만 하자가 있어도 실패라고 할 만큼 완성도가 높은 학문이 바로 공학이니까요. 일상의 의식주에서 우주탐사에 이르기까지 인간의 삶과 문명의 근간을 이루는 공학engineering이 정치공학 등으로 폄훼되는 것은 아직도 전근대적

수공업 시절의 상형문자인 '장인 공工'자의 구태의연한 의미가 우리 뇌리에 각인되어 있기 때문에 생긴 난센스가 아닐까 생각합니다.

격차사회를 넘어서 사회통합으로

윤평중

지금까지 우리는 크게 두 가지 이슈를 다뤘습니다. 우선 미·중 패권경쟁과 대한민국의 국가 대전략 문제를 다루었습니다. 미·중 경쟁과 긴밀하게 연관되어 있는 4차 산업혁명의 이론적이고 실질적인 함의도 논의했습니다. 한국적인 상황에 대한 좋은 말씀을 많이 해주셨지만, 그럼에도 첫 번째, 두 번째 논제는 아무래도 지구적 차원의 세계적인 함의가 강한 주제입니다. 이번 '격차사회를 넘어서 사회통합으로'라는 세 번째 주제는 미·중 경쟁의 여파와 4차 산업혁명이 초래한 문명 변환과 기술혁명과도 긴밀히 맞물려 있는 데다가, 특히 차기 정부에서 가장 중요한 화두 가운데 하나가 되어야 마땅하다고 생각합니다. 우리들 일상에 직접적 영향을 끼치기 때문입니다. 특히 '격차사회를 어떻게 완화할 것인가'의 문제가 중요하다고 생각합니다. 선거 과정에서 민중의 삶과 국가의 미래를 위한 담론보다는 상대 후보를 흠집 내서 권력을 잡으려는 비방전과 네거티브가 만연했습니다. 이것은 포퓰리즘으로 치닫는 경향이 있는 현대 대중 민주주의의 어두운 측면이기도 하겠지요. 하지만 이런 한계를 넘어 우리가 살고 있는 정치 공동체를 명실상

부한 선진사회로 이끌 수 있는 현실적 방안에 대한 논의들이 이제라도 본격적으로 전개되어야 한다고 생각합니다. 저는 앞으로 우리 사회가 직면하게 될 도전에 집단지성을 창출해 최대한 역동적으로 응전해야 밝은 미래가 담보될 수 있다고 생각합니다. 일자리 창출 문제, 공정과 정의의 문제, 모든 시민들이 인간답게 살 수 있는 복지환경을 어떻게 마련할 수 있을까 하는 방법론이나 교육문제도 우리가 풀어야 할 핵심 과제입니다. 지금 우리 사회의 뜨거운 주제로 부상하고 있는 논쟁거리가 기본소득입니다. 여당의 후보가 자기 브랜드처럼 내세웠던 것이 기본소득을 위시한 기본 시리즈이기도 합니다. 갈수록 심각해지고 있는 사회경제적 불평등은 한국 사회의 안정적 재생산을 근본에서부터 위협하고 있습니다. 한국적 격차사회를 특징짓는 계층별·성별·연령별·직역별 등의 격차가 수많은 사회 구성원들에게 불공정한 것으로 인식되고 있는 현실은 심각한 위기 상황이 아닐 수 없습니다. 부당한 차이를 어떻게 완화하고 해소할 것인가에 대한 돌파구 가운데 하나로 기본소득 이슈가 부상하고 있는 것이라는 생각이 듭니다. 부당하고 불공정한 격차는 줄이되 정당한 차이는 존중받는 사회문화적 풍토를 가꿈으로써 인간다운 삶을 살고 사회통합을 제고시킬 수 있는 방안에 대해 선생님들의 말씀을 들어보도록 하겠습니다.

최진석

미래에는 격차가 점점 더 커지는 사회가 될 것으로 생각합니다. 소수 지식 독점자들이 생기고, 점점 더 능력과 영향력을 독점적으로 행사하는 사회가 될 것입니다. 예를 들어, 영화가 만들어내는 생산력과 돈은 엄청납니다. 여기에는 제작사도 있지만, 영화감독 한 명의 능력이 매우 독점적으로 행사되는 것입니다. 지식정보화사회로 가면서 소수가 발휘하는 힘이 옛날의 전체 생산량을 감당할 정도가 될 것이라고 봅니다. 그렇기 때문에 격차는 점점 더 커지는 사회가 될 것입니다. 점점 더 커지는 격차를 어떻게 줄여갈 것인가 하는 것이 문제가 될 것입니다. 기본소득 등 최근 논의되었던 것들이 해결책 가운데 하나가 될 것입니다. 그런데 격차를 받아들이는 인간 개개인의 철학적인 인식도 매우 중요하다고 봅니다. 내 것을 빼앗겨서 격차가 생기고 불평등 속에 있다는 판단이 진짜 정확한지, 서로 격차에 대한 철학적인 공유가 필요합니다. 그런데 지금은 격차 문제가 너무 정치화되어 있습니다. 내가 소외된 사람이 되지 않았고 되지 않을 수 있는데도 구조적인 문제로 혹은 많이 가진 사람들의 착취로 격차가 발생했다는 인식이 팽배합니다. 물론 이것이 전체적으로 틀린 인식은 아니지만, 그러한 인식으로 계속 나아가는 것은 문제를 해결하기보다는 계속 정치적 갈등의 재료로 사용될 가능성이 높습니다. 많이 가지게 된 사람도 사회적인 구조보다는 온전히 자기 혼자만의 능력으로 부자가 된 것으로 생각하는 문제도 있습니다. 저는 격차가 지금보다 더 커지는 사회로 이동할 것이라고 전망합니다. 무엇이 존재하고 어떤 현상이 있다는 것도 중요하지만, 그 현상을 어떻게 다룰 것인가 하는 것도 굉장히 중요한 문제입니다. 왜냐하면 같은 현상에 대해서 모두가 같은 태도를 취하지 않기 때문입니다. 어떤 현상에 대해서 어떤 태도를 가져야 할 것인가에 대한 지적이고 과학적이며 철학적인 인식의 공유가 필요하다고 봅니다. 지금 제 이야기가 듣기 싫은 사람들이 많을 것입니다. 그러나 어떤 정의를 이룰 것인가, 어떤 공정을 이룰 것인가 하는 문제는 정치적으로 해결할 문제입니다. 그런데 지금 우리 사회의 가장 큰 문제는 사회가 어떤 정의, 어떤 공정을 이루는가 하는 문제보다 공정과 정의가 선택적으로 적용된다는 것입니다. 이럴 때는 이게 공정이었는데, 저럴 때는 저게 공정이라고 하고, 누구에게는 정의였던 것이 누구에게는 정의가 아니라고 합니다. 저는 무엇이 공정이냐, 혹은 공정한 사회냐 공정하지 않은 사회냐 하는 것보다도 일단 공정 자체를 공정하게 유지할 수 있는 태도를 갖는 것이 더 중요하다고 생각합니다.

윤평중

최진석 교수님의 말씀에 원칙적으로 동의합니다. 그리고 격차사회에서 격차의 확대라고 하는 흐름이 전 지구적 차원에서 경향적으로 지속되고 있다는 것은 관련 학자들도 모두 인정하는 사항입니다. 그것이 토마 피케티Thomas Piketty가 지식사회의 총아로 등장하게 된 바로 그 연결고리이기도 합니다. 창조적 소수가 인류 역사를 선도해 나아가고 경제적인 성과를 확장해 나아가는 과정에서 소위 '천재'라고 불리는 인물들의 결정적인 기여를 부인하기 어려운 것이 사실입니다. 그러나 다른 관점에서 보면, 그런 격차가 보통 시민들의 상식적인 시각에서 볼 때 합리적으로 수용 가능한

시대의 물음에 답하라

최진석

격차사회에 대한 윤평중 교수님의 언급에 저는 100% 동의합니다. 이상하게도 정의롭고 공정한 사회를 만들겠다고 주장한 사람들이 가장 폭력적이었습니다. 과거 '정의 사회 구현'이라는 말도 있었습니다. 그때부터 지금까지 우리는 공정과 정의에 대한 합의를 이루지 못한 상태에서 각자 선택적으로 공정과 정의를 사용해온 것입니다. 이것은 앞에서 말한 과학적 인식의 결여와도 깊이 연관됩니다. 우리 학계도 아직 과학적 인식이 보편적으로 훈련되어 있지 않아서 기준을 주관적으로 적용하곤 합니다. 한 가지 예를 들면, 우리 지식계에는 프로파간다propaganda를 마치 이론처럼 사용한 적이 있었습니다. 그렇게 했던 지식인들이 아직도 학계에서 활동하고, 그 영향은 지금도 있습니다. 그것은 '내재적 접근법'으로 북한을 본다는 것이었습니다. 북한을 이해할 때는 북한 사회가 가지고 있는 특수성에 기반해서 봐야 한다는 것입니다. 그런데 과학적 태도나 공정한 태도, 정의로운 태도를 가졌다면, 그리고 그것을 이론으로 대했다면, 우리 사회를 분석할 때도 그렇게 해야 합니다. 우리 사회를 분석할 때는 보편적인 이론을 적용하고, 북한 사회를 분석할 때는 내재적 접근법을 사용해서 한국과 북한을 비교하는 일들이 비일비재했습니다. 이것이 한동안 우리 지식계에 유행했습니다. 이것도 사실은 공정하지 않은 것입니다.

윤평중

최진석 교수님께서 굉장히 중요한 지적을 해주셨습니다. 그런데

시대의 물음에 답하라

공정과 정의에 대한 학자들의 담론도 무성합니다. 자유주의와 공동체주의 논쟁을 비롯해서 굉장히 많습니다. 뭐가 정의의 핵심이냐에 대해서 자기들끼리 처절하게 싸웁니다. 그런데 제 생각은 학자들이 전문적인 논쟁의 일환으로 정의의 함의와 한계에 대해서 처절한 논쟁을 하고 있지만, 사실 보통 시민들의 생활 세계와 일상적 삶의 지평에서 공정과 정의는 결코 난삽한 것이 아니어서 우리들 삶의 실감으로, 또는 상식의 차원에서 또는 살아가면서 갖는 균형감각의 맥락에서 광범위한 공감대가 엄존한다고 생각합니다. 따라서 정의와 공정은 사실 보통 시민들에게는 그렇게 어려운 것은 아니라는 말씀을 드리고 싶습니다.

최진석

저는 공정과 정의가 무엇인가보다는 공정과 정의에 대해서 어떤 태도를 갖느냐가 더 중요한 문제라고 생각합니다.

김태유

최진석 교수님의 말씀 잘 들었습니다. 격차를 대하는 태도에 대해서는 많은 부분 공감합니다. 그런데 저는 조금 다른 각도에서 우리 사회의 격차가 왜 얼마나 생겼는가를 잠시 말씀드리고자 합니다. 우리가 일반적으로 빈부격차가 커지고 있다고 하는데, 사실 수치상 격차는 그렇습니다. 그러나 산업혁명이 일어나던 1800년대 당시에 전 세계적으로 절대 빈곤율, 기아선상에서 의식주가 아니라 겨우 생명을 유지할 수 있는 절대 빈곤율은 90%나 됐습니다. 그런데 2010년에는 절대 빈곤율이 10% 이하로 떨어졌습니다. 이것은 기아선상에서 허덕이던 80% 국민이 절대 빈곤율을 벗어나 중산층에 진입했다는 말입니다. 그러니까 빈부격차가 커졌다는 사실 하나만 가지고 경제적 불공정이라고 단정하는 것은 잘못입니다. 산업혁명이 일어나기 전에는 중산층이라는 용어조차도 존재하지 않았습니다. 왜냐하면, 일부 소수 특권층 이외에는 모두 절대 빈곤층이었기 때문입니다. 산업혁명이 일어나 고용이 창출되고 동반성장이 가능해지면서 엄청나게 많은 직업이 생기고 중산층이라는 새로운 사회 계층이 형성되었지요. 빈부격차가 생기는 원인은 두 가지입니다. 하나는 자본가가 기업 활동에 의해서 사람을 고용하고 제품을 생산해서 시장에 팔고, 더 좋은 기술로 더 좋은 상품을 더 효율적으로 생산하는 가치창출 활동을 통해 부를 축적하는 것입니다. 또 다른 부의 축적 수단은 새로운 노력과 어떠한 투자도 없이, 소위 시세차익으로 부를 엄청나게 확보하는 것입니다. 이렇게 가치 창출을 하면서 부를 축적하는 수단과 가치 창출을 하지 않고 부를 축적하는 수단이 있습니다. 그런데 우리가 이 두 가지를 전부 '빈부격차'라고 싸잡아서 이야기하는 것은 옥석玉石을 구분하지 않는 것이고, 피아彼我를 구분하지 않는 것이며, 밥에 있는 돌과 쌀을 구분하지 않는 것입니다. 그래서 우리가 격차를 이야기할 때 이 두 가지를 나누어서 이야기해야 합니다. 어떤 사람이 새로운 기술을 개발하거나 모험심을 가지고 새로운 기업을 만들고 고용을 창출하고 다른 기업과 함께 더불어 동반성장을 하면서 엄청난 부를 축적했다고 합시다. 그런데 실제로 같이 시작

시대의 물음에 답하라

한 사람의 99%는 기업이나 기술 개발에 실패해서 도산 또는 몰락합니다. 오직 살아남은 백 명 중 한 명, 그렇게 어렵사리 성공한 사람을 보고 빈부격차의 부당성을 논하는 것은 잘못입니다. 그 사람은 그만한 보상을 받을 만한 자격과 권리가 있다고 생각하기 때문입니다. 문제는 부동산 투기처럼 아무런 노력도 투입하지 않고, 시세차익을 통해서 엄청난 부를 축적하는 사람이 우리 사회에 너무 많다는 것입니다. 우리 사회에 기업과 가치 창출을 통해 부를 이룬 사람이 많이 생겨서 빈부격차가 커진다면, 그것은 좋은 일입니다. 그런데 불로소득을 통해서 빈부격차가 생기는 것은 나쁜 일입니다. 이 두 가지를 나누지 않고 뭉뚱그려 이야기한다면, 우리가 빈부격차 해소에 도움을 주는 것이 아니라, 오히려 사회적인 해학을 끼칠 수도 있습니다. 빈부격차의 원인 중 가치 창출을 통해서 빈부격차가 생기는 것은 공정한 경쟁의 결과로서 사회적으로 존중받을 일이고, 시세차익, 부동산과 금융 투기 같은 것은 근절시켜야 할 사회악으로 나누어보는 것이 중요하다고 생각합니다.

윤평중

김태유 교수님의 말씀에 원칙적으로 공감하면서도 방법론적으로 반론을 전개해보겠습니다. 가령 《팩트풀니스*Factfulness*》 같은 도서를 보면, 김태유 교수님의 말씀은 정말 설득력이 강합니다. 인류 보편사를 장기적으로, 통시적으로 보면 정말 역사상 최고로 풍요로운 삶을 현생 인류가 누리고 있는 것도 사실입니다. 그런데 그것과 동시에 우리가 짚어봐야 할 부분이 있습니다. 특히 한국 사회의 사회문화적인 특징 가운데 하나이기도 한데, 우리가 배고픈 것은 참아도 배 아픈 것은 참기 어렵다는 것이 한국의 사회문화적인 현실이기도 합니다. 그래서 이러한 문화적 요인들도 진지하게 고려해야만 합니다. 두 번째는 정말 우리 모두가 인정할 수밖에 없는 혁신을 통해서 이룬 가치와 부의 창출과, 투기를 통해서 이룬 지대추구 행위는 엄정하게 구별해야 한다고 말씀하셨습니다. 이 말씀은 맞습니다만, 비즈니스 하는 사람들 본인은 그게 어떤 영역의 비즈니스든지 간에 자기가 하고 있는 작업이 투기적 성격이 강하다고 주위에서 비난을 하면, 그들은 엄청난 부담을 가지고 투자를 하는 것이라고 응답할 여지가 다분합니다. 사업의 현장에서는 투자와 투기의 경계가 상당히 모호한 측면이 있다는 것이지요. 한국적 현실에서는 부동산 사업이 가장 대표적인 사례가 되겠지만요.

김도연

격차가 더욱 확대될 것이라는 쓸쓸한 미래 전망을 해주셨는데, 저도 그럴 것 같습니다. 이대로 가면 엄청나게 가진 자와 아주 없는 자로 구분이 될 것 같습니다. 세계적으로는 25명의 부호가 가진 부가 전 세계 하위층 인구 40억 명이 가진 것보다 더 많다고 합니다. 여기에는 공정성 문제도 개입되어 있습니다. 그럼 우리 사회는 어떨까요? 우리 사회의 상위 25명이 가진 것이 어느 정도 될지 정확한 데이터는 잘 모르겠습니다만, 세계의 경우와 비슷할 것이라고 생각합니다. 이러한 빈부격차가 결국은 다른 모든 것의 격차와 연결될 것 같습니다. 지적 능력, 심지어 체력, 조금 더 지나면 수명까지 연결되겠지요. 가진 사람들은 150년, 200년 살 수 있고, 나머지는 그렇지 못할 것입니다. 비관적인 미래 전망은 쓸모없는 대다수의 인간과 극소수의 초인으로 분리되고, 결국 호모사피엔스 세계는 망할 것이라는 이야기도 있지 않습니까. 어떻게 해서든지 이런 격차 확대는 지양해야 합니다. 특히 우리 사회에서는 아주 중요한 이슈입니다. 저는 이를 세금으로 흡수해서 나누어주는 국가정책으로는 한계가 있다고 생각합니다. 이 문제는 세심하게 처리하지 않으면 안 됩니다. 지금 우리가 쌓고 있는 대부분의 부富는 결국 세계 무대에서 얻는 것 아니겠습니까. 이것을 국가에서 흡수하면, 세계 무대에서 경쟁력을 상실할 가능성이 높습니다. 개인과 기업이 경쟁력을 유지할 수 있는 섬세한 정책이 필요할 것입니다. 저는 기본소득으로 격차를 줄일 수 없다고 생각합니다. 물론 국가가 어려운 사람을 보호해주는 일은 절대적으로 필요합니다. 이는 기본소득 지급과는 전혀 다른 개념입니다.

최진석

제가 아까 조심스럽게 말씀드렸던 이유는 격차를 줄일 수 없는 것이 사실인지도 모른다고 생각하기 때문입니다. 그렇다면 격차에 대한 우리의 인식이나 태도가 과학적이고 철학적으로 정비되어야 한다고 봅니다. 격차, 특히 빈부격차를 이야기할 때 항상 사회통합을 이야기합니다. 국가는 갈등을 줄이면서 가야 하는데, 권력을 가진 사람들이 갈등을 증폭시키는 방법으로 권력을 유지한다는 겁니다. 그러니까 사회를 분열시키고, 분열시킨 한쪽을 자기의 우군으로 삼아서 권력을 유지하는 방식이 지금 진행되고 있다는 것입니다. 사회 격차의 문제가 분열을 조장하는 하나의 재료로 사용되는 것은 매우 위험합니다. 그래서 저는 격차 문제에 대해서 좀 더 과학적이고 철학적인 인식이 필요하다고 보는 것입니다. 격차 문제를 볼 때, 격차로 인해 사회가 분열되는 면도 있지만 분열을 이용해서 격차를 정치화하기도 하는데, 이것은 사회통합을 위해서 좋은 일이 아닙니다. 아직도 가진 자와 못 가진 자로 나누어서 보는 방식이 격차 문제를 다루는 하나의 관점으로 작용한다면, 그것은 매우 위험합니다. 억강부약抑强扶弱, 즉 부자를 눌러서 약자를 도와준다는 말인데, 강자나 약자 모두 국가의 구성원이기 때문에 한 계층을 억눌러서 약자를 돕는 방식으로 격차의 차이를 줄이는 것은 국가의 자원을 굉장히 축소시키거나 낭비하는 결과를 초래할 것입니다.

김태유

앞서 윤평중 교수님께서 말씀하신 것처럼 투자와 투기를 구별하기가 어렵다는 말씀에도 동의하고, 투기꾼도 자기가 투자자라고 주장한다는 것에도 동의합니다. 그럼에도 열심히 공부해서 성과를 낸 학생과 시험 볼 때 부정행위를 해서 좋은 성적을 낸 아이를 구별해내기 어렵다고 해서 이것을 구분하지 않겠다는 것은 절대로 용납할 수 없는 일입니다. 그래서 저는 빈부격차의 원인을 밝혀내지 않으면 이 문제가 절대로 해결되지 않는다고 생각합니다. 우리 사회의 빈부격차를 1분위 사람부터 10분위까지, 제일 가난한 10%와 제일 부자 10%를 비교해보면, 제일 가난한 10%의 생활수준은 매우 느리게 향상되는 반면, 제일 부자 10분위는 생활수준이 빠르게 향상되고 있어서 빈부격차가 커집니다. 그런데 1분위의 김 아무개, 박 아무개가 계속 가난한 것이 절대 아닙니다. 통계를 자세히 들여다보면, 1분위 사람들은 2분위, 3분위로 올라갑니다. 그런데 4분위, 5분위에 있던 사람들은 사업에 실패하거나 몸을 다치거나, 아니면 은퇴하거나 해서 1분위로 떨어지기도 합니다. 하지만, 중요한 것은 맨손으로 사회에 진출한 청년층이 1분위에 새로 진입한다는 사실입니다. 지금 사회에서 소외계층으로 알려진 1분위, 2분위, 아주 가난한 사람들과 청년들은 도움이 절실히 필요한 사람들입니다. 이 사람들을 도와줄 방법은 국가가 더 많은 세수를 확보하는 것입니다. 그런데 앞서 김도연 교수님께서도 말씀하셨듯이, 세금을 막 걷는 것은 굉장히 위험한 일입니다. 부자들에게 세금을 많이 걷는다고 해서 세수가 늘어나는 것이 아닙니다. 래퍼Arthur Laffer라는 경제학자의 연구에 의하면, 세율을 올리면 부자들이 일하려는 의욕이 꺾여 오히려 세수가 줄어든다고 합니다. 그래서 소외계층, 도움이 필요한 계층, 새로 사회에 진출하는 젊은이, 사고를 당한 사람, 실패한 사람들의 패자부활전을 위한 재원을 누군가에게서 받아내려면, 결국 세금을 많이 낼 부자들을 많이 만들어야 합니다. 새로운 기업을 많이 만들고, 중소기업을 키우고, 중견기업을 대기업으로 성장시키면, 부자가 많아지고 세수는 늘어납니다. 역사적으로 영국과 프랑스를 비교해보면, 프랑스의 인구는 영국의 3배가 넘었습니다. 그런데 영국의 세금 수입이 프랑스보다 많았습니다. 그래서 영국이 프랑스와의 전쟁에서 항상 이겼습니다. 왜 그런지 따져보니 영국은 기업이 많은 산업국이고, 프랑스는 농업국이었기 때문이었습니다. 우리나라에 기업을 많이 만들어 키우고, 고용자를 늘려 기업 활동을 증진시켜서 세금 수입을 늘리지 않고서는 소외계층을 도와줄 방법이 없습니다. 그렇기 때문에 기업 활동을 해서 가치 창출을 하고, 거기서 부를 축적한 사람과 불로소득으로 돈을 번 사람을 엄격하게 구분해내기 위한 노력을 끝까지 지속해야 합니다.

윤평중

여러 선생님들께서 말씀하신 것처럼 격차라고 하는 현상 자체에도 생래적이거나 바람직한 의미 연관이 강하게 존재하는데, 특히 오늘날 한국 사회에서는 용어 자체가 과잉 정치화되고 정쟁거리가 되면서 부정적으로만 해석되고 있는 차원이 엄존합니다. 여러 선생님들께서 풍부한 사례를 드셨습니다만, 인류 역사가 보여주는 교훈 중 하나는 그런 자연스러운, 우리가 납득할 수 있는 수준의 격차, 제 표현을 빌리자면 공정한 격차를 인위적으로, 인공적으로, 기계적으로 축소시키거나 없애려고 하는 모든 시도들은 사회주의가 되었든 공산주의가 되었든, 또는 그 어떤 시도가 되었든 항상 실패할 수밖에 없었고, 오히려 그 격차를 무한대로 증폭하는 참혹한 결과를 낳았다는 것을 우리가 알고 있습니다.

지금까지 우리는 미·중 패권경쟁, 국가전략, 4차 산업혁명의 함의를 다루었습니다. 또 한국 사회의 맥락에서 격차를 어떻게 설명할 것이며, 격차사회를 넘어서 어떻게 사회통합을 이룰 수 있을 것인지에 대해 논의했습니다. 그 연장선상에서 궁극적으로는 통일 한반도까지도 우리가 상상해볼 수도 있겠습니다만, 미래로 나아가기 위해서 우리가 급변하는 전 지구적인 변환과 국내적인 도전과 관련해 무엇이 우리 시대의 시대정신이며, 어떠한 리더십으로 이런 시대정신의 도전에 응전해야 할지 논의해주시지요. 오늘 좌담의 마지막 논제이자 전체 주제이기도 한 이 마지막 이슈에 대해서 돌아가면서 한 말씀씩 해주십시오.

최진석

제가 먼저 말씀드리겠습니다. 저는 그 시대에 해결해야 할 문제를 '시대의 급소'라고 표현합니다. 일본은 시대의 급소를 잡아서 근대를 이루었고, 조선은 시대의 급소를 잡지 못해 패망했습니다. 리더십은 그 시대에 해결해야 할 가장 중요한 문제를 잡는 것이 우선이라고 생각합니다. 가장 중요한 문제, 즉 '시대의 급소'에 국가의 역량을 결집해야 한다는 것입니다. 어떻게 4차 산업혁명에 잘 적응할 것인가 하는 것이 '시대의 급소'입니다. 이것은 선도국가로 올라서느냐, 올라서지 못하느냐 하는 중차대한 일입니다. 선도국가로 올라서는 일은 4차 산업혁명에 잘 올라타야만 가능할 것입니다. 4차 산업혁명에 잘 올라타는 일과 선도국가로 상승하는 일이 '시대의 급소'입니다. 이런 일을 하게 도움을 주는 리더십이 지금 대한민국에 필요한 리더십입니다.

가장 중요한 문제에 국가의 역량을 결집해야
한다. 어떻게 4차 산업혁명에 잘 적응할 것
인가 하는 것이 '시대의 급소'이고, 이런 일을
하게 도움을 주는 리더십이 지금 우리에게
필요한 리더다.

최진석

김태유

최진석 교수님께서 4차 산업혁명을 말씀해주셨는데, 제 결론과 거
의 같기 때문에 더 덧붙이지 않아도 될 것 같습니다만 한 가지만
덧붙이겠습니다. 사실 인류 문명의 발전은 산업화로 시작되었습
니다. 물론 산업혁명은 영국에서 일어났지만, 프랑스 대혁명, 소
위 시민혁명, 부르주아혁명을 통해서 자유, 평등, 박애 같은 민주
사회의 보편적 가치가 탄생했다고 합니다. 그런데 결과적으로 보
면, 산업화와 경제성장에 성공하지 않고 자유와 평등과 박애가 실
현된 나라는 지구상에 없습니다. 하나도 없다고 해도 과언이 아
니며, 실제로 없습니다. 그래서 인류 문명의 발전의 첫 번째 단계
는 산업화입니다. 산업화가 이루어지기 전 8,000년 동안 지구상에
있던 사회는 전부 전제주의적 계급사회였습니다. 계급이 없어지고

시대의 물음에 답하라

신분 질서가 타파되게 된 것은 산업혁명이 일어나 산업화가 되었기 때문입니다. 우리나라가 늦게나마 산업화에 성공했다는 것은 정말 큰 축복입니다. 누가 했든지 칭찬받아야 할 일입니다. 그 과정에서 불미스럽고 안타까운 점이 있었다는 사실도 부인할 수 없다고 생각합니다. 산업화 다음에는 민주화라는 피할 수 없는 단계가 있습니다. 우리는 우여곡절을 겪으면서 산업화 이후 민주화에도 성공했습니다. 한 가지 분명한 사실은, 우리가 지구상에서 가장 짧은 기간에 산업화에 성공하고 또 민주화에 성공했다는 점입니다. 짧은 기간에 산업화와 민주화를 압축적으로 성공시키려니까 성장통을 많이 겪을 수밖에 없었다고 봅니다. 산업화의 성장통이라는 것은 공권력의 과도한 개입과 결부된 다양한 성장통이었습니다. 또 민주화 과정에서도 공권력의 개입으로 인한 성장통이 많이 있었습니다. 그런데 우리나라는 산업화에 성공한 후 민주화되는 과정에서 반독재 세력이 민주화를 주도하다 보니까, 산업화를 빨리하도록 촉진시킨 산업화 세력과 민주화 세력이 적대적인 관계에 놓이게 되었습니다. 사실 지구상에 현존하는 선진국 사례를 볼 때 산업화를 전제로 해서 민주화가 이루어졌다면, 산업화와 민주화는 동반성장하고 상생하는 관계에 있어야 합니다. 그런데 우리나라는 빠르게 압축 성장을 하다 보니까 이 둘이 적대적 관계에 놓이게 된 것입니다. 이러한 현상이 현재 한국 사회의 절대적인 모순이자, 지금 우리가 선진화를 못하는 이유라고 생각합니다. 그래서 간결하게 결론을 짓자면, 우리나라의 산업화 세력과 민주화 세력이 화해해서, 이 두 세력이 적대적인 대립이 아니라 호혜적

인 동반성장 세력으로서 상생할 때 우리나라의 선진화가 완성된
다고 생각합니다.

김도연

그야말로 동의할 수밖에 없는 좋은 말씀입니다. 저는 국가의 리더
를 '국민의 밝은 미래를 준비하는 사람'이라고 생각합니다. 시간
축에서 미래는 과거의 연상 선상에 있으니까, 과거를 되짚어보는
일도 당연히 필요하지요. 그러나 과거에 사로잡혀서는 미래를 만
들기가 쉽지 않습니다. 미래를 좀 더 생각하는 리더십이면 좋겠습
니다. 그런 측면에서 오늘 나왔던 이야기 외에 정말 추가하고 싶
은 것은 교육입니다. 누구나 교육이 국가 백년대계百年大計라고 이
야기합니다. 하지만, 요즘 대통령 후보 중에 누가 교육을 이야기
하고 있습니까. 부동산 문제도, 검찰 개혁도 중요합니다. 그러나
우리 교육이 이대로 가면, 우리의 미래는 정말 어둡다고 봅니다.

　최진석 교수님께서 앞서 말씀하신 '시대의 급소'로 제가 꼽고 싶
은 것은 수능시험입니다. 우리 교육은 얽히고설킨 실타래 같은데,
저는 그중에 가장 먼저 풀어야 할 이슈가 수능시험이라고 생각합
니다. 수능은 매년 전국 50만 명의 학생을 한 줄로 세우는 획일적
인 평가입니다. 이것은 미래사회에 전혀 맞지 않는 오지선다식 평
가 방법이고, 이에 맞춰 교육하기 때문에 정답을 골라내는 데만 익
숙한 사람을 길러내고 있습니다. 저는 우리 사회가 이렇게 갈등하
는 것도 자기 생각만이 정답이라고 믿기 때문이라 생각합니다. 다
른 생각은 오답 처리합니다. 수능은 긴 시간을 갖고 사회를 설득

　　　　　시대의 물음에 답하라

하면서 바꿔야 하고, 그렇게 할 수 있는 리더가 필요합니다.

그다음에는 대학의 문제입니다. 대학 경쟁력은 미래 경쟁력이지요. 요즘은 많이 바뀌었지만, 전통적으로 어머니는 육아를 맡고 아버지는 경제적 지원을 책임을 졌습니다. 대학과 사회도 마찬가지입니다. 대학은 사회에 필요한 인재를 길러내고, 사회는 대학을 지원해주는 상생 관계여야 합니다. 그런데 지금 우리 사회는 대학을 완전히 버린 것 같습니다. 대학교 등록금을 13년간 동결했지만, 그것에 관심을 갖는 사람이 아무도 없습니다. 그러면서 좋은 인재를 기르고, 좋은 미래를 만들겠다는 것은 완전히 불가능한 일이지요. 나라에 돈이 없어서가 아닙니다. 지금 초중등 교육에는 1년에 약 1조 5,000억 원의 예산이 불용으로 처리되고 있습니다. 그 정도를 대학에 더 투자하면 훨씬 더 좋은 인재를 만들 수 있는데, 그런 일을 하지 않고 있습니다. 리더라면 교육을 좀 더 심각한 국가 어젠다로 생각해야 합니다.

윤평중

평소에 많은 분들이 이야기하시는 것처럼 시대정신의 변화에 대해 우리나라의 경우에는 건국, 그리고 산업화, 그다음으로 민주화라고들 말씀하시는 경우가 많습니다. 그러면 그다음 시대정신은 무엇인가? 이것에 대해서는 지금 한국 시민들과 한국 사회 전체가 공통의 인식에 이르지 못한 상태로 분열되고 다투고 있는 상황이 아닐까 하는 생각을 해보았습니다. '건국, 산업화, 민주화 다음에 오늘날 우리가 응전해야 할 시대정신은 무엇인가' 물어보면, 저는 공화共和라고 생각합니다. 잘 아시는 것처럼 대한민국 헌법 1조 1항은 '대한민국이 민주공화국'이라고 선언하고 있습니다. 일반적으로, 직관적으로 쉽게 이해되는 민주주의에 비해서는 공화의 이념과 실천적 모습은 잘 이해가 되지 않는 것이 사실입니다. 저는 정치적으로는 공화라고 하는 시대정신이 경제적으로는 혁신과 공정으로 표출되고, 사회문화적으로는 자율과 창조, 다원성과 통합으로 현현된다고 생각합니다. 그러면 우리의 역대 리더십 중 누가 과연 공화의 시대정신에 가장 근접한 리더십을 구현했는가라는 질문을 던질 수도 있겠습니다. 저는 김대중 전 대통령이 공화의 시대정신에 가장 근접한 리더였다고 생각합니다. "서생의 문제인식과 상인의 현실감각"이라고 하는 멋진 DJ의 수사도 있습니다. 김대중 전 대통령이 정치적으로 민주화의 영웅이라고 하는 것은 잘 알고 있지만, 경제적인 차원에서도 민주주의와 시장의 병행 발전을 내실 있게 추진했습니다. 복지정책을 완결시키고, 국가 인권위원회를 설치하고, 여성부를 설치한 것 등은 굉장히 선구적이었습니다. 지금도 어떤 정치인들은 김도연 교수님께서 개탄하신 것처럼 한일 관계를 정치적으로 이용하고, 최진석 교수님께서 비판하신 것처럼 공정과 정의조차 정치적으로 악용하고 있습니다. 이런 사례는 너무나도 많습니다. 외교·안보를 진영논리에 종속시키고, 정의의 보편성조차 선택적 정의로 축소하는 데서 리더십의 빈곤이 여실히 드러난다고 봅니다. 이에 비해 김대중 전 대통령 시절에는 세계정세를 정확하게 읽은 토대 위에서 대외 관계도 최상이었고, 남북 관계도 가장 좋았으며, 정보화를 주창함으로써 제4차

시대의 물음에 답하라

산업혁명의 흐름에도 선구적으로 대비했습니다. 이것은 김대중 전 대통령이 당대의 시대정신을 정확히 읽고, 공화의 리더십에 가까운 화해와 통합의 리더십을 실천했기 때문이라고 생각합니다. 급변하는 세계의 시대정신을 정확히 판독하고 우리 사회의 내부 문제들을 미래지향적으로 해결하는 리더십을 창출하는 과업은, 결국 평범한 시민들의 몫입니다.

각 분야의 전문가들이 지구적 도전과
시대전환의 쟁점을 살펴,
우리 사회의 문제점을 진단하고
앞으로 나아갈 방향을 제시한다.
주된 문제는 대전환기의 시대정신과 기후문제,
코로나 이후의 경제, 미중 패권전쟁과 국제정세의 변화,
중국 정치의 이해, 시대가 바라는 리더십이다.

대전환기의 시대정신
– 신보호 민주주의neo-protective democracy[1]

◆ 임혁백

현재 진행형인 팬데믹pandemic 코로나19는 신자유주의적 세계화 시대를 종료시키고 있다. 규칙기반 자유주의, 국제주의, 다자주의, 국경개방의 시대가 지나가고 격리와 비대면, 고립주의, 보호주의, 국경장벽, 민족주의, 국가주의의 시대가 전개되고 있다. 코로나 19는 신자유주의 세계화에서 시작된 21세기의 세계를 신국가주의적 탈세계화deglobalization로 종료시키는 역사적 '쇠망치hammer'가 되고 있다. 1990년대에 부활한 새로운 신자유주의적 '시장사회' 체제는 냉전의 종식과 '국경 없는 세계borderless world', 경제적 세계화, 탈규제 시장경제가 결합하여 수립되었다. 그러나 신자유주의 시장사회는 극심한 불평등과 사회경제적 양극화를 낳음으로써 정치, 사회, 경제적으로 지속가능하지 않다는 것이 2008년 글로벌 금융위기로 드러났다. 신자유주의적 세계화는 2016년에 영국의 브렉시트Brexit와 미국의 트럼피즘Trumpism으로 직격탄을 맞았고, 2020년 코로나 대유행으로 종언을 고했으며, 현재 포스트 신자유주의와 포스트 코로나 시대로의 대전환이 진행되고 있다. 이 글은 포스트 신자유주의와 포스트 코로나 시대를 이끌어나갈 시대정신zeitgeist에 관한 논의이다.

신자유주의의 황혼과 포퓰리즘의 등장

1970년대 말에 케인지안 황금기를 대체하는 신자유주의가 대처리즘Thatcherism과 레이거노믹스Reaganomics라는 이데올로기의 형태로 등장했고, 1990년대에 탈냉전, 경제적 세계화, IT 기술혁명이 결합하여 신자유주의적 세계화 질서로의 대전환이 일어났다. 그러나 신자유주의적 세계화는 시장을 정치와 사회로부터 '탈내장화disembedded'시킴으로써 경제 주권을 침식당한 영토국가, 사회적 보호를 상실한 노동자와 비정규직과 도시 빈민, 경제적 풍요 속에 양극화와 소득 불평등으로 인해 고통받는 중산층으로부터 '대항운동counter-movement'에 직면했고, 2008년의 글로벌 금융위기와 2016년의 브렉시트와 트럼피즘으로 파국을 맞았다.

　1987년 로널드 레이건Ronald Reagan 대통령은 베를린 장벽 앞에서 "이 장벽을 허물어라!Tear down this wall!"라는 역사적인 연설을 했다. 레이건의 예언대로 1989년 베를린 장벽은 무너지고 냉전이 종식되었으며, 구 공산권을 비롯해 전 세계에서 국경의 장벽이 무너지고 자본, 기술, 문화, 노동이 국경을 넘어 자유롭게 이동하는 '국경이 없는 세계borderless world' 또는 '세계화 시대'가 열렸다. 미국이 주도한 세계화는 '워싱턴 컨센서스Washington Consensus'로 불리는 신자유주의적 세계화였다. 레이건은 '국경개방정책open border policy'을 채택하여 값싼 멕시코, 남미, 아시아의 노동자들의 유입을 허용함으로써 조직 노동자들은 손실을 감수해야 했으나, 자본가들은 값싼 노동력으로 초과 이윤을 얻게 되었다. 신자유주의적 세계화로 미국은 전후 최장기의 호황을 누렸으나, 기실 세계화로 가장 이득을 취한 나라는 중국이었다. 세계화로 중국은 마침내 자본주의 세계경제에 통합되었고 '세계의 공장'이 되었으며, 곧이어 세계 최대의 소비시장으로 떠올랐다.

신자유주의적 세계화 시대의 정치경제 질서는 경제체제와 정치체제가 분리된 질서였다. 경제적으로는 국내 경제체제인 신자유주의적 시장경제와 국제 경제체제인 초세계화 경제가 잘 조응하고 있었다. 그러나 이러한 신자유주의 경제와 초세계화 체제는 국내 정치질서 및 국제 정치질서와 완전한 조응이 일어나지 못하고, 초세계화, 포스트 베스트팔리아 국제체제, 대의 민주주의 국민국가 간 '삼중고trilemma'를 유발했다.

국제정치적으로 1648년 베스트팔리아 체제 수립 이래 영토적 주권을 배타적으로 행사해왔던 대의 민주주의 국민국가nation state는 자율적인 경제정책 선택권이 심각하게 제약받게 되었다. 국가의 정책선택권이 글로벌 기업과 금융에 의해 심각하게 제약받는 체제로 변환했다. 토마스 프리드먼Thomas Friedman은 세계화가 국민국가에 '황금 죄수복golden straitjacket'을 입혀서 "펩시냐, 코카콜라냐?"로 선택을 좁혀버렸다고 지적했다. 신자유주의 세계화가 국민국가의 정책 주권을 심각하게 제약하게 됨으로써 대의 민주주의를 형해화시켜버렸다. 대의 민주주의는 시민들이 대표를 선출하여 자신들이 선호하는 정책을 시행하게 하는 정치제도다. 그런데 대표는 민주적으로 선출되지만, 선출된 대표의 정책선택권이 글로벌 기업과 금융에 의해서 심각하게 제약되면서 대의 민주주의의 작동 공간이 심각하게 축소되었다. 국민국가가 신자유주의의 '황금 죄수복'에 갇혀서 꼼짝달싹 못 하자 시민사회와 민중들은 경제적 초세계화에 대한 대항운동에 나설 수밖에 없었고, 신자유주의 세계화 체제는 불안정하게 되었다.

신자유주의적 세계화는 국내적으로는 계급 간의 불평등을 낳았고 국제적으로는 부국과 빈국 간에 불균등한 부의 배분을 낳았다. 극단적인 불평등은 세계화에 대한 저항을 불러일으켰고, 2008년의 글로벌 금융위기가 발발하자 "월스트리트를 점령하라!"와 같은 세계화를 주도하는 대금융자본에 대한 대항운동이 전 세계적으로 일어났다. 이러한 반세계화 운동과 감정이 정치적으로 조직되어 나타난 역사적 사건이 2016년의 브렉시트와 트럼피즘이었다. 브렉시트는 '국경이 없는 세계'를 이끄는 초세계화에서 이탈하려는exit 소극적 탈 세계화 운동이고, 트럼피즘은 신자유주의적 세계화로 고통받는 실업자, 백인 노동자, 러스트벨트Rust Belt 노동자들의 시장에 대한 대항운동을 이용하여 권력을 쟁취하고 유지

시대의 물음에 답하라

하려는 스트롱맨의 포퓰리즘 운동이다.

　브렉시트와 트럼피즘으로 포스트 세계화의 시대가 시작되었다. 1987년 레이건이 "장벽을 허물어라"라는 '국경이 없는 세계'를 선언한 것과 대조적으로 트럼프는 당선되자마자 미국과 멕시코 국경에 1,951마일(3,140㎞)에 달하는 21세기판 만리장성을 쌓으라고 명령했다. 트럼프의 장벽 쌓기 정책은 백인 노동자의 대량실업의 책임을 불법 이주노동자에게 돌리는 포퓰리스트 정책이었다.

　브렉시트와 트럼피즘 이후 등장한 반동적 포퓰리즘은 다음과 같은 특징을 갖고 있다. 첫째, 신자유주의가 퇴조하고 보호주의가 득세했다. 트럼프는 백인 노동자와 중산층의 표를 얻기 위해 기왕의 자유주의적 무역 규범을 폐기하고 보호주의를 강화하고 있다. 그리고 역외에 진출한 '오프쇼어링offshoring' 미국 기업들을 다시 미국 본토로 되돌아오게 하는 '리쇼어링reshoring' 정책으로 중서부 러스트벨트 노동자들에게 일자리를 되돌려주려 했다.

　둘째, 국제주의가 퇴조하고 민족주의가 강화되었다. 포스트 세계화 시대에 베스트팔리아 국제체제의 기본 단위였던 영토적 국민국가가 다시 포스트 세계화 시대의 국제체제의 기본 단위로 소환되었다. 트럼프의 '강한 미국', 미국 제일주의America First 구호들은 전통적인 미국에서 찾아보기 힘든 '예외주의' 구호이다.

팬데믹, 탈세계화의 종결자

코로나 팬데믹은 기왕에 진행되고 있는 신자유주의적 세계화 질서를 해체시키려는 탈세계화 대항 운동의 종결자가 될 것이다. 코로나 팬데믹은 기본적으로 신자유주의적 시장경제에 의해 황폐화된 자연이 인간과 사회에 복수하기 위해 일으킨 전염병이다.

시장경제가 자연을 과잉착취하고 환경을 파괴한 결과로 생태계가 무너지고, 기후변화로 지구온난화가 일어나 해수면이 상승하여 해안 도시들은 물에 잠겼으며, 후쿠시마 쓰나미가 원전을 강타하여 일본 동북해는 죽음의 바다로 오염되었다. 시장은 이윤 극대화를 위해 대기, 물, 땅, 숲을 과잉개발하고, 유전자 조작으로 곡물과 가축의 생산 극대화를 꾀한다. 이러한 자연을 과잉착취하고 황폐화시키는 시장의 운동에 대해 자연은 환경재앙과 대질병의 창궐로 역습했다. 코로나 19는 시장에 의한 환경재앙으로 일어난 팬데믹이다.

코로나 팬데믹은 신자유주의적 세계화에 대해 생태학적 재앙이라는 충격을 주어 신자유주의 세계화 질서를 종결 짓는 쇠망치 역할을 하고 있다. 코로나 팬데믹의 충격이 가해지면서 현재 진행되고 있는 정치경제 체제는 국제경제적으로는 탈세계화와 보호주의, 국제정치적으로는 영토국가들 간의 지정학적 경쟁 격화, 국내 경제적으로는 민족주의적 자본주의nationalistic capitalism와 내향화internalization, 국내 정치적으로는 포퓰리스트 권위주의 국가가 결합된 체제이다.

시대의 물음에 답하라

첫째, 코로나 팬데믹은 기왕에 진행되고 있는 탈세계화를 가속화시키고 있다. 국경의 장벽이 강화되고 국경을 넘나드는 국가 간 무역과 인적교류가 급격히 감소함으로써 세계화는 2008년의 글로벌 금융위기 이후 가장 심각한 타격을 받고 있다. 국제주의가 약화되고 내향적inward 국가주의와 배타적 민족주의가 힘을 얻고 있다. '국경이 없는 세계'는 사라지고 인구, 문화, 상품, 기술의 자유로운 이동을 막는 장벽이 국경에 세워지고 있다.

둘째, 국제정치적으로, 영토적 민족국가가 강화되고 있고, 영토 국가들 간의 지정학적 경쟁이 강화되고 있다. 코로나 팬데믹이 발발하자 미·중 간 냉전이 부활하여 지정학적 패권경쟁이 격화되고 있다. 미·중 패권경쟁이 격화되면서 미·중 경쟁은 이익에 기반한 지경학적 경쟁에서 권력에 기반한 지정학적 경쟁으로 중심축이 이동하고 있다.

셋째, 코로나 시대의 국가는 일국 경제를 바깥 세계와 절연시키고 민족주의적 자본주의를 동원하여 자급자족autarky 경제를 지향하고 있다. 국가는 외국에 나가 있는 자국 기업을 불러들이는 리쇼어링을 추진하고, 자국 기업들로 하여금 불확실성이 높아진 '원거리 공급체인remote supply chains'에의 의존도를 낮추고 국내 공급체인을 강화하여 내향적인 '자기고립self-isolation' 경제를 지향하고 있다. 국가들이 이러한 보호주의, 고립주의, 그리고 '내향주의internalization'를 경쟁적으로 추진하면, 세계 경제 전체가 수축될 것이다. 그 결과 1930년대의 대공황 같은 글로벌 경제 위기가 일어날 위험이 있다.

넷째, 반동적 포퓰리즘이 부활하고 있다. 코로나 팬데믹으로 신자유주의적 세계화 시대의 자유방임적 자유주의 국가에서 우익 포퓰리스트 권위주의 국가로의 변환이 일어나고 있다. 세계화 시대의 국제주의적이고 개방적인 자유주의 국가가 비자유주의적 스트롱맨이 포퓰리즘, 민족주의, 토착주의nativism, 자국 우선주의로 통치하는 우익 포퓰리스트 권위주의 국가로 변화하고 있다. 터키의 오르반Orbán, 브라질의 보우소나루Bolsonaro와 같은 우익 포퓰리스트 스트롱맨들은 세계화를 비판하고 민족주의를 촉진하며, 좌파 정치인들을 기소하고 백인 우월주의, 공개적 군사적 협박, 그리고 국제적 협력 약속을 폐기하는 반동적인 정치를 하고 있다. 반동적 우익 포퓰리스트 스트롱맨들은 코로나 위기에 대해 추악한 '탈세계화deglobalization'로 대응했다.

새로운 시대정신, 신보호 민주주의

포스트 신자유주의와 포스트 코로나 대전환기의 시대정신은 '신보호 민주주의neo-protective democracy'로의 변환이다. 정치적인 시대정신은 시장과 자연재앙으로부터 취약해진 인간에게 기본적인 필요를 충족시켜주고, 자연재앙의 두려움과 공포로부터 시민을 보호하는 '신보호 민주국가neo-protective democratic state'의 건설이다. 경제적인 시대정신은 사적 이윤의 극대화를 목표로 하는 시장경제에서 인간과 사회의 필요needs에 대응해서 개인적 소비에 덜 의존하고 필수적이고 공공적인 재화와 서비스의 사회적 소비를 충족시키는 것을 목표로 하는 '기본적 경제foundational economy'로의 변환이다. 국제경제적인 시대정신은 '지구적 공존'을 통해 다양한 형태와 규모로 기본적 경제와 녹색경제를 공간적으로 확장하는 '진보적 재세계화progressive reglobalization'이다. 마지막으로 국제정치적인 시대정신은 코로나 시대에 민족주의, 자국 우선주의, 보호주의에서 벗어나 '생태적 국제협력주의'를 부활시키는 것이다.

2008년의 글로벌 금융위기 이후의 경제 침체의 장기화와 코로나 19와 같은 생태적 대재앙의 엄습으로 두려움과 공포가 사회를 지배하고 있다. 이러한 경제적, 생태적, 종족적 두려움과 공포를 극복하고 인간의 기본적 삶과 자유를 보호하는 신보호 민주주의 국가가 대전환기의 시대정신이 되고 있다.

토마스 홉스Thomas Hobbes는 《리바이어던Leviathan》(1651)에서 근대국가의 제1의 임무는 시민의 생명, 자유, 재산의 보호라고 주장했다. 홉스는 스페인의 무적함대가 영국의 바다를 침략했을 때 (1588) 태어나 영국 내전을 경험하면서, 국가의 제1의 임무는 "외롭고, 가난하고, 끔찍하고, 잔인하고, 그리고 단명한" 생활을 하는 인간들이 '만인의 만인에 대한 전쟁 상태'에서 벗어나 안전하고 평화로운 상태로 가기 위해서 사회계약을 맺어 자신들을 '보호'해줄 국가를 건설하는 것이라고 했다. 고대 아테네의 도시국가에서 시민들은 집단적 참여를 통해서 자급자족적이고 행복한 국가를 스스로 건설했으나, 근대국가는 항시적인 죽음의 공포에 시달리는 시민들을 '보호'하기 위해 출현했다. 그런데 홉스는 '보호국가protective state'가 시민의 생명, 자유, 재산을 '보호'해주는 대신 시민은 절대적으로 국가에 복종하여야 한다는 보호국가 이론을 정립했다. 로크John Locke는 보호국가가 시민을 보호하지 않고 시민들 위에 군림하면 "보호자는 누가 보호 감시할 것인가"의 문제를 해결해야 한다면서, 국가에게 생명, 자유, 재산의 보호라는 사회계약의 조건 이행을 의무화하고, 그러한 계약이행을 보장하기 위해 국가권력을 분립시키고 국가에 대한 시민의 저항권을 인정함으로써 홉스의 보호국가 이론을 보호 민주주의 이론으로 발전시켰다.

코로나 대질병 시대에 다시 '보호국가'가 떠오르고 있다. 국가는 코로나 대질병으로부터 시민의 건강을 보호해야 하고, 코로나 팬데믹으로 인한 사회경제적인 위기로부터 시민들의 기본적 삶을 보호해야 한다. 국가는 기후변화로 인한 생태계를 보호해야 하고, 테러와 종족적·종교적 폭력으로부터 시민의 안전을 보호해야 하며, 전쟁의 공포로부터 시민의 생명을 보호해야 하고, 세계화와 대량 이주로 인해 정체성을 상실한 시민들을 보호해야 한다. 보호국가와 '돌봄국가caring state'는 안전하고 평화로운 사회상태가 지속되기 위해 필수적으로 요구된다.

그런데 코로나 대질병 시대의 보호국가는 홉스의 자유주의적 보호국가와 여러 측면에서 다르다. 첫째, 홉스의 보호국가가 부르주아 시민들의 생명, 자유, 재산, 특히 사유재산권을 보장하고 보호하는 '사적 재산권 보호국가private property protecting state'라면, 신자유주의와 코로나 질병시대의 보호국가는 대량실업의 두려움과 위험으로부터 경제적 안전을 보호하는 사회 민주적 국가이고, 대

시대의 물음에 답하라

질병의 두려움과 위험으로부터 시민들의 건강과 안전을 보호하는 케인지안 보건국가다. 말하자면, 신자유주의 시대에 국가는 사기업의 이윤과 재산권을 보호했다면, 코로나 시대에 국가는 시민의 안전과 건강, 기본 경제를 보호한다.

둘째, 홉스의 경우, 보호를 제공하는 국가가 주권state sovereignty을 갖고 있다면, 신보호 민주주의 국가의 주권은 시민들에게 있다popular sovereignty. 주권자인 시민들이 위임한 대표들로 구성된 정부가 시민들에게 보호를 제공하는 신보호 국가이다. 신보호 민주주의 국가는 '사회적 보호주의social protectivism'의 원리에 따라 모든 시민에게 기본적인 경제적 안전을 제공한다. 국가는 가장 취약한 노동자들에게도 보편적 수준의 보호를 제공할 뿐만 아니라 경제 부문을 넘어서 문화적이고 종족적인 갈등, 그리고 생태 파괴로 인한 재난으로부터 시민을 보호하는 국가이다.

1961년 1월 20일 케네디 대통령은 취임사에서 "국가가 당신에게 무엇을 할 수 있는지 묻지 말고, 당신이 국가를 위해 무엇을 할 수 있는지 생각하라"는 유명한 연설을 했다. 그러나 신보호 민주주의 국가와 시민과의 관계는 '케네디 공식'의 역이 될 것이다. 즉, "국가는 시민에게 봉사하기를 요구하기 전에, 시민을 섬기고, 받들고, 보호하기 위해 국가가 무엇을 할 수 있는지를 먼저 생각하라"가 될 것이다. 시민이 국가에 헌신하는 것이 아니라, 시민의 안전, 생명, 기본적 삶을 보호하는 국가가 신보호 민주주의 국가이다.

코로나 대질병 시대에 케인지안 보호국가가 다시 소환되고 있다. 코로나 팬데믹에 대응하는 과정에서 자유방임적 시장의 무능이 드러난 반면, 케인지안 돌봄국가는 코로나 방역과 치료 과정에서 효율성과 사회적 양극화를 치유하는 데 있어서 비교우위를 보여주었다. 코로나 팬데믹의 대처 과정에서 보호국가는 신자유주의자들의 비판을 받았던 '거대정부의 비효율성' 담론에서 벗어날 수 있었다. 국가는 다시 전통적인 사회 민주주의적인 보호국가의 역할을 담당하고 있다. 국가는 대규모의 구제금융 패키지를 단행하고, 고통에 처한 시민들을 보살피는 돌봄국가가 되어주었다. 신자유주의 시대에 공공의료, 공중보건과 같은 공공재와 의료 시스템 하부구조 구축에서 시장이 적절한 투자에 실패했다는 반성 위에 국가가 직접 나서서 의료사회와 공감, 협력하여 치료약과 백신의 개발, 연구, 제조를 담당하는 보건 케인지안 국가가 등장했다.

신보호 민주주의 국가는 '더 많은 민주주의more democracy'와 '시민참여civic participation'를 요구한다. 국가는 보호를 제공하기 위해 더 많은 사회적 통제를 필요로 하는데, 이러한 사회적 통제에 대한 국민적 동의를 얻기 위해 더 많은 민주주의와 시민참여가 필요하기 때문이다.

모든 시민을 위한 기본 경제로의 전환

포스트 코로나 대전환기의 국내 경제적 시대정신은 기업의 이윤을 극대화하려는 신자유주의 시장경제에서 인간의 '기본적인 필요'를 충족시키는 것을 목표로 하는 '기본 경제foundational economy'로의 변환이다.

국내 경제적으로 유토피아적 시장이 인간과 사회에게 디스토피아를 초래할 수 있다는 칼 폴라니K. Polanyi의 경고를 받아들여서, 사적 이윤의 극대화를 목표로 하는 시장경제에서 시민과 사회의 필요에 대응해서 필수적 재화와 서비스의 사회적 소비를 충족시키는 것을 목표로 하는 기본 경제로의 전환이 있어야 한다. 헬스케어를 비롯하여 시민을 안전하게 하고 문명 상태로 유지시키는 데 필요한 공공 재화와 서비스를 포함하여 사회적 재화와 서비스 공급은 개인의 소득이 증가한 만큼 자동적으로 증가하지 않기 때문에 공공적 공급이 필요하다. 기본 경제에서 공공정책의 일차적 목표는 경제성장을 위한 효율성의 극대화와 사적 소비의 부양이 아니라, '모든 시민'을 위한 기본 재화와 서비스의 공급을 보장하기 위한 자족성self-sufficiency의 확보이다.

칼 폴라니는 모든 시민을 위한 공급은 '극소수의 자유가 아니라 모두를 위한 자유freedom for all'를 실현하기 위해서 필요하다고 주장했다. 기본적 재화와 서비스를 공급하는 노동자에게 적절한 임금을 지급해야 하고, 기본적 재화와 서비스의 공급이 자연과 기후변화를 더욱 악화시키는 부담을 지구에 지우지 않는 방향으로 진행되어야 한다.

기본 경제는 시장 친화적인 자유민주주의 틀 내에서 실현되기 어렵다. 기본 경제를 실현하기 위해서는 시민들이 직접 참여하여 대표들로 하여금 시민들에게 기본적 서비스를 제공하도록 압력을 가할 수 있도록 시민들에게 힘을 실어주는empowering '더 많은 민주주의'가 필요하다. 또한, 민주적 참여가 정치 영역을 넘어서 작업장과 복지기구를 포함한 광범위한 사회경제영역으로 확장되어야 한다. 그러므로 보편적 기본 서비스의 공급은 사회경제적 민주화를 요구한다. 왜냐하면 사회경제적 민주화가 이루어져야 기본 재화와 서비스의 공급이 민주적으로 이루어질 수 있기 때문이다. 사회경제적 민주화는 기본 재화와 서비스를 최우선적으로 공급하게 하며, 성장우선주의와 소비주의를 극복할 수 있게 해줄 것이다.

보편적 기본 서비스의 필요가 발생한다고 해서 사회에 의해서 자동적으로 평등하게 공급되는 것을 보장하지 않기 때문에 보편적 기본 서비스의 평등한 공급을 실현하기 위해서 기본 경제를 위한 정치적 연합을 형성해야 한다. 기본 경제가 효율성과 가격에서 문제가 있다는 비판이 있으나, 기본 경제는 포용적이고, 친환경적이며, 사회적 결속을 강화하는 이점이 있는 것으로 나타났다. 기본 경제를 위한 정치 연합은 코로나 위기를 극복하기 위한 '사회생태적social-ecological' 인프라를 구축하는 데에서도 강력한 지원 세력이 되어야 할 것이다.

기본 경제는 기본적 재화와 서비스의 공급을 사적 시장과 기업에 맡기기보다는 공적public으로, 공동common으로, 그리고 지역적으로 공급하는 것을 선호한다. 기본 경제는 조정적이고 생태 친화적인 녹색 자본주의적 공급방식을 선호한다. 따라서 포스트 코로나 시대에 기본 경제에 조응하기 위해 진보적 재세계화가 필요하다. 기본 경제가 번영하기 위해서 '지구적 공존planetary co-existence'

을 통해 다양한 형태와 규모로 기본 경제와 녹색경제를 공간적으로 확장해야 한다. 기본 경제의 지구적 공간 확장을 위해 탈세계화된 경제를 진보적으로 재세계화된 경제로 재구축함으로써 지구적 공존 경제를 형성해야 한다. 지구적 공존 경제는 '글로벌 커먼스global commons'를 구축하여 기후변화, 생물 다양성, 인권, 고삐 풀린 금융시장을 규제할 수 있는 국제협력을 이끌어낼 수 있다. 지구적 공존 거버넌스를 구축하기 위하여 국민국가 간의 다자주의뿐 아니라, 지방과 시민사회가 참여하는 혁신적인 다중적 거버넌스 모델을 고안해야 한다. 지구적 공존은 글로벌 부유세, 사치세 부과에서부터 화석연료 인프라 해체, 재난 구호, 글로벌 재분배 촉진, 글로벌 평화유지, 글로벌 그린 뉴딜까지 정책 영역을 확장할 수 있다.

국제정치적으로 '생태적 국제협력주의'가 시대정신이 될 것이다. 왜냐하면, 코로나 팬데믹은 일국 단위로 해결할 수 없는 대유행 전염병이기 때문에 자국 이익 우선주의나 민족주의는 코로나 팬데믹에 대한 즉자적 대응 또는 임시방편적 대응은 될 수 있으나 지구적 팬데믹의 근본적 해결책이 될 수는 없다. 따라서 코로나 팬데믹을 종결시키기 위해서는 반드시 다자주의적 국제협력이 필요하다. 코로나 위기를 해결하기 위해서 국제적 협력주의로 복귀해야 한다는 주장은 현실주의자인 헨리 키신저로부터 나왔다. 키신저는 먼저 코로나 팬데믹은 국경을 가리지 않고 침투하기 때문에 영토국가 단위로 각자도생 방식으로 코로나 팬데믹에 대응하는 것은 실효성이 없으며, 국가 간의 집단협력을 통해 공동으로 대유행 질병과 경제 위기 극복에 나서야 한다고 주장한다. 키신저는 시대착오적인 '성곽도시walled city'를 쌓아서 코로나 팬데믹의 공격으로부터 미국을 방어할 생각을 하지 말고, 국제협력주의적인 "코로나판 마셜플랜"을 펀딩하여 코로나 19로 고통받는 국가들의 국민들을 지원함으로써 전 세계적인 신뢰와 지지를 다시 찾아야 한다고 주장했다.

제러미 리프킨Jeremy Rifkin은 생태적인 지역협력주의를 대안으로 제시했다. 리프킨은 코로나 팬데믹은 신자유주의적 시장에 의한 환경착취와 파괴에 대한 자연의 역습이기 때문에 코로나 팬데믹에 대한 대응은 시장이 아닌 국가가 주도하여야 하고, 국가의 대응은 동식물의 생물권을 인정하는 '공감 문명empathic civilization' 방식으로 이루어져야 한다고 주장했다. 리프킨은 외부효과가 크고, 국제적 공공재의 성격을 가진 팬데믹은 국제협력을 통해 해결되어야 하며, 탈화석연료화와 지속가능한 생태회복 인프라 구축을 위해 '그린 뉴딜'과 같은 국제적 협력기금을 조성하자고 제안했다. 유발 하라리Yubal Harari도 코로나 19와 같은 세계 대질병은 탈영토적 외부효과externalities와 국가 간 무임승차 효과를 내는 국제 공공재이기 때문에 일국 차원에서 해결할 수 없다고 하면서, 코로나 팬데믹 대응책임을 둘러싸고 국가들이 "서로 사격을 중지Cease fire!"하고 국제적인 협력과 연대로 팬데믹 위기를 극복하자고 제안했다.

1930년대 미증유의 대공황과 제2차 세계대전이라는 대위기로 인한 결핍과 공포에 프랭클린 루즈벨트 대통령은 결핍, 공포, 언론과 의사표현, 신앙의 자유를 선언하고, 미국 시민들을 전쟁

시대의 물음에 답하라

과 경제 위기로부터 보호하기 위해 뉴딜 보호국가 건설을 추진했다. 영국 노동당은 제2차 세계대전이라는 국가적 위기의 한복판인 1942년에 〈베버리지 보고서〉를 발표하면서 결핍, 질병, 불결, 무지, 태만으로부터 영국국민들을 보호하겠다는 비전을 제시하여 전후 예상을 뒤엎고 집권할 수 있었다. 뉴딜과 베버리지 사례는 전쟁과 대질병으로 인한 위기의 순간에는 보호국가의 비전이 시대정신임을 보여주고 있다.

기후와 인간의
끝나지 않을 동행

◆ 박혜정

언제부터인가 지구온난화보다 기후변화가 각종 매체에 더 많이 등장하고 회자되고 있다. 2006년 앨 고어가 〈불편한 진실〉이라는 환경 고발 비디오를 통해 지구온난화 문제를 뜨거운 감자로 제기했을 당시만 해도 기후변화는 거의 언급되지 않았다. 지구온난화를 경고하는 이들과 이를 부정하는 이들 간의 접점 없는 논쟁은 계속 진행되었지만, 이제는 지구온난화를 부정하는 이들조차 무시하기 어려울 정도로 기후변화는 거침없이 진행 중이다. 북미와 호주에서 대규모 산불이 연중행사로 발생하고, 중앙아프리카에서도 4,000~5,000회의 화재가 있었다. 한국이 역대 최장 장마를 치르는 사이에 시베리아인들은 평년보다 무려 10도나 높은 여름을 보냈다. 무엇보다도 우리는 2년 넘게 코로나와 사투 중이다.

　　　　　　　　　　　　　　　　　시대의 물음에 답하라

다른 현상들에 비해, 코로나와 기후변화 간의 연계성은 그것이 직접적인 인과관계에 있지 않기 때문에 지구온난화의 뚜렷한 현상으로 다루어지지는 않고 있다. 그럼에도 전문가들은 오래전부터 기후변화와 새로운 감염병의 연관성에 주목하고 경고해왔다. 기후변화에 관한 정부간 협의체IPCC는 이미 2001년의 3차 보고서에서 전염성 질환의 확산을 기후변화의 5대 영향 중 하나로 언급했는데, 이는 기후변화의 영향에 관한 국제연구 동향의 공통적인 결론이기도 하다. 모든 질병은 생태계 내에서 숙주와 매개체, 병원체 간의 상호작용에 의하여 발생하는데, 이러한 상호작용은 기후변화를 포함한 각각의 생육환경 변화의 직접적 영향을 받게 된다. 특히 기후변화는 모기나 설치류를 매개체로 하는 질병에서 가장 잘 나타나는데, 환경 변화 중에서도 병원체와 매개체의 생존과 번식에 가장 큰 영향을 주는 요인에 속한다.[2]

지구온난화는 이미 한반도에서 가장 뚜렷이 나타나고 있다. 놀랍게도 한반도의 기후변화는 세계 평균 이상이다. 기상청과 환경부가 2020년 7월에 발표한 〈한국 기후변화 평가보고서2020〉에 따르면 1880~2012년 전 지구 평균 지표면 온도가 0.85도 상승하는 동안, 우리나라는 1912~2017년 사이에 1.8도나 상승하여 더 짧은 기간에 2배 이상 올랐다. 한반도 연평균 기온은 1980년대 12.2도, 1990년대 12.6도, 2000년대 12.8도, 2011~2017년 13.0도로 꾸준한 오름세에 있다. 인구 1인당 탄소 배출량이 12.4t으로 사우디아라비아, 미국, 캐나다에 이어 세계 4위이고, 온실가스 배출 총량에서도 세계 7위, 에너지 소비 세계 9위, 재생에너지

발전 비중 세계 꼴찌, 미세먼지 농도 OECD 1위에 올라 있는 성적표에 비추어볼 때, 한반도의 급격한 기온 상승은 '기후 악당'이 치르는 당연한 대가라고도 할 만하다.

최재천 교수에 의하면, 사계절이 뚜렷한 한반도는 "본래 생물 다양성이 높고 복합적인 생태적 요소를 많이 갖고 있는 나라다. 그래서 더욱 앞으로 극한 기후를 많이 겪고, 변동 폭도 커질 가능성이 높다. 금년에는 비가 많이 내려 고생했지만, 몇 년 후에는 가뭄으로 굉장히 고생할 수 있다."[3] 코로나 사태가 지구온난화, 생물 다양성 감소, 환경 파괴를 하나의 연관되어 있는, 그의 표현대로 '매우 생태학적 사건'이라면, 복합기후대에 놓여 있는 한반도가 겪을 수 있는 문제는 비단 복합적인 기후 문제에 그치지 않을 가능성이 매우 크다.

그럼에도 우리나라의 대응은 최근 유럽기후행동네트워크CAN 등이 발표한 〈기후변화 대응지수2020〉에서 61개국 중 58위로 최하위권을 차지할 정도로 미온적이다. 국가적 대응은 차치하고 국민 개개인의 대응 차원에서 보더라도 환경 의식이 저조하고 우리나라 특유의 편의지상주의적 문화 구조가 일상 곳곳에 버티고 있어서 환경친화적 실천을 시작하거나 고수하기 어려워 보인다. 그럼에도 코로나 위기에 더하여 닥친 2020년 최장기 장마는 국내의 소극적인 기후변화 대응을 조금씩 바꾸고 있다. 2020년 7월에 산업통상자원부와 환경부가 '그린 뉴딜' 계획을 발표함으로써 2008년에 이미 제시되었으나, 친환경보다 친기업적이라는 오명만 안고 있던 '녹색 성장'에 제대로 시동을 걸 수 있는 발판이 다시금 마련되었다. 그리고 2020년 10월 대통령의 국회 시정연설에서 마침내 2050년 탄소중립 목표를 선언했다.

이들 계획과 선언의 의미는 그것의 구체적인 내용이나 현실적 실현 가능성보다도 코로나 위기를 계기로 한층 강력해진 국내외 환경단체와 시민사회의 기후 문제를 위한 행동의 결과물이라는 면에서 의미가 있다. 이미 '그린 뉴딜' 선언은 '그린 없는 뉴딜'이라는 신랄한 비판에 직면해 있지만, 이만한 수준의 발표가 나온 것도 국제환경단체 그린피스와 국내의 '기후행동'을 비롯한 수많은 환경단체의 강도 높은 압력이 있었기에 가능했다. 파리기후변화협약으로 복귀하기로 한 바이든 대통령 정부가 탄소 국경 조정세를 도입할 것이라는 예상 역시 한국 정부가 나서기 전에 대미수출 기업들이 먼저 탄소 배출량 감소를 위해 움직이게 만들 공산이 크다.

우리는 이 같은 국내외의 우호적인 조건들에 힘입어 수년 안에 기후변화에 대한 우리 사회의 대응이 연쇄반응적으로 급진척될 중요한 분기점에 서 있는지 모른다. 우리에게 '인류세Anthropocene'는 여전히 가공할 만한 역대급 환경재난과 더 쉽게 연계되어 다가오는 상징이다.[4] 이런 규모의 지질적 위기를 인간 사회의 위험 범주에 넣어서 생각해본 적도, 대응·관리한 경험도 없기 때문이다. 하지만, 인류는 불가사의한 자연 극복과 개발의 역사를 갖고 있고, 수많은 환경오염과 자연재해의 역사를 갖고 있다. 과거의 경험으로부터 교훈을 얻자는 뻔한 이야기이지만, 최근까지의 기후사 연구는 바로 이런 뻔한 이야기가 우리가 동원할 수 있는 가장 강력한 해법이라는 결론을 도출하고 있다.

역사기후학Historical Climatology의 부상

유럽에서 1960년대부터 시작된 역사기후학, 혹은 기후사[5] 연구는 크게 세 가지 방향으로 진행되는데, 최근에는 관련 강의도 빠르게 개설되고 있다. 근대 기상학이 출현하기 이전의 문서자료를 활용해서 과거 기후를 복원하는 작업, 과거 기후변화상과 이변이 사회, 경제, 특히 농업에 미친 영향을 연구하는 작업, 그리고 기후 인식과 기후 대응에 관한 문화사적 연구가 이에 해당한다. 1980년 대까지도 역사기후학의 주된 영역을 차지한 것이 첫째 영역인 과거 기후의 재구성이었기에, 역사기후학은 역사학자와 고고학자, 그리고 빙하학자, 빙심기후학자ice-core climatologist와 같은 자연과학자들 간의 협업이 중요한 초학제적 연구 분야로서의 위상을 오랫동안 유지해왔다. 근래에는 과거 기후 연구가 나이테, 해양침전물, 빙심, 꽃가루 등의 좀 더 정확한 대용 데이터들을 토대로 훨씬 정확하게 기후를 재구성할 수 있는 과학자들에게로 뚜렷이 이동하고 있다. 그러나 필자가 보기에 가장 고무적이고 중요한 변화는 역사기후학의 관심이 과거 기후 자체로부터 인간과 기후 간의 역동적인 상호작용의 규명으로 서서히 옮겨가고 있다는 사실이다. 인류가 지질학적 동인이 되어버린 인류세의 불가역적인 사실을 좀더 진지하게 받아들인다면, 이미 자연적인 기후를 논하는 것이 불가능하며, 기후와 인간을 이원적으로 고찰하는 것은 무의미하다는 인식의 전환이 필수적이다.

역사기후학 내의 이러한 변화는 좀 더 크게 보자면 환경에 대한 인식 자체의 변화와 함께 움직인 결과였다. 환경사 연구 초기에는 자연과 자연 고유의 법칙을 무시할 수 있다는 우려에서 인간중심적인 환경사 서술을 경계하고, 생물중심적biocentric 전제를 중시하는 태도가 지배적이었다. 자연 자체에 안정성이나 균형이 내재한다는 러브록James Lovelock의 '가이아 이론'이나 기후과학자 한센James Hansen의 '기후평형론'이 그 대표적인 사례이다. 미국 환경사의 아버지로 불리는 크로스비Alfred W. Crosby는 1970년대 초 "인간이란 가톨릭 신자, 자본가, 혹은 그 외의 존재이기 이전에 생물학적 단위이다"라는 당시 역사학자로서는 파격적인 선언과 함께 새로운 역사학 분야의 개막을 알렸다.[6] 하지만 인간을 생물학적 행위자로 정의한 그의 환경사가 종종 환경결정주의에 기우는 모습을 보였던 것은 아이러니가 아니라 필연적인 귀결이었다.

이후 본격화된 환경사 연구는 생태주의적이고 생물중심적인 편견, 즉 인간중심적 환경사에 대한 우려가 전혀 불필요한 것임을 보여주었다. 미국의 대표적인 환경사가 맥닐John R. McNeill의 고백대로 모든 환경사는 그 서술 주체가 인간이라는 점에서 기본적으로 인간중심적인 역사일 수밖에 없다. 역설적이게도 생태주의적이고 생물중심적인 관점을 강조하면 할수록 인간과 자연을 분리시켜 파악하게 되고, 결국에는 '지구생태 시스템'에 대한 통섭적 이해로부터 더 멀어질 뿐이다. 따라서 인간에 의한 자연의 지배와 인간의 자연에 대한 종속성 간의 변증법적 긴장 관계를 규명하는 것이 현대 환경사 연구의 주된 문제의식으로 자리 잡게 된 것은 자연스러운 귀결이다.[7]

인간과 기후 간의 역동적인 상호작용으로 관심을 선회했다지만, 기후가 사회, 정치, 경제에 미치는 재난적인 영향을 일방적으로 강조하는 기후결정주의에서 벗어나서 양방향적인 관계를 드러내는 일은 녹록지 않다. 그럼에도 인류사에서 기후가 결코 홀로 작용하지 않았다는 사실은 자명하다. 소빙하기가 끝나고 다시 온난기에 들어갔음에도 20세기에 굶주림과 정치경제적 혼란이 지속된 것은 그 원인이 불리한 기후 조건에만 있지 않았음을 증거해준다. 기후는 기후 자체에 대한 정의와 이해에서부터 장기적인 기후변화의 패턴에 이르기까지 지구상에 인류가 등장한 이후부터 줄곧 인간의 집단행위와 교차해왔다. 따라서 인류세의 기원을 두고 산업혁명이냐, 1950년대의 '대변동'이냐를 두고 설전을 벌이는 것은 기후사적 시각에서 보자면 오늘날 정치권의 기후 대책과 마찬가지로 근시안적 주장에 불과하다. 물론 인류세 개념의 창시자 크루첸Paul J. Crutzen의 주장대로 산업혁명 이후 200년간 인간의 환경적 영향력은 절대 과소평가할 수 없다. 바람직한 방식은 기후와 인간의 장기적인 상호작용을 전제로 각각의 인류세 단계를 연속적인 하나의 과정으로 이해하는 것일 것이다.

오늘날 각종 과학적 데이터에 기반한 객관적 사실로서의 지구온난화와 IPCC가 2018년에 발표한 기온상승 임계치 1.5도의 목표는 별도의 주석이나 해석이 불필요할 정도로 명료하다. 그러나 지구의 기후는 생명이 출현한 이래로 생명활동뿐 아니라 인간의 온갖 이해관계와 뒤엉켜 진화해왔고, 기후위기가 절벽 수준으로 다가와도 이를 막기 위한 대응이 일사불란하게 진행될

시대의 물음에 답하라

가능성은 저조하다. 그런 의미에서 기후사는 인간 사회의 취약성vulnerability과 탄력적인 회복력resilience 모두를 증언해주는, 지구온난화 시대를 위한 중요한 문서고이다.

소빙하기Little Ice Age의 반전

14세기로부터 19세기까지 지속된 소빙하기는 기후사 연구의 단골 소재다. 소빙하기 연구는 세계사적인 차원에서 오스만제국의 장기적인 정치·경제·군사적 부침, 동북아시아 3국을 휩쓴 17~18세기 대기근, 1750년에서 1810년 사이에 대서양 세계에서 집중적으로 일어났던 연쇄적 혁명 발발 등 지리적으로 멀리 떨어져 진행된 이들 사건을 공통의 맥락에서 이해할 수 있는 매력적인 연결고리를 제공해주기 때문이다. 독일 근세사가 베링거Wolfgang Behringer의 《기후의 문화사》[8]는 한 걸음 더 나아가서 소빙하기 인간과 기후의 상호작용을 더욱 조밀하고 역동적으로 재구성하여 화제가 되었다. 이 책의 백미는 우리가 흔히 알고 있던 역사적 인과관계를 기후라는 변수를 통하여 어떻게 다르게 이해할 수 있는지를 읽는 것이다. 예를 들어서, 흑사병의 결과로만 알고 있었던 중세 후반 유럽 농촌 지역의 폐촌화 현상이나 '죽음의 예술'과 같은 새로운 장르의 등장, 종교개혁 이후 지배층의 새로운 사회질서 확립 차원으로 해석되었던 마녀사냥, 양목축업 확산과 함께 진행된 것으로 설명되어온 영국의 인클로저 운동, 유럽 인구의 1/3을 쓸어간 흑사병, 은의 대규모 유입이 초래된 것으로 알려진 가격혁명 등 수많은 근세의 역사적 사건과 과정의 배후에는 소빙하기의 이상기후가 우리가 상상하는 것 이상으로 깊숙이 연루되어 있다.

그러나 오늘날 우리가 당면하고 있는 기후위기와 관련해서 더욱 주목할 만한 부분은 따로 있다. 바로 소빙하기의 위기를 극복한 유럽인들의 경험이다. 물론 소빙하기는 유럽뿐만 아니라 북반구 전체를 강타한 기후 현상이었기에 앞으로 새로 발굴될 극복의 이야기들은 무궁무진하다. 일단, 베링거가 지적하는 소빙하기의 기후위기에 대한 유럽인들의 성공적인 적응과 위기 해결의 비법은 '이성적인' 대처였다. 변화는 위와 아래 모두에서 일어났다. 18세기에 만개할 계몽주의 시대의 길을 먼저 밝힌 것은 과학혁명과 더불어 절대왕정의 '국가이성raison d'État'이었다. 17세기에 들어와 본격적으로 정비되기 시작한 관료제는 소빙하기의 혼란을 수습하고 새롭고 강력한 질서를 수립하는 데 기여했으며, 절대군주들은 국가경쟁력의 제고를 위해 왕립과학협회를 앞다퉈 건립하여 과학혁명을 후원했다. 16세기 라인란트 다음으로 프랑스에서 기승을 떨쳤던 마녀사냥이 루이 14세 치하에서 소멸된 것은 결코 우연이 아니었다.

17세기 절대왕정 시대의 변화는 일견 위로부터 체계적으로 진행된 과정으로 보일 수 있지만, 그것은 종교적 광신주의와 사회 혼란에 지친 사람들의 아래로부터의 요구이기도 했으며, 이것이야말로 전 사회적으로 진행된 급속한 세속화와 탈주술화의 주동력원이었다. 당시 프랑크푸르트 도서박람회의 목록은 비종교적 전문 서적의 급격한 증가세를 증언해주는데, 날씨와 농업개혁에 관한 서적들이 대거 포함되어 있었다. 특히 기후예보를 미래 예언이나 신학적 의미와 연계시키는 경향이 지배적이었던 기후서의 경우, 모든 종류의 형이상학적 설명을 기후해석에서 배제하려는 추세가 두드러졌다는 것은 특기할 만한 변화다. 세속화와 탈주술화의 광풍에서 절대군주의 권력도 예외가 될 수 없었다. 루이 13세 치하에서 정치 관련 팸플릿의 출간이 폭발적으로 증가했는데, 이제 "공적인 사안에 대해 자신의 의견을 개진하고 간섭하려 하며, 군주와 그의 정부의 행동과 의도에 대해 해석하고 따지고 들려 하는" 것이 하나의 새로운 트렌드로 정착했다.[9] 국가이성은 본래 교권을 압도하는 절대권력의 합리성을 강조하기 위해 동원된 것이었지만, 결국 부메랑으로 돌아와 절대군주의 왕권신수설적 신비함까지 파괴해버린 것이다.

이성에 기초한 합리화 과정과 사회적 탈주술화가 가져온 변화의 성과는 18세기 소빙하기 때 빛을 발했다. 17세기의 기상이변과 비슷한 수준이었던 1740년대와 1780년대의 혹독한 기후는 위기 대응 방식과 성과 모두에 있어서 이전과는 상당한 차이를 보여주었다. 영국과 네덜란드를 필두로 한 농업혁명, 유럽 전역의 교통통신망의 개선, 의료보건을 포함한 행정 능력 전반의 향상은 유럽에서 기상이변이 흑사병을 비롯한 각종 전염병의 대규모 창궐로 이어지는 것을 막아주었고, 1709년 이후로 기근 발생률 또한 크게 낮추었다. 더 주목할만한 것은 대학, 교양 잡지, 정기간행물 등에서 당시 혹한에 관한 논쟁이 활발히 진행되는 과정에서 극단적 기후 현상의 원인을 더 이상 신학 교리나 마법에서 찾지 않고 자연적 요인에서 찾기 시작했다는 사실이다. 1740년 곡물 가격이 급등했을 때에도 저주, 마녀, 신의 징벌이 거론되기보다는 무능력하고 비이성적인 정부의 탓으로 돌리는 여론이 비등했다.

프랑스 대혁명의 발발 시기는 1780년대의 이상기후와 그로 인한 식량 위기의 시기와 정확히 일치한다. 따라서 양자를 직접적으로 연계시키려는 시도가 없지 않지만, 프랑스 대혁명의 기원을 소빙하기의 이상기후와 직결시키는 것은 기후결정론적 서사에 불과할 것이다. 그보다는 샤르띠에Roger Chartier가 《프랑스 혁명의 문화적 기원》에서 주장한 18세기의 새로운 정치문화의 확산 과정과 소빙하기의 장기적인 영향을 연동시켜 조망하는 편이 실제 역사에서 기후와 인간이 어떻게 상호작용해왔는지를 입체적으로 드러내는 데 도움이 될 것이다. 거듭 강조하자면, 기후는 역사 속에서 결코 홀로 힘을 발휘하지 않았다. 샤르띠에의 주장대로 프랑스 혁명이라는 격렬한 파열은 18세기에 들어와 뚜렷해진 출판물 중심의 공공여론의 형성, 탈기독교화, 세속화, 왕의 탈신성화, 다양한 방식의 정치화 속에서 가능했다.[10] 그러나 길고 반복적인 소빙하기를 지나는 뼈아픈 학습의 과정이 없었더라면 이러한 새로운 정치문화가 탄생하기까지 훨씬 더 오랜 시간이 걸렸을 것이다.

시대의 물음에 답하라

기후변화의 미래로 가는 길

현재까지의 기후사 연구는 주로 소빙하기를 중심으로 한 1900년 이전 시대에 집중되어왔다. 그러나 현재의 기후위기에 냉정하고 합리적으로 대응할 수 있는 직접적인 영감을 얻기 위해서라도 고도 산업화와 근대화가 진행된 20세기의 기후변화의 사회경제적 결과 및 그 사회문화적 대응에 관한 기후사 연구 역시 심도 있게 진행하여 균형을 맞출 필요가 있다. 지구온난화의 진행과 인간 활동이 기후변화에 미치는 큰 영향력에 대해서는 학자들 사이에 이견이 없지만, 기후변화 역사의 해석과 미래 예측과 관련해서는 여전히 많은 논쟁이 진행 중이다. 어떤 논쟁이든 산업혁명 이후 200년간의 급속한 대기권 구성의 변화와 그것이 지구온난화에 미치는 영향을 지나치기 어려운 만큼, 인간의 영향력이 폭발적으로 증대한 20세기에 집중하는 기후사 연구는 새로운 해석의 지평을 개척하는 데 유용할 것이다. 현재 진행되고 있는 논쟁 가운데 가장 당혹스러운 사례는 현재의 지구온난화가 오히려 서서히 진행되고 있는 지구냉각화를 상쇄해서 빙하기로의 본격 진입을 억제하고 있다는 고기후학자 러디먼William F. Ruddiman의 주장이다.

유명한 '밀란코비치 주기'에 의하면, 빙하기의 약 10만 년 주기는 지구 궤도의 주기적 변화와 연동 관계에 있는데, 1만 1,000년 전경 홀로세의 최고온난기가 끝난 후 지구 궤도에 의해 추동되는 태양 복사에너지는 장기적인 감소 추세로 접어든다. 러디먼은 5,000년 전까지만 해도 태양 복사에너지의 감소와 함께 떨어지던 대기 중 메탄 농도가 돌연 다시 증가하기 시작하는 것으로 나타난 빙심 측정 결과에 의문을 품고, 그 원인을 추적한 결과를 '이른 인류세 가설early Anthropocene hypothesis'로 발표했다. 장기적으로 비교적 정확히 예측이 가능한 메탄과 이산화탄소의 농도의 자연적 추세를 깨뜨린 주범으로 8,000년 전 본격화된 인간의 농업 활동을 주목한 것이다.[11] 그는 중세 온난기까지의 인위적 기후 영향을 2℃쯤으로 추산하면서 홀로세가 근본적으로 인류세와 동일하다는 주장을 제기하여 크루첸과 열띤 논쟁을 벌였다. 홀로세 이후 폭발적으로 증가해온 세계 인구 규모만 보더라도 홀로세 인류의 영향력과 20세기 인류의 영향력을 동일 수준에서 논하는 것은 넌센스이다. 무엇보다도 러디먼의 가설은 지구온난화를 부정하는 진영의 주장과 내용적으로 상충할지라도 정치적으로는 이들에게 유리하게 작용할 가능성이 있다. 러디먼의 논리대로라면 지구온난화가 지금도 서서히 진행되고 있는 지구냉각화에 의한 상쇄효과로 인하여 예상처럼 극단적이지 않을 수 있다는 주장이 가능하기 때문이다.

반면 우리가 흔히 접하는 기후변화의 예상은 가히 종말론적 시나리오에 가깝다. IPCC의 의뢰로 만들어진 21세기 기후모델에 의하면, 2100년까지 지구 평균온도는 1.5~4℃ 사이에서 상승할 것으로 예상된다. 바로 앞 장에서 살펴본 소빙하기의 사회 혼란을 가져온 기온변화도 2℃에 미치지 못하는 정도였음을 기억한다면, 이러한 상승폭은 엄청난 수준을 의미한다. 독일 포츠담기후영향연구소의 연구자들은 한 걸음 더 나아가서 향후 기온 상승폭이

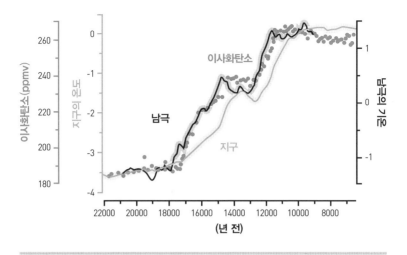

▲ 마지막 퇴빙기 이후 기온과 이산화탄소량

2℃보다 낮을 가능성은 전혀 없으며, 온실가스 배출이 집중된 아시아 태평양 지역에서는 최고 8℃까지 상승할 가능성이 매우 높을 것으로 내다봤다.[12]

IPCC의 예측을 훨씬 뛰어넘는 포츠담기후영향연구소의 비관적인 전망의 배후에는 2015년 기준 400PPM에 이르는 대기 중 CO_2 농도가 있다. 400PPM이라는 수치의 의미는 이것이 지난 65만 년간의 최고치라는 데 있지 않다. 2012년에 발표된 〈네이처〉 논문은 기온상승과 CO_2 농도 간의 상관관계에 관한 오랜 논쟁을 끝낼 수 있는 중요한 연구 결과를 발표했는데, 그 핵심은 위 그래프를 통해 한눈에 파악할 수 있다.[13]

위 그래프에서 보듯이 고기후학자 샤쿤Jeremy D. Shakun 팀은 남극 빙심 데이터 대신에 80개의 지구 전역의 프록시 데이터를 사용하여 기온상승에 CO_2 농도 상승이 선행했음을 증명했다. 이렇게 볼 때, 포츠담기후영향연구소의 예측은 결코 과한 수치라 할 수 없다. 더 나아가 현재 세계 곳곳에서 나타나는 기후변화의 재난은 이미 대기 중 과잉포화 상태의 탄소 함량이 초래한 대기권 대교란의 서막에 불과한 것일 수 있다.

이처럼 다양한 미래 기후 예측들은 기후가 측정 가능하고 수량화할 수 있는 날씨의 중장기적 패턴임과 동시에 인간의 인식적이고 문화적인 산물임을 너무나 적나라하게 보여준다. 기후에 대한 인식은 시대와 공간 그리고 사회적 이해관계에 따라 달라져왔고, 기후과학이 고도로 발전한 오늘날에도 여전히 그렇다. 2100년의 기후가 포츠담기후영향연구소의 예측대로 8℃의 기온상승으로 재앙 수준에 이르게 되든지, 러디먼의 주장이 암시하듯 지구냉각화와의 상쇄 효과 덕분에 극단적인 기온상승을 면하게 되든지, 한 가지 사실은 분명하다. 22세기 인류의 생존은 전적으로 예측 불가능한 수준으로 증폭될 미래의 기후 조건에 적응하느냐 못하느냐에 달려 있다. 기후사학자 베링어는 "인류는 쉽게 몰락하지 않을 것이며, 기후가 더욱 따뜻해진다면 우리는 그것에 적응하게 될 것"[14]이라는 낙관적인 예상으로 책을 마무리하고 있지만, 그 적응이 결코 자연적으로나 기계적으로 일어날 수 있는 것은 아니다. 18세기 이성의 시대의 '작은' 승리는 소빙하기를 살아남은 사람들의 사투에 가까운 적응이 있었기에 가능했다.

기후변화의 미래로 가는 길은 결코 기후과학적 시나리오에 의해 결정될 수 없다. 그것은 전적으로 그 길을 걸어갈 개인과 집단이 방향을 정하고 닦아야 할 길이다. 우리는 지구온난화를 멈출 수 있는 충분한 기후과학 지식과 기술을 이미 갖고 있지만, 이들 과학지식과 기술이 우리의 올바른 적응과 해결책을 보장해주지는 않는다. 기후정책과 관련한 의사결정을 좌우하는 것은 오히려 기후과학적 지식과 무관한 사회경제적, 정치적, 문화적 요인들이다. 설사 강력한 국가가 나서서 합리적인 환경 기술을 정책적으로 적용한다고 하더라도, 다양한 개인과 사회집단들은 그들의 영향력과 자산 정도에 따라 기후변화의 타격을 차등적으로 겪어야 할 것이다. 따라서 기후변화의 미래로 가는 길은 곧 사회적 불평등과 중첩되는 기후 불평등의 극복에 도전하는 길이기도 하다. 결국, 우리에게 절박한 지식은 더욱 정교하고 정확한 기후과학적 지식보다 좀 더 삶과 밀착된 살아 있는 지식, 즉 사람들이 기후변화와 씨름하는 생생한 경험과 기후에 대한 다양한 이해와 신념, 기후변화에 적응하는 데 도움이 되거나 방해가 되는 사회문화적 요소들에 대한 깊은 이해이다. 이러한 맥락에서 최근의 기후사 연구가 기후가 인간 사회에 얼마나 치명적인 영향을 미쳤는가의 문제보다 사회가 기후변화에 어떻게 대처해왔는가와 같은 사회적 회복력의 문제에 더 관심을 갖게 된 것은 매우 희망적인 변화다. 기후변화에 대한 적응의 일환에서 일어난 실천적, 일상적, 구조적 차원의 사회 변화의 증거들이야말로 우리가 지구온난화 시대에 동원할 수 있는 가장 강력한 지식이자 해법이기 때문이다.

포스트 코로나,
세계 경제 변화와 대응 방향

◆ 최낙균

벌써 2년 넘게 코로나19가 세계 경제에 큰 충격을 던져주고 있다. 코로나19가 빠르게 퍼지면서 미국과 중국 등은 앞다투어 사람과 물자의 이동을 제한하기 시작했다. 공장이 문을 닫아 일을 못 하고 물건도 사고팔지 못하게 되었으며, 원재료와 상품의 거래가 원활치 못하니 경제가 급격히 어려워졌다.

세계 모든 나라는 서로 의존관계를 맺고 있기 때문에 부품 공급이 원활치 못하면 세계 경제 전체에 악영향을 미치게 된다. 여기서는 포스트 코로나 시대에 세계 경제가 어떤 요인들에 따라 변화하며, 우리 경제는 어떻게 대응해야 하는지에 대해 서술하고자 한다.

시대의 물음에 답하라

코로나, 글로벌 밸류체인의 붕괴

2020년 8월에 발간된 OECD의 《세계경제전망 _Economic Outlook_》에 따르면 코로나19의 확산은 세계 경제를 불황에 빠뜨렸다. 2020년 미국은 −7.3%, 독일과 일본은 각각 −6.6%와 −6.0%의 역성장했다. 미국과 유럽 국가 등은 최소한의 경제활동만 허용했기 때문에 상대적으로 충격이 큰 것으로 나타났다. 그래도 당시 우리나라는 OECD 37개 회원국 중에서 가장 높은 경제성장률(−0.9%)을 달성했다.

코로나19에도 불구하고 우리나라에서 물건 사재기와 같은 현상이 나타나지 않은 이유는 택배가 널리 보급되었으며, 이를 뒷받침하는 시스템이 잘 작동되는 점이 꼽히고 있다. 코로나19 이후 다른 사람과 접촉하지 않고 상품 및 서비스를 판매·구매하는 언택트 경제가 확산되고 있는데, 앞으로도 이러한 추세가 더욱 강화될 것으로 보인다.

세계 경제에는 세 가지 유형의 비즈니스 모델이 병존하고 있다. 첫째, 밸류체인 value chains 은 제조업에서 생산된 원자재와 제품이 유통과정을 통해 소비자에게 전달되면서 부가가치가 창출되는 비즈니스 모델이다. 둘째, 사용자 네트워크 facilitated user networks 는 운송, 통신, 보험, 금융 등과 같이 고객 간의 네트워크 관계를 원활하게 하는 과정에서 부가가치가 창출되는 비즈니스 모델이다. 셋째, 솔루션 샵 solution shops 은 컨설팅회사, R&D, 전문서비스 등과 같이 특정한 고객의 문제를 해결하는 과정에서 부가가치가 창출되는 비즈니스 모델이다. 최근 연구에 따르면, 이들 세 가지 비즈니스 모델 중에서 제조업의 생산에 기반하는 밸류체인 모델의 중요성은 약화되는 반면, 사용자 네트워크와 솔루션 샵의 역할은 커지고 있다. 코로나19에 따라 사람끼리 직접 만나지 않고 이루어지는 상품 및 서비스 거래가 처음에는 어색했지만, 점차 소비자들의 호응을 얻고 있다. 앞으로 언택트 경제는 하나의 트렌드로 정착이 되고, 경제의 서비스화를 촉진하는 계기가 될 것이다.

중국에서 시작된 코로나 바이러스가 짧은 기간 내에 전 세계에 퍼지고, 경제활동에 막대한 지장을 초래한 것은 세계 경제가 글로벌 밸류체인global value chain에 의해 서로 의존하고 있기 때문이다. 글로벌 밸류체인은 상품 또는 서비스의 설계, 생산, 유통, 사후관리 등 전 범위의 기업 활동이 세계적 차원에서 이루어지는 것을 의미한다. 전 세계의 많은 나라들은 제품 및 서비스의 부가가치 창출에 서로 기여하고 있다.

이러한 글로벌 밸류체인의 확장과 함께 중간재 교역이 증가했으며, 국경 간 이동이 많아지면서 제품의 생산 단계도 점차 늘어나게 되었다. 최근 글로벌 밸류체인의 변화에서 특징은 R&D와 AS 등 서비스 단계의 중요성이 커지면서 생산, 조립, 가공 등 제조 단계의 부가가치 비중이 낮아지는 추세를 보이는 점이다. 또한 특정 생산 및 서비스 단계에만 효율적으로 참여해도 많은 혜택을 받을 수 있기 때문에 선진국과 신흥개도국이 모두 글로벌 밸류체인에 대한 참여도를 높이고 있다는 점이다.

국제투입산출표ADB MRIO에 따르면, 중간재 수출이 전 세계 총수출 부가가치에서 차지하는 비중은 2000년의 60.2%에서 2018년에는 64.7%로 증가했다. 지난 20년 동안 글로벌 밸류체인은 전반적으로 확장되는 추세다. 하지만 시기별로 보면 2000년대 초반부터 빠르게 확장하다가, 2009년 세계금융위기 이후에는 소폭 둔화되고 있다.

최근 연구에 따르면[15], 글로벌 밸류체인 참여는 1995년부터 2008년까지 지속적으로 증가했으나, 2011년 이후에는 둔화된 것으로 나타난다. 글로벌 밸류체인은 생산단계의 지리적 분산에 따라 중간재 교역이 크게 증가하는 현상을 의미하므로, 생산단계의 증가 유무, 중간재 교역의 증가 유무 등에 따라 2015년 이후 글로벌 밸류체인을 유형별로 분류할 수 있다. 글로벌 밸류체인과 관련된 코로나 이전까지의 통계를 분석해보면, 생산단계는 감소하지만 중간재 수출 비중은 증가하는 수직적 통합vertical consolidation의 패턴이 나타났다.

글로벌 밸류체인이 확장되면서 자연재해와 지정학적 리스크 요인들은 더욱 통제하기가 어렵게 되었다. 글로벌 밸류체인에 영향을 미치는 리스크 요인들은 여러 가지이다. 예를 들어, 소비자의 수요 변화, 생산요소 가격 변동, 기술혁신 등과 같은 경제 및 기술적 리스크는 상대적으로 대처하기가 용이하다고 볼 수 있다. 하지만 전 세계적인 감염병 확산은 예상치 못한 리스크 작용해 세계적인 재앙이 되었다.

앞으로 코로나19가 진정된 뒤에도 다른 종류의 전 세계적 감염병 확산이 재발될 가능성이 있기 때문에 글로벌 밸류체인은 안정적으로 관리될 필요가 있다. 미국은 국가안보 관점에서 공급망 리스크 관리를 강화하고 있다. 미국 국가안보의 컨트롤 타워인 국가정보국DNI: Director of National Intelligence은 미국 정부와 산업의 공급망에 침입하려는 활동을 평가하고 감소시키기 위해 공급망 리스크 관리 프로그램SCRM을 운영하고 있다. 최근 미국은 필수적인 원자재와 제품의 안정적인 공급망을 확보하기 위한 대책을 다각도로 마련하고 있다.

한편, 중국은 2020년 5월 산업 및 공급망 안정을 코로나19 방역, 내수확대 등과 더불어 향후 경제운용계획의 9대 중점 업무에 포함했다. 앞으로 중국은 비상시에 대비한 비축 확대, 원활한 물류 및 운송 네트워크 구축, 국제적 경쟁력을 갖춘 선진제조업 클러스터 구축 등을 추진하면서 국가 안보적 관점에서 공급망의 리스크를 평가할 계획이다.

신보호주의 심화, 그리고 4차 산업혁명

보호주의는 무역 거래비용을 증가시켜 세계 경제에 부정적 영향을 미친다. 최근 WTO 협상과 FTA 등에 따라 주요국의 실행 관세는 지속적으로 하락하고 있으나, 덤핑방지관세, 기술장벽TBT, 위생 및 식물위생협정SPS 등과 같은 비관세장벽은 전 세계적으로 확산되는 추세다. 특히 트럼프 행정부는 철강재와 알루미늄 등의 관세 부과를 선포하고(2018.3.9), 자동차에 대한 안보 세이프가드 조사

시대의 물음에 답하라

를 개시했으며(2019.5.17), 불리한 가용정보Adverse Facts Available를 이용해서 덤핑방지 관세를 부과했다. 바이든 정부가 들어선 지 벌써 1년이 지났지만 지금도 달라진 것은 없다.

그동안 미국은 중국의 국가자본주의state capitalism, 국영기업에 대한 정부 보조금 지원과 과잉설비 문제, 미국의 지적재산권과 혁신 역량 침해, 중국의 빈번한 WTO 협정 위반, 외환시장 개입을 통한 관리환율정책 등에 대한 문제점이 해소되어야 한다는 입장을 강하게 보여왔다. 이에 반해 중국은 국가자본주의, 국영기업에 대한 정부의 보조금 지급 등에 대한 미국의 요구를 수용하기 위해 공산주의와 시장경제의 양립을 토대로 하는 중국 국가운영체제를 수정할 수 없다는 입장이다.

2020년 1차 미·중 합의에서는 농산물 수입 확대, 외환 및 환율 제도의 투명성 제고, 지적재산권 보호 강화 등을 통해 미·중 무역 갈등을 일시 봉합했으나, 미국은 기술패권을 유지하기 위해 화웨이를 타깃으로 '5G Clean Path Initiative'를 도입하고 해외직접생산품규칙FDPR, Foreign Direct Product Rule을 강화한 바 있다. 미·중 무역분쟁은 기본적으로 세계 질서의 패권을 둘러싼 갈등이므로 앞으로 상당 기간 지속되어 신보호주의를 심화시키는 요인으로 작용할 것으로 예상된다.

코로나19로 인해 인터넷이 널리 사용되면서 디지털 상거래 규모가 빠르게 증가하고 있다. 미국 국제무역위원회에 따르면 세계 전체의 디지털 상거래 규모는 2012년의 19조 3,000억 달러에서 2016년에 27조 7,000억 달러 규모로 증가했는데, 코로나19로 인해 최근 훨씬 큰 규모로 증가하고 있는 것으로 추정된다. 이러한 추세에 따라 데이터 혁명이라고 불리는 4차 산업혁명이 앞으로 더욱 빠른 속도로 촉진될 것으로 예상된다. 4차 산업혁명은 빅데이터Big Data, 클라우드 컴퓨팅Cloud Computing, 사물인터넷Internet of Things 등의 핵심 기술의 발전에 따라 빠른 속도로 진행되고 있다. 특히 인공지능이 빠른 속도로 발전되면서 현실 세계의 인간과 기계를 통합하고 있다.

최근 OECD는 무역정책, 생산비용, 수요변화, 디지털화, 운송비용 등의 변화요인을 고려한 세계무역의 미래에 대한 시뮬레이션 결과를 발표한 바 있다. 구체적으로 OECD는 2030년까지 세계 경제에 영향을 미칠 수 있는 요인을 계량적으로 분석했다. 이에 따르면, 로보틱스, AI, 자동화 등은 세계 경제를 변모시키며, 글로벌 밸류체인을 축소시키는 요인으로 작용할 것으로 예상되었다. 개도국의 임금상승, 운송비 증가 등은 국제생산분할을 감소시키겠지만, 디지털화에 비해 그 영향은 크지 않을 것으로 예상되었다. 또한 OECD는 디지털화에 따라 선진국의 경쟁력이 회복되면서 세계무역 및 생산거점이 선진국으로 재배치되고, 판매시장에 근접한 곳으로 생산지를 이동함에 따라 생산의 로컬화localize가 진행될 것으로 예상했다.

앞으로 4차 산업혁명은 세계 경제에 큰 영향을 미칠 것으로 예상된다. 4차 산업혁명에 따라 디지털 혁신이 이루어지면, 예를 들어 자동차산업의 경우 기계적인 부품과 동력장치보다는 데이터를 처리하는 컴퓨터 기능이 더욱 중요해진다. 이러한 변화는 자동차

시대의 물음에 답하라

산업뿐 아니라 전 산업에 걸쳐 일어나고 있으며, 앞으로 전통산업과 ICT 산업의 융복합이 빠른 속도로 확산될 것이다.

4차 산업혁명은 디지털 혁신을 통해 전자, 자동차, 기계, 화학 등 주요 산업의 유연 생산을 가능하게 하고, 경제 활동 패턴에 일대 변화를 초래할 것으로 예상된다. 제조업 생산에 있어 자본, 노동 등과 같은 전통적인 생산요소보다는 데이터와 입지location 등이 생산 활동의 주요 원천으로 작용할 것으로 예상된다.

앞서 살펴본 바와 같이 세계 경제는 코로나19 이후 많은 변화를 겪고 있으며, 앞으로 이러한 추세가 더욱 강화될 것으로 예상된다. 이에 우리 경제는 포스트 코로나 시대의 세계 경제 변화에 효과적으로 대응할 수 있도록 다각적 대응책을 마련해야 한다.

2020년 우리 정부는 코로나19 이후 경기 회복을 위해, 향후 5년간 120조 원을 지원하는 디지털 뉴딜 및 그린 뉴딜 계획을 발표한 바 있다. 디지털 뉴딜을 위해서는 물적 및 제도적 인프라 구축을 위한 자금지원뿐 아니라, 상품 및 서비스 이동의 수단(온라인과 오프라인), 대상(제품과 서비스), 경제주체(정부, 기업, 소비자) 등에 대한 각종의 규제를 철폐 내지는 완화해야 한다.

특히 4차 산업혁명에 따라 광범위한 생산제품군이 출시되고, 디지털로 연결되는 소비자가 많아지게 되므로 시장접근에 대한 장애 요인을 제거해야 한다. 또한, 디지털 혁신은 승자가 대부분을 차지하는 경향winner-takes-most을 강화하므로, 유선 및 무선통신망, 플랫폼, 장치 등 인프라 구축을 위해 관련 제도를 정비해야 한다. 아울러, 유통, 물류, 금융, 데이터 이동 등에 대한 규제 완화하고 기업환경을 개선할 필요가 있다.

디지털을 통한 경제 활동은 데이터 이동 및 정보처리의 상호운용 등과 관련된 각종 규제가 완화 내지는 제거되는 규제환경이 마련되어야 활발하게 이루어질 수 있다. 디지털 무역이 이루어지는 경로를 생각해보면, 서비스와 재화가 국내에서뿐만 아니라 국제적으로도 무역장벽 없이 거래될 수 있어야 한다. 또한, 자원 이용 및 폐기물 배출을 감축하는 환경친화적인 생산방식을 채택하도록 지속가능한 성장의 관점에서 산업발전 패러다임을 전환해야 한다.

이와 관련하여, 규제 샌드박스를 적극적으로 도입해서 새로운 제품이나 서비스가 출시될 때 일정 기간 기존 규제를 면제 내지는 유예시켜주는 것이 필요하다. 영국의 경우 금융상품 개발과 관련된 'Project Innovate'를 추진해서 많은 성과를 거둔 바 있으며, 미국 등도 디지털 변혁에 걸맞은 규제개혁을 발 빠르게 추진하고 있다. 4차 산업혁명의 변화 속도는 매우 빠르기 때문에 통상적인 정부의 정책개발과 집행이 이를 따라잡을 수가 없다. 따라서 합법적 규제 목적을 달성하고, 동시에 디지털 변혁의 이익을 누리는 방안으로 규제 샌드박스가 적극적으로 도입될 필요가 있다.

국제 투입산출 데이터베이스를 분석해보면, 세계 주요 지역별 및 산업별로 글로벌 밸류체인의 재편 패턴이 다르게 나타난다. 미주 지역의 경우 생산단계와 중간재 수출 부가가치의 비중이 둘 다 증가하여 글로벌 밸류체인이 확장된 반면, 아시아와 기타 지역은 생산단계 감소에도 불구하고 중간재 수출 부가가치의 비중이 증가하는 수직적 통합이 진행되고 있다. 이에 반해, 유럽 지역은 생산단계가 감소되면서 중간재 수출 부가가치의 비중도 감소하는 글로벌 밸류체인의 축소가 진행되는 것으로 나타난다.

산업별로 보면, 전기·전자와 기계산업의 경우 모두 생산단계가 축소되고, 역내 중간재 수출 부가가치의 비중이 증가한다. 운송기기 산업의 경우 역내 중간재 수출 부가가치 비중은 감소하는 반면 다운스트림 지수는 증가하는 것으로 나타나는데, 이는 산업의 특성상 해외 조립생산 체제가 확산되고 있기 때문인 것으로 분석된다.

이러한 결과는 주요국들이 산업별로 생산 및 무역패턴을 차별적으로 변화시키고 있음을 보여준다. 우리나라도 생산비가 저렴한 개도국에서 조립생산하던 생산방식을 탈피하여 국내 무역 및 산업 구조를 고도화해야 한다. IT기술을 접목한 자동화 공장설비를 통해 생산비를 절감하고 디자인, A/S 등 고부가가치의 생산단계에 집중함으로써 데이터 집약적 무역 및 산업으로 옮겨갈 필요가 있다.

소부장 육성, 그리고 산업 및 무역구조의 고도화

글로벌 밸류체인의 속성상 하나의 생산 공정에만 장애가 발생해도 밸류체인 전체에 부정적 영향이 증폭되므로, 부품·소재·장치 산업 육성의 계기로 활용할 필요가 있다. 2000년 3월 미국 뉴멕

시코에 소재한 필립스 공장이 번개로 정전되어 노키아와 에릭센의 휴대폰 생산에 필요한 반도체 공급이 중단됐다. 화재는 10분 만에 진화되었으나, 반도체 생산공정에 장애가 발생했다. 필립스는 일주일 내에 복구할 수 있을 것으로 판단하고 노키아와 에릭센에 생산 재개 후 우선적으로 제품을 공급하기로 협의했다. 하지만 예상과 달리 필립스의 생산은 8주 후에나 재개되었고 대체 공급선을 확보하지 못한 에릭센은 결국 2001년 10월 소니에 매각되었다. 노키아의 경우 부품 공급 가능성을 대안별로 검토하고 대체 공급선을 확보하여 필립스 정전에 따른 어려움을 극복했다. 결국 이러한 사례는 글로벌 밸류체인에서 핵심부품 및 소재의 원활한 공급이 기업의 성패를 좌우한다는 것을 보여준다.

우리 경제는 코로나19 이후 발생한 와이어링 하네스의 수급 장애, 일본의 반도체 및 디스플레이 소재에 대한 공급중단 등과 유사한 리스크가 향후 빈발할 가능성에 대비하여 국내 부품·소재·장치산업을 적극 육성해야 한다. 소위 채찍효과Bullwhip effect에 따라 부품 및 소재 제품일수록 수요 변화에 따른 충격이 더욱 커지는 경향이 있기 때문에 안정적으로 공급망을 관리 하는 것이 매우 중요하다.

이에 따라 우리나라는 소재·부품·장비와 관련된 전략 품목을 선정 및 지원하여 국내 산업의 생태계가 안정적으로 유지될 수 있도록 해야 한다. 현재 우리 정부는 포스트 코로나에 대비해 대 일본 소재·부품·장비 100대 품목을 전 세계 338개 품목으로 확대하는 계획을 추진하고 있다. 앞으로 글로벌 밸류체인의 핵심기술 및 품목에 대한 지원을 통해 산업 생태계의 인프라가 확충되는 계기를 마련할 필요가 있다.

우리나라는 리쇼어링Reshoring을 통한 일자리 창출을 목표로 2013년부터 유턴기업 지원정책을 시행하고 있다. 리쇼어링은 해외에 진출한 기업들이 국내로 생산설비를 다시 옮겨오는 것을 의미하는데, 유턴기업지원법 제정(2013년)과 적용 대상 중견기업 확대(2016년) 등의 적극적인 조치에도 불구하고 2014~2018년 기간 중 국내로 복귀한 기업은 연평균 10개에 불과하다. 미국 리쇼어링 기업 수는 같은 기간 중 연평균 480개에 달하는 것에 비교하면, 우리나라의 지원책이 큰 성과를 거두지는 못하는 것으로 보인다. 기업 규모가 작고 수출집중도가 낮은 기업일수록 유턴 가능성이 크지만, 유턴기업 중 실제로 유턴기업지원법의 혜택을 받는 기업은 제한적인 것으로 보인다.

앞으로 글로벌 밸류체인의 재편 과정에서 아웃소싱 및 조립생산의 입지를 변경하는 해외공장의 재배치Relocation는 국내기업의 경쟁력 제고에 기여할 것이다. 미국은 글로벌 공급망에서 중국을 배제하기 위해 경제번영 네트워크EPN: Economic Prosperity Network를 추진하고 있는데, 이에 따라 미국의 주요 다국적기업들은 해외공장의 재배치를 적극 검토할 것으로 예상된다. 우리 기업들도 안정적인 공급망 구축과 시장 다변화를 위해 해외공장의 재배치를 추진할 필요가 있다. 우리나라의 디스플레이산업의 경우 이미 중국 공장에서 모듈 공정 비중을 감소시키는 대신, 이를 베트남으로 이전해서 경쟁력을 강화하고 있다. 자동차, 가전, 기계 등 해외 진출 기업의 경우 국내조달 확대, 현지 조립공정의 자동화, 제3국에서의 대체생산 등 생산입지와 조달선에 대한 다양한 대안의 검토가 필요하다.

특히, 우리나라는 일자리 창출과 국내 부가가치에 실질적으로 기여할 수 있도록 리쇼어링 및 해외공장의 재배치와 관련된 제도를 정비해야 한다. 유턴기업의 보조금 및 입지 등을 지원하는 해외 진출 기업의 국내 복귀에 관한 법률을 정비하여 적용 대상을 확대할 필요가 있다. 다만 신규투자요인이 더 많은 외국인 투자가 더욱 고용 효과에 효과적이며, 미국 사례로 볼 때 리쇼어링 기업은 자동화를 추구하여 일자리 창출효과를 가져오지 못하는 딜레마가 존재한다는 점을 유념해야 한다. 또한 글로벌 공급망을 다변화하기 위한 국내기업의 해외공장 재배치에 수반되는 비용과 시장접근에 따른 애로 요인을 미리 파악해서 정부 지원책을 마련해야 한다.

우리 경제의 대응 방향

역사적으로 보면, 14세기 유럽에 확산된 페스트는 인류 역사상 가장 치명적인 전염병이었으며, 유럽 인구의 절반 가까이 앗아간 것으로 추정된다. 페스트 확산은 유럽의 사회·문화뿐 아니라 노동 인력 감소와 물가 상승 등에 따라 경제 전반에 걸쳐 큰 영향을 미쳤다. 코로나 바이러스는 아직도 전 세계적으로 널리 퍼지고 있으나, 조만간 이겨낼 가능성이 있다. 하지만 기후 변화에 따라 지구 생태계가 급속하게 바뀌고 있으며, 홍수와 가뭄 피해도 전 세계적으로 속출하고 있기 때문에 예상치 못한 새로운 바이러스가 다시 등장할 것이라는 전망도 나오고 있다. 이에 따라 포스트 코로나 시대의 세계 경제는 코로나 이전의 시대와는 다른 새로운 패러다임을 맞이할 것으로 보인다.

최근 코로나 바이러스의 확산은 세계 경제 침체와 신보호주의의 심화를 초래하는 부정적인 영향을 미치고 있으나, 다른 한편으로는 언택트 경제를 새롭게 발전시키고, 4차 산업혁명을 촉진하는 긍정적인 영향도 미칠 것으로 보인다. 우리 경제는 앞으로 규제 샌드박스의 도입 및 규제 완화를 통해 디지털 및 그린 뉴딜정책을 적극적으로 추진해서 코로나 위기를 국내 산업 및 무역구조 고도화의 계기로 삼아야 한다. 최근 세계 각국이 국가 안보적 관점에서 글로벌 밸류체인을 구축하고 있는바, 우리나라도 소재·부품·장비 산업을 육성하고, 리쇼어링과 해외공장의 재배치 등을 적극적으로 모색해야 할 것이다.

코로나 사태 이후의
국제정치 변화

◆ 전재성

과거 국제정치는 전쟁과 부, 즉 군사력과 경제력이 좌우했다. 강력한 군대와 풍부한 자원을 소유한 국가가 세계를 좌우하는 패권국가로 군림했다. 미국이 냉전에서 승리하면서 인권과 민주주의, 자유로운 시장을 축으로 한 이념과 가치의 힘, 소위 소프트파워가 중요한 시대가 되었다. 미국은 자유민주주의와 자본주의를 보편적 이념으로 제시하면서 세계의 막대한 패권국가로 현재까지 세계를 이끌어오고 있다. 21세기에 접어들면서 세계적인 인구 구조의 변화, 4차 산업혁명과 같은 새로운 요소들이 국제정치에 변화를 가져오고 있다. 세계적 차원에서 진행 중인 빠른 고령화 현상으로 인해 젊은 인구를 가진 국가의 미래는 밝아지고 있고, 엄청난 폭발력을 가진 새로운 기술은 국제정치의 게임 체인저가 되고

시대의 물음에 답하라

있다. 선진국들은 기술에서 앞서가지만, 고령화되는 인구 구조 속에서 지속적인 발전의 동력을 찾는 데 어려움을 겪고 있다.

이처럼 새로운 국제정치의 변수들이 속속 등장하고 있는 가운데, 질병이 또 다른 변수로 등장했다. 사실 인류 역사에서 질병은 간헐적으로 핵심적인 변수로 등장했다. 중세 유럽의 페스트, 1차 세계대전 당시의 스페인 독감, 그리고 최근의 사스, 에볼라, 메르스, 조류독감 등은 인명과 건강은 물론 경제와 국력, 더 나아가 국제정치에까지 영향을 미쳤다. 2019년 말 시작되어 전 세계를 강타하고 있는 코로나 사태가 더욱 심각해진 것은 인류가 이루어놓은 세계화 때문이다. COVID-19라는 바이러스가 강한 전염력과 낮은 치명도를 갖도록 진화된 것도 한 원인이지만, 역사상 유례가 없는 인류 이동의 증가로 이제 전 세계가 안전하기 전까지는 누구도 안전하지 못한 시대가 도래한 것이다. 코로나 사태는 2022년 3월 현재 확진자 4억 4,000만 명, 사망자 600만 명에 이르는 엄청난 인명피해를 불러왔고, 아직도 진행 중이다. 전 세계적으로 20명 중 한 명꼴로 감염된 코로나 바이러스는 비단 인명뿐 아니라 국제정치에도 큰 변화를 가져오고 있다.

코로나가 국제정치에 미친 다양한 변화

코로나 사태는 다양한 경로로 국제정치, 그리고 국가들 간 힘의 배분 구조에 영향을 미치고 있다. 코로나 사태는 우선 국가들의 보건 체제, 더 나아가 위기 대응체제에 대한 내구력을 보여준 시험대였다. 미국은 총 확진자 8,000만 명을 돌파하여 세계 확진자 수의 18퍼센트에 달하며, 97만 명의 인명이 희생되어 과거 2차 세계대전, 한국전쟁, 베트남전쟁의 참전 사망 군인들을 합친 수보다도 훨씬 더 많은 숫자를 기록했다. 영국, 스페인, 러시아 등 다른 강대국들 역시 엄청난 확진자 수를 기록하고 있다. 인도, 브라질, 남아프리카공화국 등 소위 BRICS 국가들에 해당하는 신흥 경제 강국 역시 코로나 사태로 큰 위험에 처해 있다.

비단 확진자의 수만이 아니라 국가들의 위기 대응체제, 의료보험 체계 등에서 선진국들의 대응은 부실했다고 평가받는다. 신속하고 체계적인 질병 위기관리뿐 아니라 빈부의 격차를 넘어선 평등하고 효율적인 보험체계에서도 선진국들의 대응은 큰 한계를 보였다. 질병에 대한 대응이 아무래도 시민사회에 대한 국가의 강력한 통제와 권고를 초래하고 국민들의 자발적이고 협조적인 자세가 중요한 만큼 국가와 시민사회 간의 긴밀하고 투명한 상호관계 설정이 관건인 상황이다.

반면, 한국과 대만의 효율적인 위기관리와 국민들의 자발적인 대응은 세계적인 주목의 대상이 되었다. 경제발전과 민주주의, 그리고 성숙한 시민사회와 효율적이고 기민한 행정체계 등이 결합되어 나타난 성과라고 할 수 있다. 중국 역시 국가의 효율적이고 기민한 대응으로 사태의 확산을 막는 데 성공했지만, 중앙정부의 일방적이고 하향적인 봉쇄정책이 시행되는 과정에서 비판이 비등했고, 인권과 시민사회를 중시하는 모델에 비해 개선의 여지가 많은 것도 사실이다. 코로나 사태에 대한 위기 대응은 비단 초기 대응뿐 아니라, 향후의 치료제 및 백신 개발 등 과학기술의 저변도 중요한 것인 만큼 총체적인 판단과 비교는 이르지만, 기존의 선진국에 대한 평가가 변화하는 계기가 된 것도 사실이다.

코로나 사태는 지구적 차원의 위기에 대응할 수 있는 효율적인 국제기구와 국제제도의 취약성을 여실히 드러낸 사건이었다. 1948년에 창설된 뒤 2012년 현재 194개국의 회원국을 두고 있는 세계보건기구WHO는 그간 전염병 대응과 세계적 보건 공공재 제공에 힘을 기울여왔다. 그러나 그간 세계보건기구의 많은 활동에도 불구하고, 지속적으로 한계가 지적되었다. 턱없이 부족한 자체 예산이 가장 큰 문제다. 세계보건기구는 강대국의 자발적인 헌금에 의존하여 예산을 편성해왔기 때문이다. 기구의 수장 역시 강대국들의 힘겨루기에 의해 많은 비판의 대상이 되어 왔고, 최근 중국의 국제기구 진출 추세에 맞추어 대체로 중국의 영향력이 강화된 터였다. 트럼프 전 대통령이 세계보건기구가 중국의 손아귀에 있다고 비판하며 급기야 탈퇴의 수순을 밟은 것이 상징적인 사건이다. 세계보건기구가 강제력을 가지고 위기 대응을 할 수 없는 집행력의 한계도 국가 주권이 최우선시되는 국제정치에서는 드문 예가 아니다. 주권 국가들이 초국가적 권위에 순응하여 공동의 대응을 하기가 지금의 국제정치에서는 용이하지 않기 때문이다.

코로나 사태가 발생한 직후에도 국가들의 효율적 협력은 이루어지지 않았다. 중국은 코로나 사태의 발원지로서 세계의 비난을 피하고, 자체적으로 문제를 해결하기 위해 세계보건기구와의 협력을 꺼렸다. 미국은 애초부터 중국과 전면적 협력에 힘을 기울이지 않았고, 중국에 대한 여행 금지를 선포한 최초의 국가였다. 다른 국가들 역시 국제협력을 우선순위에 두기보다는 국경폐쇄와 이동제한에 힘을 기울였는데, 이는 자국민 보호를 위해 이해할 수 있는 일이기는 하나, 문제는 이와 동시에 국제협력이 지지부진해졌다는 점이다. 많은 국가가 세계보건기구의 늦장 대응이나 중국 편향을 비판하기는 했지만, 위기 극복을 위해 국제협력과 국제보건기구 강화에 어떻게 힘쓸지에는 충분한 관심을 기울이지 않았던 것이다. 향후에도 모든 국가들을 위협할 지구 공통의 문제는 산적해 있고, 이미 진행된 세계화의 기반을 타고 위기는 빠르게 전파될 것인데, 이에 대한 국제적 대응체계는 매우 미비하다고 본다.

코로나 사태로 드러난 가장 중요한 국제정치적 현실은 미·중 경쟁이다. 미·중 양국은 코로나 사태 이전부터 이미 전략 경쟁, 즉 양국의 전략적·핵심적 이익을 둘러싼 제로섬 게임에 돌입한 상태였다. 중국은 1978년의 개혁·개방 이후 빠른 경제발전을 이룩해왔고, 미국은 이러한 중국을 지원하는 정책을 펴왔다. 1971년 닉슨 대통령은 키신저 장관과 함께 소련에 대항하는 냉전의 전략으로 중국과 소련 사이를 떼어놓고 중국과 협력태세를 강화하는 전략을 취했다. 이후 미국은 냉전기 대소 전략의 일환으로 중국에 대한 전략적 관여를 지속해왔고, 냉전이 종식된 이후에도 중국의 경제적 발전과 사회 변화를 지지해왔다. 미국은 시장사회주의를 채택한 중국이 점차 자본주의 국제질서에 본격적으로 편입되고, 시민사회도 성장하여 권위주의 정치체제를 탈피할 것으로 기대한 것이 사실이다.

하지만 중국의 경제력이 빠른 속도로 향상되고 아시아에서 영향력이 키워가면서 미국을 위협하는 지경에 이르렀다. 특히 2008년 경제위기 직후 미국의 국력이 약화되는 한편, 중국은 위안화의 기축통화 지위를 확보하여 IMF 등 국제기구에서 영향력 확대하는 등 미국의 지위에 도전하는 정책들을 추구하는 모습을 보였다. 또한 중국의 대미 흑자가 4,000억 달러에 이를 정도로 확대되면서 중국의 성장을 경계하는 미국 내 목소리도 커져갔다. 오바마 대통령은 2013년 6월 시진핑 주석과의 정상회담을 통해 서로의 핵심 이익을 존중하면서 협력관계를 추구하자는 미·중 간 신형대국관계 수립을 추진했다. 그러나 미·중 간 무역 불균형이 지속되고 중국은 남중국해에서 영향력을 확대하는 노력을 지속하는 등 갈등 요인은 심화되어, 급기야 트럼프 정부는 중국에 대한 강력한 대응정책을 쏟아내기에 이른다.

트럼프 정부가 중국을 전략적 경쟁자로 정의하고, 중국이 국제 규범을 저해하는 위협 세력이라고 명시하면서 미·중 관계는 악화 일로를 걸어왔다. 트럼프 대통령은 중국이 불공정 무역으로 미국의 이익을 침해한다고 주장해왔고, 중국에 대한 무역, 기술 부문 압박을 가하여 2020년 1월에 1단계 무역합의를 체결했다. 미·중 관계가 협력의 기미를 보이는 순간, 코로나 사태가 발생했고 양국은 협력보다 다시 상호 비난과 갈등의 모습을 보이기 시작했다. 코로나 사태는 미·중 양국이 함께 당면한 크나큰 위기였지만, 기존의 갈등 양상을 뒤집을 만한 역사적 변수가 되지는 못한 것이다. 상징적인 예로, 올해 1월 미국의 윌버 로스 상무장관은 〈폭스 비즈니스〉와의 인터뷰에서 중국의 코로나 사태가 미국 기업들의 본토회귀에 도움이 되는 계기가 될 것이라고 언급하는 등 자국 이익 중심의 시각을 드러낸 바 있다.

코로나와 미·중 패권경쟁의 미래

코로나 사태가 미·중 관계를 협력으로 이끌지 못하고, 오히려 기존의 갈등을 심화시킨 데는 몇 가지 요인이 작동했다.

첫째, 코로나 사태 초반에 사태의 심각성을 경시했다는 점이다. 중국 정부는 코로나 사태 발생 직후 사태의 심각성을 알기 어려운 상황에서 세계적 대응에 대한 경각심을 촉구하기보다는 중국 자체의 문제해결에 집중했다. 그러나 이미 세계화된 시대에 질병의 봉쇄는 불가능한 것이었고, 위험은 빠른 속도로 세계화되었다. 미국 역시 초기 대응에 실패했다. 대통령 선거가 다가오고 있는 상황에서 트럼프 대통령은 경제발전 성과가 핵심적인 업적이었고, 경제를 저해하는 봉쇄지향적 대응을 가급적 피하고자 했다. 이러한 상황에서 미·중 양국은 공통의 대응을 모색하기보다는 각각의 노력으로 문제를 해결하려 했고, 정보 공유, 협력, 국제기구에 대한 공동의 지원 등 필요한 정책을 취할 수 없었다.

둘째, 중국은 코로나 사태를 영향력 확대의 기회로 삼고자 했다. 시진핑 주석은 2013년에 등장한 이후 2050년을 목표로 사회주의 강대국을 건설한다는 소위 '중국몽'을 내세우고 있는 상황이다. 이를 위해 경제발전을 지속하면서 국제적 영향력을 확대하는 정책을 추진해왔는데, 대표적인 정책이 일대일로 사업이다. 일대일로는 100개가 넘는 국가를 포괄하고 있으며, 이들 국가에 대한 인프라 건설, 경제교류, 안보협력 등을 위해 1조 달러에 달하는 예산을 책정하고 있다. 일대일로 사업 중 하나는 보건 공공재 제공이며, 중국에게 코로나 사태는 자국의 보건 능력을 과시하고 여러 국가들에게 보건 지원을 하면서 영향력을 확대할 수 있는 계기가 되었다. 실제로 중국은 방역에 필요한 마스크, 방호복 등 의료장비를 여러 국가들에 대거 지원했으며, 이와 더불어 외교적 영향력을 확대하고자 했다. 이러한 노력은 결국 미국의 기존 리더십을 대체하려는 시도로, 중국이 2008년 미국의 경제위기 이후 지속해온 패권경쟁의 흐름을 가속화하는 모습을 보인 것이다.

셋째, 중국의 영향력 확대에 대한 미국의 경계심과 이를 국내정치로 활용하고자 하는 트럼프 전 대통령의 의도가 합쳐져서 미·중 관계는 나날이 악화일로를 걸었다. 미국은 중국의 부상 자체에 반대하지는 않지만, 중국이 기존의 자유주의 규범 질서를 저해하고 미국과 동맹국이 만들어온 질서를 대체하는 패권으로 성장하는 것은 좌시할 수 없다는 입장이다. 즉, 기존의 질서하에서 강대국으로 성장하는 것은 용인할 수 있지만, 독자적이고 배타적인 영향권을 설정하거나 새로운 규범을 제시하여 리더십을 행사하는 것은 막겠다는 입장이다. 미국은 중국의 일대일로 정책에 대항하여 소위 인도-태평양 전략을 내세운 바 있으며, 중국을 포위하는 동맹과 전략 파트너십의 연계망을 만들고, 아시아에 대한 인프라 지원, 경제협력을 통해 중국의 영향력을 약화시키고자 한다. 이러한 상황에서 코로나 사태를 계기로 중국의 영향력이 확대되는 것을 미국이 찬성하기는 어려운 상황이 되었다. 미국은 중국이 사태 발생 초기 투명하지 않은 대응으로 사태를 확산시켰으며, 이후에도 정보 공개, 국제협력 등에서 많은 문제점을 보였다는 입장이다.

경제성적표가 좋았던 2019년 말까지의 성과로 대통령 재선을 낙관했던 트럼프 대통령에게 코로나 사태는 매우 유감스럽지 않을 수 없다. 방역을 위한 봉쇄정책으로 경제활동은 크게 위축되었고, 경제성장률은 2020년 2분기에 마이너스 30% 이하로 추락했다. 트럼프 대통령은 코로나 사태의 중요성을 평가절하하기도 하고, 서둘러 경제활동 재개를 선언하며, 대규모 경제지원책을 실시했지만 역부족이었다. 트럼프 대통령은 재선을 위해 기존의 중국 비판 정책을 더욱 강화했다. 코로나 사태에 대한 중국의 불투명한 대응이 중국 체제의 성격에서 비롯된 것으로 보고, 중국이 권위주의 정권을 넘어 독재적 마르크스-레닌주의 정권이라고 비판하고 있는 것이다. 세계를 자유 진영과 공산 진영으로 양분하고 중국의 이념적 위협을 내세우면서, 미국이 당면한 위험을 정의하여 적대적인 대중 정책을 정당화하고자 하는 신 냉전적 노력이다. 미·중 경쟁이 점차 심화될 수밖에 없는 논리적 이유가 있는 것은 사실이지만, 대립을 이념화하고 신냉전을 부추기는 정책은 코로나 사태와 더불어 미·중 관계를 더욱 악화시키는 요인이 되고 있다.

시대의 물음에 답하라

향후의 국제정치와 새로운 희망

코로나 사태는 인류 전체의 건강을 위협하고 있지만, 역설적으로 충분히 치명적이지는 않기 때문에 국가 간의 전격적인 협력은 이루어지지 않고 있다. 만약 코로나 사태가 전 인류의 생존 자체를 위협하는 치명적 위협이었다면, 국가 간의 각자도생은 무의미했을 것이고, 국가들은 서둘러 협력했을 것이다. 아마도 코로나 사태는 상당한 진통을 거치면서 점차 완화될 것이다.

당장 예측할 수 있는 국제정치의 변화는 미·중 간의 격렬한 경쟁과 대립이 지속되면서 점차 양국 간의 상호의존이 줄어들 것이라는 점이다. 코로나 사태로 미·중 간의 전략 경쟁은 점차 패권경쟁의 양상을 띠고 있다. 이는 미·중 국내정치의 사정도 있지만, 코로나 사태로 가시화된 미·중 간 상호의존의 문제가 중요한 원인이다. 미국은 핵심 의료장비와 물자를 중국에 과도하게 의존하고 있다는 사실을 코로나 사태로 더욱 절감하게 되었고, 전략물자를 중국에 의존하는 것이 매우 경계할 만한 사실이라는 점을 새삼 깨달았다. 이미 미국은 5G와 같은 미래의 핵심 기반 시설에서 중국에 의존하는 것이 경제뿐 아니라 안보적으로도 위험하다는 인식을 가지고 있었다. 화웨이에 대한 제재를 통해 미·중 간 경제상호의존을 적절하게 조율할 필요성을 느끼는 상황에서 코로나 사태는 양국 간 소위 탈동조화decoupling의 필요성을 각인시켰다.

미·중 양국 간 경제의존은 매우 심화되어 완전한 탈동조화가 불가능하다는 의견이 강한 것은 사실이다. 미국의 대기업들은 이미 지구화된 생산망과 가치사슬에서 복잡한 상호관계를 이룩한 바 있으며, 엄청난 경제적 손실을 무릅쓰고 국가 차원의 안보문제 때문에 이를 급격히 단절한다는 것은 매우 어려운 일이다. 중국 역시 미국 시장에 대한 수출과 보유하고 있는 미국 채권 등으로 인해 미국과의 경제 관계를 단절하기는 쉽지 않다. 그럼에도 일정한 정도의 상호의존 감소는 불가피한 것으로 보인다. 미국은 이미 반도체 산업 부문에서 중국을 압박하기 시작하여 미국 기술이 들어간 반도체의 대중 수출을 점차 줄여가고 있으며, 중국 반도체에 핵심 부품을 제공하는 대만TSMC의 미국 이전도 활발하게 추진한 바 있다. 더 나아가 미국은 중국이 향후 4차 산업혁명의 핵심 기술에서 미국을 추월하지 못하도록 다양한 압박 전술을 구사할 것이다.

이러한 미·중 간 탈동조화는 많은 국가들을 양대 진영으로 분리하는 결과를 가져오고 있다. 미국은 소위 경제번영네트워크를 구상하여 동맹국들부터 참여를 요구하고 있다. 이는 핵심 기술 부문에서 대중 무역을 금지하고, 점차 중국을 배제하는 경제네트워크를 만들자는 제안으로 보인다. 중국은 이미 일대일로 사업과 여타 경제 부문에서 자신의 표준에 기반한 경제 진영을 만들어가고 있다. 경제와 보건, 사회와 문화 등 비정치적인 부문이 안보적 관점에서 빠르게 안보화되고, 미·중 중심으로 진영화될 때 미·중 내의 경제행위자와 많은 제3세계 국가들은 점차 어려움을 겪게 될 것이다.

이러한 상황에서 코로나 사태가 주는 교훈은 '강대국 지정학이 문제를 더욱 어렵게 한다'는 점이다. 지구적 대응이 필요한 문제는 점차 늘어나고 있다. 대표적인 것이 인간과 자연의 관계에서 비롯되는 문제이다. 자연은 인간들이 만들어 놓은 인위적 국경을 알지 못하므로, 문제는 국제정치와 무관하게 확산되기 마련이다. 코로나 팬데믹 이후에도 새로운 바이러스가 인류 전체의 건강을 위협할 수도 있다. 이미 악화되고 있는 기후변화는 세계 곳곳에서 많은 문제를 일으키고 있다. 다만 문제의 원인을 적시하고 절감하지 못한 채 많은 국가가 고통받고 있고, 기후변화 대응의 부담을 골고루 분담하는데 여전히 논란을 벌이는 데 급급한 것이 문제이다. 이러한 사태는 자연을 인간의 편의를 위한 착취와 이용의 대상으로 보는 자연관에서 비롯된 것이며, 국가로 나뉘어 국익을 중심으로 사고하는 근대 국제정치의 뿌리 깊은 시각에서 비롯된 것이다.

향후에도 현재와 같은 대응을 일삼다가는 결국 인류의 생존을 보장할 환경을 더 이상 지키지 못할지도 모른다. 그러나 공통의 위기와 공통의 이익보다 개별적 이익을 우선하는 것이 현재 국제정치의 기본 조직원리이다. 개별국가의 생존과 번영을 보장하는 초국가적인 권위가 없는 상황에서 단기적으로 눈앞에 닥친 국가 이익을 등한시할 수 없는데, 이는 개별 국가들의 문제라기보다는 현재 국제정치의 근본적이고 구조적인 문제이다. 이러한 문제를 부분적으로 해결해왔던 것이 '패권국의 리더십'이다. 패권국은 막강한 국력으로 다른 국가들에게 도움이 되는 국제적인 공공재를 우선 제공하고, 이로 인한 이익을 장기적으로 취해왔기 때문이다.

앞으로 패권국가가 존재할지, 어느 국가가 패권국가가 될지, 더 나아가 패권국가가 존재한다고 해서 지구적 문제가 해결될지에 대해 깊이 숙고해야 한다. 패권국가가 되려면 월등한 국력과 세계 전체를 위해 힘을 쓰는 데 찬성하는 여론이 필수적이다. 코로나 사태를 계기로 중국은 아직 세계적인 문제들을 충분히 해결할 수 있는 힘을 갖추지 못했음이 여실히 드러났다. 세계보건 공공재를 제공할 능력에도 한계를 보였지만, 무엇보다 이를 위한 소프트파워가 결여되어 있기 때문이다. 자국의 영향력을 위해서가 아니라, 진정으로 세계의 질서와 편익을 위한 정책을 펴고, 이를 지지하는 국민들의 여론이 있을 때 다른 국가들의 인정과 동의가 확보되는 것이다.

바이든 정부의 미국이 향후 국제적 리더십을 제공할 것이라고 보기도 어렵다. 트럼프 정부와 다를 것 같았던 바이든 정부 역시 자국 이익 우선주의를 내세우고 있다. 코로나 사태로 인해 미국은 자국의 문제를 해결하기에도 힘에 부쳐 국제적인 보건 공공재 제공의 능력과 의사를 보여주지 못했다.

더욱 문제가 되는 것은 앞으로 다가올 많은 지구적 문제들, 질병과 기후변화는 물론이고, 급격한 세계화로 인해 발생한 빈부격차, 난민, 테러, 포퓰리즘의 등장과 정치 양극화 등은 어느 한 국가가 패권이 된다고 해서 해결되기 어렵다는 점이다. 과거의 국제정치는 강력한 한 국가의 리더십에 기대를 걸 수 있었지만, 이제는 국가들이 모두 힘을 합쳐 집단적인 리더십을 발휘해야 할 문제를 해결할 수 있는 시대에 접어들고 있다는 것이다. 그러한 점에서 미·중의 대립, 더 나아가 신냉전적 사태가 만들어지는 것은 매우 유감스러운 일이다.

　반면 미·중 양국 내부에서도 상호 협력이 필요하다는 목소리가 나오고, 지구 공통의 문제를 지적하는 세계적 인식공동체나 시민사회가 활동하며, 새로운 지구 거버넌스를 위한 설계도 제안되는 것은 주목할 만한 일이다. G20가 힘을 발휘하지 못하면서 영국이 공식적으로 D10민주주의 10개국 정상회의을 제시하여, 기존의 G7 국가에 한국, 인도, 호주를 포함시키고자 한 것은 고무적이다. 세계의 주요 민주주의 국가들이 다가오는 공통의 문제를 협의하고 민주주의 원칙에 기반한 공통의 거버넌스를 만들 수 있다면, 코로나 사태에서 목격한 각자도생의 분열상을 막을 수도 있을 것이다. 물론 우리나라도 큰 역할을 하리라 기대한다.

　향후 미국의 대중 전략도 국제정치의 미래에 중요한 변수다. 바이든 정부는 트럼프 정부와 차별화되는 전략적 관여engagement를 내세우고 있다. 트럼프 정부가 중국을 공산주의 독재로 규정하고 신냉전의 구도를 설정하는 데 대해 미국민들이 찬성했다고 보기는 어렵다. 바이든 정부는 중국과의 경쟁이 쉽지 않은 일이며, 중국이 불공정한 무역관행이나 지적재산권 위반 등 국제규범에 어긋나는 행동을 한다는 점은 인정하지만, 그럼에도 중국에 대한 압박과 대화를 동시에 추진해야 한다는 전략을 내세우고 있다. 중국의 국내 정권의 성격과 상관없이 중국이 대외적으로 기존의 국제 규범을 준수하는 정책과 행동을 취한다면, 미·중 간의 공동의 이익을 기반으로 협력적 관계를 유지할 수 있다는 것이다. 대중 압박보다 중요한 것은 세계의 다른 국가들과 규범 기반 질서를 강화하여 중국이 순응할 수밖에 없는 강고한 자유주의 질서를 만드는 것이 더 중요하다는 인식을 가지고 있다.

여전히 세계적 리더십을 행사하고 있는 미국의 세계전략, 그리고 미·중 관계가 어떻게 변화할지는 예측하기 어렵다. 그러나 향후 패권경쟁에서 승리하고자 하는 강대국 중심의 정치가 약화되고 인류 공통의 문제가 더욱 주목받게 된다면, 코로나 사태에서 많은 희생을 감수한 보람을 그나마 찾을 수 있을 것이다.

신시대 중국정치의 전변轉變 : 연속과 단절

◆ 장윤미

지난 몇 년간 중국정치에는 많은 변화가 있었다. 2018년 3월 전인대全人大, 전국인민대표대회에서 통과된 헌법 수정과 이후 여러 규정을 통해 공산당의 영도와 시진핑習近平 개인의 권력이 강화되었다. 당정黨政관계가 기존의 '분리' 원칙에서 '합일'로 바뀌는 단절적인 변화가 발생했고, 당의 정치 생활에서의 역할도 강화되었다. 기존에 논의되어왔던 정치 담론의 쟁점과 이슈에도 급속한 전환이 발생했다. NGO를 비롯한 많은 민간단체의 활동가들이 탄압을 받고 더 이상 '공민市民 사회'가 언급되지 않으면서 국가와 사회관계도 크게 변화되었다. 그동안 우리가 중국을 분석해온 시간은 미래의 어느 일정한 방향으로 향하는 시간이었다. 그런데 최근의 변화는 갑작스럽게 과거로 돌아간 듯 보인다. 혁명을 강조하고 문화대혁명

시기에 있었던 구호나 용어들이 심심찮게 다시 등장했다. 개혁 시기 동안 중국정치를 설명하던 틀로는 더 이상 중국을 설명할 수 없는 급속한 '전변'과 '방향의 전환轉折'이 발생한 것이다. 이것은 중국정치의 퇴행인가, 아니면 아직은 불확실한 '새로운 시대'의 시작인가?

만약 우리가 '권위주의 체제'라는 정해진 틀을 갖고 최근 중국의 변화를 주시해서 본다면 이는 명백히 과거로의 회귀이다. 당 독재가 강화되었고, 개인 권력의 집중, 사회에 대한 통제도 강화되었기 때문이다. 권위주의 모델은 개혁개방 이후 시장체제의 도입과 함께 변화된 중국 정치체제의 점진적 개혁을 설명하는 대표적인 이론이다. '전체주의'와 '민주주의' 체제 사이에 놓인 과도기적 체제를 말한다. 이러한 분석 틀에서 보면 최근 중국의 변화는 개혁을 추진해오다가 방향을 바꿔 역진하는 것처럼 보인다. 정치체제 개혁을 위해 시범적으로 운용해왔던 여러 제도적 실험들도 단절된 것처럼 보인다. 우리는 최근 중국정치의 변화를 어떻게 이해해야 할까? 무엇이 연속되었고, 무엇이 단절되었는가? 중국은 어디로 가고 있는가?

이 글에서는 이러한 물음을 가지고 최근 몇 년간 진행되어온 중국정치 변화의 특징과 의미를 짚어보고자 한다. 그러기 위해서 이 글에서는 중국정치에 대한 선험적 분석 틀이나 이데올로기 및 정치적 입장의 판단자유주의적 시각을 최대한 배제하고, 중국의 사회맥락 속에서 정치 엘리트들의 문제의식과 상황 인식을 파악하면서, 중국정치의 새로운 변화의 의미와 그 한계에 대해 살펴보고자 한다.

시대의 물음에 답하라

중국정치 어떻게 이해할 것인가

중국의 지도자 시진핑과 공산당은 현재 세계가 "백 년에 일찍이 없었던 대변국百年未有之大變局"(이하 '백년변국'으로 약칭)의 시기에 처해 있고, 중국이 직면한 도전 역시 전례 없이 심각하다고 인식하고 있다. 여러 자리를 통해 강조되고 있는 이 '백년변국'이라는 수사를 통해, 우리는 중국 지도부가 현시대와 문제를 파악하기 위해 설정하고 있는 시간 단위가 최소 백 년을 아우르고 있다는 것을 알 수 있다. 중국 공산당에게는 특별한 '정치 역사'의 시간이 있다. 건당建黨 100년(2021년)과 건국建國 100년(2049년)이라는 "두 개의 백년兩個一百年"이다. 최근 진행되어온 정치 재설계는 당과 국가의 백년이라는 타임 스케줄 속에서 계획된 결정이며, '백년변국'이라는 역사의식이 깔려 있다.

물론 현재에 대한 대응과 미래 준비를 위한 이러한 시간 인식은 '공산당의 시간'이다. 공산당 자신이 걸어왔던 지난 100년의 역사를 자신의 관점에 따라 시대 구분한다. 그것은 차례대로 '혁명, 건설, 개혁'의 역사이다. 이러한 시간의 연속성 속에서 현재의 문제를 파악하고 미래를 준비하고 있다. 러시아혁명 100주년에 개최된 2017년 19차 당대회 보고에서는 처음으로 "신시대 중국 공산당의 역사적인 사명"이란 장章을 별도로 구분하여 서술했다. "백 년 전, 10월혁명의 첫 포성과 함께 마르크스-레닌주의가 중국에 전파되었다. 중국의 선진분자들은 마르크스-레닌주의의 과학적인 진리 속에서 중국의 문제를 해결할 수 있는 출로를 발견했다"라는 문장으로 시작한다. 마르크스-레닌주의 100년의 역사를 잇고 이를 계승하는 역사적 사명이 중국 공산당에게 있음을 엄중히 선언한 것이다.

중국 공산당이 기존 '혁명당'에서 '집정당執政黨'으로 자신의 성격과 지위를 조정한 것은 2000년대 초반이었다. 개혁개방 이후 변화된 중국 사회에 대한 진단 속에서 공산당 자신의 지위를 '계급 정당'의 성격에서 국가 전체의 국정을 운영하는 '집정당'으로 전환한 것이다. 이것은 공산당의 지위에 대한 하나의 단절적인 변화였다. 집정당이라는 지위로의 단절적 변화가 생기면서 동시에 국정운영의 주체적 위치에서 지난 개혁을 돌아보고 문제를 인식하며, 이에 대한 대응을 마련해야 한다는 새로운 자각이 생기게 되었다. 즉 '집정의 연속성'이란 관점에서 다시 과거의 시간을 재구성하고 국가 전체의 목표를 세워나갔다. 공산당의 '영도 지위'와 '집정 지위'라는 이 두 개의 정치 시간에 대한 연속적 인식을 통해 '두 개의 백 년'이란 슬로건을 내놓게 된 것이다. 창당 100년은 영도 지위를 유지해온 100년이고, 건국 100년은 집정 지위를 연속해온 100년이다.

우리의 시간 인식에서 보면 최근 중국의 변화는 명백히 단절처럼 보인다. 그러나 다시 중국 공산당의 역사 시간 속에서 제도 전변의 사례를 살펴보자. 중국 공산당은 14차 당대회에서 18차 당대회까지 각 분야에서 제도개혁을 강조하며 끊임없는 모색을 통해 제도를 만들어왔다. 18차 당대회 이후에는 "더욱 성숙하고 완성된 제도의 실현"이라는 목표를 가지고 노력해왔고, 2019년에 개

시대의 물음에 답하라

최된 19기 4중전회에서는 "중국특색사회주의제도의 견지堅持와 완비完善"라는 목표를 제시했다. 기존에 자주 썼던 '개혁'이나 '모색'이라는 표현법을 쓰지 않고, '견지'와 '완비'라는 용어를 쓰고 있다. 왜 '견지'인가? 이는 '중국특색사회주의제도'의 내용과 방향이 이미 정해졌다는 것을 의미하며, 이를 확고하게 유지하면서 더욱 완벽하게 개선해나가겠다는 의지를 담고 있다. 선진적인 서구 제도에 대한 학습 및 모색, 제도 실험 등 기존의 제도개혁 방침에서 '자신의 제도'를 완성해가는 것으로 방향을 바꾼 것이다. 이는 기존의 개혁 시기에 있었던 제도개혁과는 다른 명백한 단절이다.

그런데 이러한 '제도의 단절'이나 '방향 전환'은 전례가 있다. 100년의 시간표에서 보자면 세 번째 자기 단절이다. 중국 공산당은 1921년 창당 이후 소련 공산당의 모델과 코민테른의 지도에 따랐다. 그러나 이후 혁명의 과정에서, 특히 대장정 기간이었던 1935년 '쭌이회의遵義會議' 이후부터는 농촌과 농민을 기반으로 한 자신의 혁명노선을 만들어가기 시작했다. 첫 번째 단절이다.

중국은 1949년 건국 초기에 소비에트 공업화 모델을 발전모델로 들여오지만, 1950년대 중후반부터는 변화된 대내외적 조건에서 자신의 발전모델을 모색해나간다. 마오쩌둥毛澤東은 1956년 《십대관계를 논하다論十大關系》에서 "특히 주의해야 할 것은 최근 소련의 사회주의 건설과정에서 일부 단점과 오류가 폭로되었다는 점이다. 그들이 걸어온 우회로를 가고 싶은가? 과거 우리는 그들의 경험과 교훈에 비추어 시행착오를 피하려 했다. 지금 당연히 이를 거울鑒戒로 삼아야 한다"고 강조한다. 그러면서 "자신의 길自走

己的路"이라는 전략적 사상을 제기했다. 두 번째 단절이다.

중국 공산당은 다시 1978년 개혁개방 이후 시장경제의 제도를 도입하여 경제성장을 추진한다. 그 결과가 오늘날 우리가 목도하고 있는 '중국의 부상'이다. 그러나 2008년 세계금융위기를 맞게 되면서 서구의 제도를 바라보는 중국의 시각이 달라지기 시작한다. 2011년 7월 1일 당 건설 90주년 기념식에서 후진타오는 "개혁 이후 형성해온 것은 바로 중국특색사회주의제도"라고 강조하며, 개혁 이후 추진해온 제도개혁의 최종 형태를 "중국특색사회주의제도"로 규정한다. 2012년 18차 당대회에서는 "중국특색사회주의제도 자신"을 강조한다. 2013년 18기 3중전회에서는 "중국특색사회주의제도 체계"를 발전시킨다는 계획을 발표한다. 이러한 과정을 거쳐 마침내 2019년 19기 4중전회에서 "중국특색사회주의제도의 견지堅持와 완비完善"를 제시한 것이다.

요컨대 100년의 시간을 시야에 두고 보면 중국 공산당은 세 번의 외부 제도에 대한 학습과 참조, 그리고 세 번의 자기 길로의 방향 전환이 있었다. 방향 전환은 바로 전에 추진해오던 개혁의 내용과 다르다는 점에서 '단절'이지만, 백 년의 시간을 두고 본다면 이러한 방향 전환은 '연속성'을 갖는다.

기존의 권위주의 모델이라는 고정된 틀을 갖고 중단기적인 시각에서 중국정치를 해석한다면 최근의 중국정치 변화에 대해 설명할 방법이 없다. 그러나 백년변국이라는 '공산당의 시간'의 관점에서 보면, 최근 변화는 지금까지의 개혁과는 단절이지만 100년 역사를 잇는 '거대한 연속의 과정'으로 해석할 수 있다.

신시대新時代의 논리와 현대국가통치체제

최근 변화는 백년변국의 연속적 인식 속에서 결정된 또 하나의 단절이다. 중국 공산당은 18기 3중전회를 하나의 "시대를 구분하는劃時代"대회로 규정한다. 1978년 개최되었던 11기 3중전회가 '개혁개방'이라는 새로운 시대를 열었던 것처럼, 18기 3중전회를 기점으로 지난 개혁개방과는 다른 새로운 개혁개방의 단계, 이른바 '신시대 개혁개방' 시기에 진입했다는 것이다. 중국 공산당은 왜 새로운 단절을 선언하며 이를 '신시대'로 규정하는가? 신시대 선언을 통해 얻고자 하는 정치적 목적은 무엇일까?

'새로운 시대라는혹은 새로운 시대로 가야 한다는 인식'은 기존 시대에 중국이 안고 있는 문제가 무엇인지에 대한 정확한 진단과 이에 대한 교정 목표를 전제로 한다. 즉 '신시대'의 제기는 기존 '구시대'의 논리로는 도저히 해결할 수 없는 문제를 겨냥한 분명한 목적의식을 내포하고 있다. 그것은 우선 개혁개방의 과정에서 형성되어 온 거대한 기득권 구조를 타파하는 것을 목표로 한다. 중국에서 '권귀權貴' 혹은 '기득이익자既得利益者'라고 불리는 기득권층은 중국의 경제성장이 초래한 모순을 드러낸다는 측면뿐 아니라, 개혁을 지속적으로 추진하기 어렵게 만드는 개혁의 저지 세력이라는 측면에서 매우 심각하다. 특히 양적 성장 위주의 초기 개혁에서 질적 성장과 구조적 개혁을 통해 개혁을 더욱 심화시켜야 하는 단계로의 전환에서, 개혁에 대한 기득권층의 저항은 당의 존립마저 위태롭게 만드는 집정 위기를 불러왔다. 이에 대한 지도부의 위기의식은 대단했다. 2011년 청화淸華대학 연구팀의 한 보고서에서는 중국의 개혁이 "돌다리를 두드리며 강을 건너온 것摸著石頭過河"인데, 돌다리를 건너간 기득권층이 이제 "돌만 만지고 강을 건널 생각조차 하지 않는다石頭摸上了癮, 連河也不想過了"고 비판했다. 2013년 리커창李克强 총리는 "이익을 건드리는 것이 영혼을 건드리는 것보다 어렵다觸動利益比觸及靈魂還難"고 하면서 구조개혁의 어려움을 토로했다. 기존 시대의 문법으로는 기득권을 견제하고, 이들의 이해관계 구조를 깨뜨릴 방법이 없었다.

또 다른 목표는 개혁을 이끌어온 '분권형 집단지도체제'가 가진 한계를 깨닫고, 강력하게 개혁을 주도해나갈 새로운 지도체제를 구축하기 위함이다. 후진타오胡錦濤 시기 9명의 정치국 상무위원이 집단 영도하는 이른바 '구룡치수九龍治水'의 시대는 일정한 성과를 거두기도 했지만, 점차 정책 결정이 어렵고 중앙의 권위가 쇠퇴하는 문제가 나타났다. 관료들의 부패나 빈부격차, 환경오염 등의 문제가 개혁을 지속할 수 없게 만들 만큼 심각한 상태로 빠지게 되었다. 이러한 문제 역시 강력한 '권위'가 부족한 기존의 권력 구조에서는 해결하기 어려웠다. 위기를 해결하기 위해 '당의 권위'를 다시 세울 필요가 있었고, 최종결정권을 갖는 강력한 리더십이 필요해졌다. 이에 따라 중국 공산당은 '신시대'를 선언하며 당 영도체계를 개혁한다. 시진핑을 '핵심'으로 하는 당 중앙의 권위와 '집중통일 영도'의 견지를 강조했고, 2018년 3월 헌법 수정을 통해 중국공산당의 영도가 "중국특색사회주의의 본질"이라고 명시했다. '신시대'의 논리로 당과 핵심의 권위를 강화하고, 이를 헌법이라는 최고 형태로 못 박은 것이다.

시진핑은 중앙기율위 제18기 6차 전체회의에서 "서로 결탁하여 사리사욕을 채우고, 패거리를 만들고 분파를 만들어 권력에 빌붙어 이익을 취하는 데만 골몰한다. …(중략)… 파벌을 만들고 분파를 조장하여 당 중앙의 정책 결정에 대해 겉으로만 따르는 척한다. 개인의 정치적 야심을 실현하기 위해 수단을 가리지 않는다."라며 당의 단결을 해치는 분파주의자들을 매섭게 비판했다. 당내에서는 보시라이薄熙來나 저우융캉周永康 등의 사건도 결국 강력한 권위를 갖는 '핵심'이 없어서 생긴 문제라고 본다. 이러한 배경에서 권력 구조를 기존의 '분권형 집단지도체제'에서 '집권형 집단지도체제'로 전환한다. 당정관계에서는 '당'으로, 중앙지방관계에서는 '중앙당'으로, 그리고 정치국 상무위원 7인의 내부 관계에서는 '핵심 1인'에게로 권력을 집중시킨 것이다. 따라서 "영도핵심領導核心"이란 공산당 집단의 영도를 말하면서, 동시에 개인의 핵심적 지위도 포함하는 개념이다. 19차 당대회 보고에서 제시하고 있듯이, "당이 모든 것을 영도하면서黨政軍民學, 東西南北中, 黨是領導一切的, 시진핑 동지를 핵심으로 하는 당 중앙"의 역할을 강조한다.

따라서 시진핑 일인의 권력 강화는 당 중앙의 영도력 강화와 분리해서 보기 어렵다. 영도핵심이 개인을 지칭할 때는 '최고결정권'이라는 의미를 갖는다. 즉 당내 중대한 문제로 인해 의견의 불일치가 발생하고 다수의 의결로 정책 결정을 할 수 없을 경우, 영도핵심이 최고결정권을 갖는다. 이러한 권력은 마오쩌둥과 덩샤오핑鄧小平, 장쩌민江澤民이 모두 가지고 있었고, 지금은 시진핑이 갖고 있다. 이는 사실상의 '최종결정권'을 의미한다.

종합해보면, 신시대 선언은 기존 구시대의 구조와 논리에서는 해결할 수 없는 문제를 해결하기 위한 하나의 돌파구를 마련하기 위한 것이다. 하나는 기득권층의 저항을 타파하면서 새로운 개혁 구조를 만들기 위함이고, 다른 하나는 개혁을 완성하고 주도해나 갈 새로운 지도체제를 확립하기 위함이다. '신시대'는 문제해결을 위한 급속한 단절을 합리화해주는 논리를 제공해준다.

또한 민주주의 체제의 경우 '분립'된 권력기관 간의 상호견제를 통해 권력균형을 유지하고, 정책 결과가 실패로 끝날 경우 집권당 이 책임을 지며, 선거에 의해 집권 세력이 교체된다. 그런데 공산 당이 정치와 행정을 독점하는 당정체제黨政體制 중국에서는 당의 정 책적 판단이 잘못되고 실패했을 때 혹은 기존 정책효과가 한계에 다다랐을 때 어떻게 현실의 위기상황을 극복하고 새로운 정책으 로 나아갈 수 있을까?

중국은 공식적으로 정치적 반대파를 인정하지 않고 공산당이 권력을 독점하는 유일한 집정당이다. 따라서 체제 안에서 공산당 의 집정을 대체할 수 있는 대안적 정치 세력은 존재하지 않는다. 중국의 정치제도 역시 일원적 권력 구조에 맞춰 국가 전체의 '유 기적 통치'를 위한 구조로 설계되어 있다. 정치가 곧 행정이고政行 合一, 입법과 행정이 하나로 통합되고 있으며議行合一, 정치와 법은 하나의 체계로 조직되어 있다政法體系. 그래서 외부에서는 공산당 독재체제라고 부른다. 그러나 중국의 전통적인 관념에서 볼 때, '정政'이란 통치를 위한 모든 기관, 즉 당, 인민대표대회, 정부, 법

시대의 물음에 답하라

원 등을 모두 포괄하는 것이다. 이러한 '일원주의' 체제에서 새로운 정책을 추진할 때에는 집권당의 교체라는 방식으로 새로운 정책추진의 동력을 얻는 민주주의 체제와는 다른 방법이 필요해진다. 기존 정책효과가 한계에 부딪혔을 때 새로운 정책 도입이나 추진을 뒷받침해줄 만한 동력이 필요하기 때문이다.

따라서 '총체적 권력'은 공산당이 독점하지만, 내부 권력 구조의 변화를 통해 영도체계를 새롭게 하면서 새로운 정책추진을 위한 동력을 구하고자 한다. 그것은 당내 권력 구조에서의 '집권集權과 분권分權'의 원리, 중앙지방관계에서의 '방放과 수收'의 원리,[16] 그리고 당정관계에서 '합일合—과 분리分開'의 원리다. 즉 삼권이 분립되어 있지 않은 '권력일통權力—統'의 체제에서는 새로운 개혁추진의 동력을 '집권과 분권의 교체', '방권한 이양과 수권한 회수'의 변화, 그리고 '당과 정의 관계를 조정'하는 것에서 찾아왔다. 최근의 정치변화는 당내 권력 구조에서 보면 '분권'에서 '집권'으로, 당정관계에서 보면 '분리'에서 '합일'로, 중앙지방관계에서 보면 '방'에서 '수'로 다시 방향이 바뀌었다는 것을 알 수 있다.

그렇다면 공산당의 권력 독점으로 인해 생기는 부패의 문제는 어떻게 해결할 것인가? 민주주의 체제에서는 권력기관 간의 상호 견제를 통해 권력부패 현상을 제도적으로 방지하고자 한다. 공산당 권력독점 체제에서는 공산당의 권력을 견제할 외부 기관이 없기 때문에, 당 내의 권력 감독 기제를 통해 스스로 권력의 남용을 방지해야 한다. 즉 분립되지 않은 일원적 권력이므로 권력 간의 상호 '견제'가 아니라, 당 자체 내에서 권력에 대한 일정한 '감독' 기제를 마련하고 권력 남용을 방지해야만 장기적 집정 지위를 확보하고 체제를 지속시켜나갈 수 있다. 그것이 권력의 자기 감시 기제인 '감찰제도'이며, 이는 역사적으로 권력이 한 번도 '분립'된 적이 없는 중국정치의 오래된 전통이다. 시대마다 명칭은 바뀌어 왔지만, 권력 감독과 감찰제도는 오늘날까지 지속되어 왔다.

이러한 맥락 속에서 시진핑 집권 이후 진행되어온 '반부패운동'을 이해해야 한다. 외부에서는 '반부패운동'을 단순히 권력투쟁을 위한 수단으로 평가하지만, 이는 표피적인 진단이다. 중국정치에서 '운동'은 다양한 목적에서 동원되는 일종의 비공식적인 '정치과정'의 메커니즘이다. 또한 사회 전체 구성원을 동질화시키는 매우 중요한 '정치사회화'의 과정이기도 하다. 중국은 새로운 정책을 추진할 때마다 언제나 부패한 관료를 겨냥한 반부패운동을 병행해왔고, 이를 정책추진의 동력으로 활용해왔다. 그런데 18대 이후 제기된 '전면적 종엄치당從嚴治黨'은 '운동'의 차원에만 머무르지 않고 '권력 감독의 제도화'라는 새로운 특징을 보인다. 이전에도 당내 정풍운동을 통해 주기적으로 업무 기풍을 쇄신해왔지만, 당원 뿐 아니라 모든 공무원을 대상으로 하고, '당규'가 아닌 '국가 법률'에 의해 규범화해나가고 있다는 점에서 이전과 다르다. 이것이 구시대와는 다른 신시대의 '새로움'이다.

그렇다면 왜 기존과 달라졌을까? 또한 내부권력의 구조를 조정하며 새로운 정책을 추진하고자 한다면, 다시 집권에서 분권으로 갈 가능성은 없는가? 당정합일에서 당정분리로 되돌아갈 수 있는가? 이러한 가능성을 진단하기 위해서는 다시 백년변국의 시야에서 볼

시대의 물음에 답하라

필요가 있다. 현재 당의 영도를 전방위적으로 확장하고 영도체계와 권력에 대한 감독 기제를 제도화하는 가장 중요한 이유는 무엇인가? 권력집중과 개인 핵심의 권위 강화가 초래할 부작용을 역사적 경험을 통해 분명히 알고 있음에도 불구하고, 왜 이러한 단절적 결단을 내리게 된 것인가? 이 모든 것은 '중국몽'이라는 백년 계획에 맞춰져 있기 때문이다. 중국에서 공산당은 국가의 유일한 집정당이다. 국가가 언제까지, 어떠한 목표를 단계적으로 달성해야 하고, 장기적으로 어떠한 국가가 될 것인가에 관한 종합적인 계획은 유일한 집정당인 공산당이 만든다. 즉 '집정의 연속성'이란 관점에서 공산당이 중국의 꿈을 실현하기 위한 구체적인 방법과 로드맵을 제시해야 한다. 그것이 18대 이후 구체적으로 제시하고 있는 '거버넌스治理의 현대화'이다.[17] 즉 현재 공산당이 '신시대'를 선언하면서 가장 우선순위에 두고 있는 100년 과업은 바로 '어떠한 방식으로 현대국가를 건설할 것인가'에 관한 것이다. 그것의 방법은 '중국특색사회주의제도'의 견지와 완비에 있고, '통치체계와 통치능력의 현대화'를 통해 달성할 수 있다고 본다.

이러한 관점에서 본다면, 중국이 '현대국가통치체계'를 건설할 때까지는, 혹은 지금의 새로운 방식으로 현대국가체계를 건설할 수 없다는 사실이 분명하게 판명이 날 때까지는 지금 전환한 방향을 다시 바꿀 가능성은 적어 보인다. 게다가 '당의 영도'를 중국특색사회주의의 본질이라고 규정하면서 이를 헌법에 명시했고, 당의 영도체계를 당국가기구개혁을 통해 제도화해왔다. 의법치국依法治國, 의법행정依法行政 등의 방침이 국가기관에서뿐만 아니라 당내 기관에서도 강조되며, '법규화'의 형태로 강화되고 있다. '중국식 제도화'를 추진하는 과정에서 중앙당과 정부의 역할은 더욱 강화될 것이다. 이는 집정의 위치에 있는 '100년 정당'이 '100년의 꿈'을 향해가기 위해 결단한 선택이라 할 수 있다. 백년변국이라는 연속적 인식 속에서 이루어진 '신시대로의 단절'이라 하겠다.

국가통치 현대화와 체제 내부의 모순

백년변국의 관점에서 이번 세 번째 '자신의 길'로의 선택은 과거의 제도 단절과 다르다. 지금 중국은 100년의 역사에서 가장 개방적이고 가장 놀라운 성장의 성과를 토대로 하는 자기완성의 길을 지향하고 있다. 또한 중국 체제의 오래된 전통, 즉 이념과 제도와 문화가 하나로 융합되는 방식을 통해 '중국특색사회주의 강국몽'을 실현하려고 한다.

그렇다면 강국몽의 달성을 위한 중요한 방법이자 과제인 '국가통치 현대화'를 신시대의 논리와 방식으로 달성할 수 있는가? 아직은 미지수이다. 이러한 과제를 달성하기 위해서는 여러 가지 조건들을 갖춰나가야 하지만, 이는 장기적인 시간이 필요하기 때문이다. 특히 현재 중국이 처한 대내외적 상황에서 보았을 때, 이러한 계획을 추진해가는 과정은 쉽지 않을 것이다. 내부적인 원인을 보자면, 그것은 중국 체제에 내재되어 있는 구조적 모순 때문이다. 또 다른 이유는 '역사의 시간'이 아닌 '현재'를 사는 인민들이 개혁개방 40년을 거치며 많이 변했기 때문이다.

우선 첫 번째 측면에서 살펴보자. 작년에 개최된 19기 4중전회에서는 '중국형 제도'의 견지와 '국정운영을 위한 총괄적 방법'을 제시했다. 그것이 바로 "국가통치체계와 통치능력의 현대화"다. 먼저 '통치체계의 현대화'란 국가통치기구의 구조와 기능, 그리고 각 기구 간의 상호연계 및 운행 기제를 현대화하는 것을 말한다. 즉 정부 기관뿐 아니라, 각 시장 주체와 사회조직을 포함하여 각 행위자들 간의 기능적 소통이 원활히 이루어질 수 있게 하는 시스템의 완성을 말한다. 또한 '통치능력의 현대화'란 국가가 보유한 각종 지식정보자원, 물적 자원, 인적 자원 등의 배치방식과 효과적인 사용능력을 통칭한다. 따라서 "통치체계와 통치능력의 현대화"란 그 강조점이 기존의 제도건설처럼 단순히 '제도 공급'에 있지 않고, 제도 간의 연결과 정합, 제도 규칙의 엄격한 집행, 그리고 사회가 일정한 규칙에 따라 움직여지도록 만드는 제도문화의 구축까지를 포함한다.

국가가 구상하는 이러한 현대화된 통치 시스템의 구체적인 실현과 집행이 이루어지는 곳은 각 지방과 기층이다. 중국에서는 치안, 공공 서비스, 사회조직, 복지 등 인민의 실생활과 밀접하게 관련된 기능이 지방정부, 즉 성省 정부 수준에서 하나로 통합되어 집행된다. 지방정부는 중앙의 통치목표와 방침에 따라 현지에 적합한 구체적인 관리정책을 제정하고 집행하며, 기층에서의 사회 거버넌스가 관철될 수 있도록 전 과정을 관리한다. 따라서 국가통치의 현대화를 실현하기 위해서는 지방정부의 관리체계와 능력이 매우 중요하다.

이렇게 국가의 국정운영 결정(중앙)과 실제적인 관리 주체(지방)가 이원화되어 있는 통치 구조에서는 다소 모순적인 딜레마에 직면하게 된다. 그것은 국가 통치능력을 향상시키기 위해서는 지방의 자율성과 적극성을 고취시켜 스스로 관리능력을 갖추게 하는 것이 중요하지만, 동시에 지방이 중앙의 정책목표 틀에서 벗어나지 않도록 관리하고 중앙에 도전하지 않도록 통제하는 것이 중요하기 때문이다. 즉, 각 지방에서 효율적인 관리시스템을 갖추려면 수시로 변화하는 상황과 요구에 대응하여 각종 가용 자원을 동원할 수 있는 권한이 보장되어야 하지만, 중국 체제에서 이러한 권한은 중앙이 통제하는 범위에서 벗어날 수 없다.

중앙집권적 체제에서 거버넌스 기제는 위에서 아래로의 효율적인 정책 결정과 집행을 위한 것이지, 아래에서 위로의 정보 수집과 전달에 맞춰 설계되어 있지는 않다. 이러한 수직적인 거버넌스 체계에서는 지방정부가 기존의 체제 논리와 관성에 의존하여 상급의 명령에 따라 하달된 목표 달성과 수치 맞추기에 급급하기 쉽다. 즉 수직적 의사결정으로 인해 지방정부에서 상층 정부만 바라보고 실질적인 일을 하지 않거나, 심지어 상층의 지침과 맞지 않는 사안은 축소하고 은폐·조작할 가능성은 언제든 상존한다. 이러한 집권 모델은 동원에 유리하지만, 행정의 각급 조직마다 집권의 원리가 작동하여 일인자—把手의 권력집중 현상을 막기도 어렵다. 즉 중앙집권적 체제의 논리에서는 지방정부의 자율적인 능력을 토대로 한 관리 시스템을 실현하기 어렵고, 이에 따라 각 지방과 정부 기관의 운행 방식과 원리는 '현대화'의 방향과는 더 멀어지게 된다.

　이번 코로나19 초기대응 과정에서 나타난 지방 관료들의 정보 은폐와 무능한 대응은 이러한 문제점을 그대로 보여주었다. 거버넌스 체계와 능력의 현대화를 위한 제도적 재편을 추진해왔음에도 불구하고, 거버넌스가 제대로 작동되기 위한 전제들, 예컨대 정보 소통과 공유의 문제, 그리고 지방 관료의 행위를 견제할 제도나 장치들이 여전히 미흡함을 알 수 있다. 지방정부는 위급 상황에 맞서 지역 주민을 고려한 대응책을 내놓기보다는 중앙으로부터 하달된 정책목표에만 반응하며 움직였다. 재정권과 인사권을 중앙에서 독점하고 있는 중앙집권적 체제에서는 지방 관료 행위의 동기가 지역 주민이 아닌 상급 당/정부를 향해 있기 때문이다.

　지방정부의 능력을 발휘하고 효율적인 거버넌스가 실행되기 위해서는 행정절차의 법제화, 투명한 행정, 정보의 공개 등이 이루어져야 한다. 그러나 이로 인한 결과가 지방 통제라는 중앙의 정치적 목표의 범위에서 벗어나지 않아야 한다는 점에서 실현되기는 쉽지 않을 것이다. 중국의 중앙과 지방의 관계는 법률 조항에 의해 규정된 관계가 아니라 '정치적' 관계이다. 개혁 시기 지방으로의 분권화 개혁을 추진하면서 경제성장이라는 놀라운 성과를 거두었지만, 이러한 과정은 법적 규정에 의한 제도화 경험의 축적과는 거리가 먼 것이었다. 즉각적인 정책 시행이 가능하다는 점에서 효율적이지만, 상황이 변하고 맞지 않는 경우에는 언제든지 바뀌고 뒤집힐 수 있는 정책이었고, 정책 변화의 최종적인 판단과 방향의 전환은 언제나 중앙의 집중된 권력에 있다. 분권과 함께 지방 거버넌스가 제도화될 수 없었던 중요한 이유다.

게다가 중국 내부 원리에서 '정보'는 체제를 통제하고 관리하는 매우 중요한 수단이다. 일원화된 체제에서 통치 엘리트 집단은 매우 동질화되어 있고, 동시에 대단히 위계적으로 조직되어 있다. 즉 자신이 위치한 행정등급에 따라 정보에 접근할 수 있는 권한에 차등이 있다. 이러한 체제 구조에서는 자신의 위치에서 신속한 결정을 내릴 수 있는 권한도 없으며, 이를 판단할 수 있는 종합적 정보도 부족하다.

따라서 중국 체제가 안고 있는 근본적 모순은 권력을 집중할수록 지방 거버넌스의 효율성은 떨어지고, 지방에 자율권을 부여하여 거버넌스 능력을 강화할수록 중앙권력에 대한 심각한 도전을 야기한다는 점이다. 중국이 이러한 구조적 딜레마에서 벗어나기는 매우 어려우며, 이러한 구조적 딜레마를 해결하기 위해 정치체제를 바꿀 가능성도 없다. 그것은 중국이라는 거대한 통합 정치체를 유지하는 것이 그 어떤 다른 정치적 과제보다 중요하기 때문이다. 중국의 현실정치에서 선택 가능한 최선의 방법은 충돌하는 문제들을 그때그때 조정하면서 일정 수준에서 균형 있게 관리해 나가는 것이다.

사회 거버넌스의 재편과 한계

국가통치의 현대화가 쉽지 않은 첫 번째 이유가 중국 체제에 내재된 구조적 문제 때문이라면, 두 번째는 개혁과 더불어 다원화된 사회와 인민의 변화로 인한 것이다. 우선 최근 중국정치의 '전변'과 함께 진행되어온 사회 거버넌스의 '단절'적 변화에 대해 살펴보자.

중국은 2013년부터 기존의 '사회치안' 개념을 '사회관리'로 바꾸고, '사회 거버넌스'라는 이름으로 기층 사회 구조를 새롭게 재편해왔다. 기층의 새로운 행정조직은 그물망처럼 촘촘한 구조적 특징을 갖는데, 이를 '왕거화網格化 관리'라고 부른다. 도시 말단 행정기관인 가도街道(우리의 '동'에 해당) 아래 사구社區가 있는데, 여기서 사구란 일정한 규모의 세대戶를 하나로 묶은 행정단위를 말한다. 이 사구를 다시 일정한 '격자grid, 網格'로 나누고, 하나의 격자에서 수백 세대를 관리한다. 해당 격자마다 '왕거위안網格員'이라는 관리인을 배치하여 관할 구역에서 발생하는 각종 상황을 구區정부에 설치된 '격자망화 관리센터'에 보고하게 한다. 사구에서는 치안 유지나 범죄 및 분쟁의 예방뿐 아니라, 노동력 관리, 취약계층에 대한 돌봄과 복지 제공, 기층사회의 조직화 등 여러 가지 사회적 기능을 하나로 통합하여 관리하고 있다.

둘째, 이러한 기층 사회 구조의 재편과 함께 당 조직 건설 사업이 강화되고 있다. '거버넌스'의 주요한 특징 중 하나는 거버넌스 주체의 다원화이다. 이론적으로 말하자면, 기존에 '관리'의 대상이었던 주민들은 이제 거버넌스 과정에 참여하는 여러 '주체' 중 하나가 되는 것이다. 그렇다면 어떤 방법으로 해당 지역의 주민을 거버넌스의 주체로 참여하게 만들 것인가? 중국은 그동안 시장화 개혁과 함께 다원화된 주체를 '공민公民'이라는 법적 주체로 공식화하고 각종 분쟁과 갈등을 '공민사회시민사회'라는 틀 안에서 해결하기 위한 방법을 모색해왔다. 이러한 과정에서 대중들의 권리 의식이 증가했고, 권리 보호를 위한 다양한 민간조직도 성장해왔으며, 공공지식인의 역할도 부각되어 왔다. 그러나 중국 당국이 사회적 갈등을 조정하고 해결하기 위해 민간조직과 시민사회의 역할에 대해 비교적 낙관적인 입장을 보인 것은 2010년경까지였다. 2010년을 전후로 하여 국내외적으로 당의 지위 자체를 위협하는 사건들이 발생하고, 또한 공안식 안정유지維穩 방식이 비용만 많이 들고 별다른 효과가 없다고 판단하면서 기층사회에서 안정을 유지하고 갈등을 해소할 수 있는 또 다른 해법을 모색해왔다. 이러한 해법의 특징은 한마디로 "당의 군중 조직력을 증강할 수 있는 효과적인 경로를 찾자"는 것으로 압축할 수 있다. 기층 당 조직의 건설과 역할의 강화를 통해 당의 군중 조직력을 강화하고, 이를 사회 거버넌스와 유기적으로 결합해나간다는 방침이다. 그 결과 법적 주체인 개별적 '공민'이 아닌, 당의 영도에 예속된 집단적인 정치적 주체 '인민' 개념을 다시 새롭게 부활시킴으로써 중국 사회의 단결과 집합적 역량을 발휘하는 경로로 전환했다. 이를 위해 공청단共靑團이나 공회工會 등 기존 군중 단체 조직의 정치성, 선진성, 군중성을 강화하여 기층 수준에서 대중과 당을 연계하는 매개 역할을 강화하고 있다.

이는 자유주의적인 시각에서 보면 일방적인 통제나 동원을 위한 것처럼 보이지만, 중국 체제에서 '동원'이란 어떠한 정치적 목적을 달성하기 위해 단순히 사람을 끌어모으는 과정을 의미하는 것이 아니다. 동원은 앞에서 얘기했던 '운동'의 과정에서 사회 전체 구성원에게 소속감을 주고 사회주의적 계약 방식을 통해 인민과 당을 묶어내는 매우 중요한 정치적 과정이다. 따라서 이러한 기층 조직화의 방식은 중국의 관점에서 보면 다시 중국 체제의 논리와 방식대로 개인과 사회를 조직하려는 것으로 해석할 수 있다. 거버넌스로의 '단절'적 변화 속에 당의 전통을 되살리는 '연속'이 있다.

셋째, 지역공동체의 치안과 질서 유지는 현지 차원에서 책임지고 해결한다는 방침이다. 대표적으로 지역사회의 치안에 현지 주민들을 총동원하는 '쉐량雪亮 공정'을 꼽을 수 있다. 이것은 치안과 방범의 의무와 책임을 해당 주민들에게 부과하고 참여하게 만들어 안전한 주거환경을 조성한다는 것이다. 그래서 "군중의 눈은 매우 밝다"라는 의미에서 '쉐량'이라고 부른다. 이러한 관리방식의 목표는 '갈등의 발생지에서 갈등을 즉각 해결하게 한다'는 데 있다. "작은 일은 촌村 밖으로 내보내지 않고, 큰일은 진鎭 밖으로 내보내지 않으며, 모순은 상급 정부로 보내지 않는다小事不出村, 大事不出鎭, 矛盾不上交"는 것이다. 각종 사회적 갈등을 선제적, 원천적으로 방지한다源頭治理는 원칙이다. 도시 기층에서도 공산당 혁명 전통에서 비롯된 군중노선群衆路線을 응용하여 지역 주민의 적극성을 지역 치안과 방범 유지에 활용하고 있다.

이처럼 18차 당대회 이후 중국은 기층사회 거버넌스 구축이라는 새로운 '단절'의 길로 들어섰다. 그러나 이러한 사회관리방식의 아이디어는 공산당의 혁명과 전통에 기반을 둔다는 점에서 중국의 역사와 연속된다. 전통 중국에서는 현縣을 기준으로 그 위의 정부는 중앙의 통치를 받았지만, 현 아래는 기본적으로 자치를 유지했다. 여기서 '자치'란 지역공동체의 질서 유지는 해당 지역의 구성원이 알아서 하는 것을 말한다. 각 지역은 지방문화에 맞는 예절과 풍속에 따라 공동체를 유지했고, 식자층인 향신鄉紳 계급이 갖고 있던 권위와 도덕적 책임으로 자치를 유지했다. 건국 이후에는 당의 권위와 조직자원을 통해 기층사회를 조직하고 안정을 유지해왔다. 현재의 단절적 변화는 중국 100년의 역사에서 당의 위치, 그리고 당의 동원과 조직력을 이용한 '인민 만들기'의 역사를 다시 새로운 버전으로 지속시키는 것이다.

　그렇다면 이와 같은 단절과 연속을 통해 새롭게 재편된 사회 거버넌스의 방식으로 중국이 목적한 바를 달성할 수 있을까? 쉽지 않아 보인다. 다원화된 주체들을 '일원화된 당 영도' 속에 예속하는 방식으로 통합하는 것이 쉽지 않기 때문이다. 개혁개방 40년을 지나오면서 중국 사회에서 당의 동원과 군중조직을 통한 거버넌스의 방식은 실질적인 효과를 거두기가 점점 어렵게 되었다. 일반 대중들은 이데올로기나 당 혹은 지도자의 카리스마라는 권위 자원에 냉소적일 뿐 아니라, 기층 당 조직에서 복지혜택을 주지 않으면 당원 활동도 조직할 수 없을 만큼 효율을 따지고, 이익을 우선하는 사회가 되었다. 각 지역에서 선전하고 있는 지역 브랜드의 사회 거버넌스도 자발적인 대중 참여를 제도화한 새로운 모델이라기보다는 대부분 당에 의해 조직되고 선전되는 경우가 많다. 요컨대, 관리의 명칭과 방법은 '거버넌스'라는 명칭으로 혁신되었지만, 기존 체제의 운동 방식으로는 달라진 인민들의 자발적인 참여 의식을 이끌어내기는 쉽지 않아 보인다.

공산당에게 더욱 심각한 변화는 소수이지만 당 영도에 예속되지 않은 새로운 '정치적 주체'들도 점점 증가하고 있다는 사실이다. 이번 코로나19 사태에서도 관료의 무능함을 고발하고 언론의 자유를 주장하는 시민기자와 지식인들이 있었다. 최근까지도 지속됐던 홍콩 송환법 반대 시위에서, 그리고 2018년 여름에 있었던 제이식Jasic 노동자 투쟁 사건에서도 독립적 주체의 탄생과 사회적 연대의 흐름이 등장했다. 더 뚜렷하게 드러난 중국의 계급 문제, 독립적인 정치적 주체의 탄생, 자각과 연대의 중요성 발견 등은 향후 중국이 만들어가고자 하는 현대화의 길이 중국 지도부의 계획과 의도대로만 가기 쉽지 않음을 단적으로 보여준다.

우리의 시간과 새로운 100년

중국은 시장경제 40년의 역사를 통해 놀라운 경제성과를 거두었지만, 동시에 엄청난 불평등도 발생했다. 바로 이러한 문제를 해결하고 개혁을 저지하는 기득권 이해구조를 타파하기 위해 중국 공산당은 '신시대' 논리를 내세우며 '정치 우선'의 방법을 선택했다. '당의 영도'라는 강력한 정치력으로 인민을 조직하고 단결된 역량을 모아 100년 과제라는 역사적 과업을 실현해나간다는 것이다. 앞으로 중국이 내놓는 수사와 정책은 '사회주의'적 성격이 더욱 두드러질 것이고, 내부 단결을 도모하는 민족주의적 언어와 정서도 강해질 것이다. 그러나 기존 체제의 원리를 지속해가는 과정에서 부딪치게 될 문제도 만만치 않다. 중국이 내부의 모순적 구조와 한계를 딛고 어떻게 돌파해가는지 주목해봐야 할 것이다.

우리의 시간은 어떠한가. 1997년 IMF 체제 이후 지속된 성장 우선과 노동시장의 유연화라는 명제에 충실하며, 우리 사회는 경제적으로나 공간적으로, 그리고 인간의 기본권과 생존권마저 철저하게 양극화되어 왔다. 개혁에 대한 기득권의 저항과 기존의 정치로는 문제를 해결할 수 없다는 점에서 우리의 문제는 중국의 문제, 세계의 문제와 연결되어 있다. 중국이 '신시대'와 '백년변국'의 논리로 문제를 해결해 나가려는 것처럼, 우리 정부도 '새로운 100년'이라는 화두를 던졌다. 비슷한 시대적 문제를 안고 있지만, 우리가 걸어온 100년의 역사는 분명 중국의 그것과 다르다. 지난 100년 동안 중국의 정체성이 주로 '서구'라는 외부의 적에 맞서면서 형성되어온 것이라면, 우리는 강압적 식민권력과 역사적 정통성이 없는 독재정권에 저항하며 민중의 민주적 정체성을 형성해왔다. 세계 격변의 시간, 우리가 힘들게 만들어온 민주적 정체성을 지키면서, 우리는 새로운 백 년을 어떻게 맞이할 것인가 깊이 고민해야 할 시간이다.

공정과 통합의
스마트한 리더십

◆ 임현진

세계적으로 선풍적 인기를 끌었던 〈오징어 게임〉은 한국 사회의 민낯을 잘 보여준다. 중심부 선진국을 좇아가려는 추격발전의 도정에서 우리는 전후좌우를 살피지 않고 오로지 앞만 보고 달려왔다. 자본주의의 치열한 생존경쟁 아래 소수의 승자와 다수의 패자가 갈리면서 낙오자들이 하나둘씩 늘어났다. 빚으로 삶의 벼랑 끝에 몰린 그들은 목숨을 건 생존게임에서 마지막 탈출구를 찾는다.

한국은 이미 공동사회에서 이익사회로 바뀌었다. 협동과 연대보다 효율과 경쟁이 인간관계를 지배한다. '헝그리hungry' 사회가 '앵그리angry' 사회로 가고 있다. 빈부격차가 커지는 가운데 사회경제적 양극화가 심각하다. 최근 서점에 가보면 '혼돈', '대립', '갈등', '위기' 등 온갖 부정과 비판을 담은 도서들이 대부분이다. 사회에 도처에 불통, 불신, 불만, 불안이 보인다. 우리는 마음을 열고 서로 소통하고 신뢰를 회복해야 한다. 더불어 살 수 있는 공동체를 복원하기 위해 공정의 가치를 반듯하게 세우고 통합의 질서를 탄탄하게 만들어야 한다.

메타문명, 한국은 어디로

우리 역사를 되돌아보면, 치세治世보다 난세亂世가 압도한다. 오늘의 한국이 겪고 있는 갈등과 대립은 어찌 보면 당연하다. 거짓과 위선이 진실을 덮고 정의와 공정은 무너지고 있다. 시끄럽고 어지러운 세상에 영웅이 나온다는데, 우리 주변에는 국민의 입맛에 맞게 말을 꾸며 세상을 호도하는 간웅奸雄이 더 판을 치는 것 같다.

20대 대선에 나선 여야의 후보들은 하나같이 민생, 분배, 공정, 안정, 복지를 내세웠다. 인품과 덕망, 실력이 서로 엇갈렸다. 비호감도가 호감도보다 높은 후보도 있었다. 지금까지의 언사와 행태에서 실망했기 때문이다. 한국의 미래 생존과 안정을 위한 비전이나 전략이 안 보인다. 시대정신이라 할 공정과 통합을 향한 반성과 성찰이 부족하다. 중첩된 사회갈등의 진영화를 넘어서기 위한 통합의 세계관, 반칙과 특권을 물리치기 위한 공정의 방법론은 어디 있는지 묻고 싶다.

한국의 정치는 변화보다 윤회輪回하고 있다. 민주화 35년이면 강산도 세 번은 바뀌었을 터인데, 여전히 정부는 국민 위에 있고 통치가 협치協治를 누르고 있다. 해방 이후 문재인 대통령까지 12명의 대통령이 거쳐갔지만, 대화와 포용보다 독선과 기만으로 얼룩진 이가 많았다. 성공보다 실패로 얼룩졌다. 장기집권, 부정부패, 헌법 유린, 국가폭력, 국정농단 때문이다. 그 누구도 부국강병富國強兵과 민생복리民生福利를 모른 척하려 하지는 않았을 것이나 이들은 거의 모두 정치라는 '악마와의 싸움'에서, 베버M. Weber가 지적한 대로, 자신만이 선하고 옳다는 독단에 빠져 공적 책임을 다하지 못했다. 대통령이라는 최고 권력자의 자리는 최소의 사심私心과 최고의 헌신을 요한다. 자신과의 싸움에서 냉정하고 엄격하지 못했다.

정치란 물이 바르게 흐르게 하듯 세상을 바로 잡는 것이다. 민본民本과 위민爲民은 기본이다. 나라를 이끈다는 것은 인사와 예산과 정책을 시스템으로 결합하는 국가경영statecraft이다. 하지만 제아무리 좋은 시스템을 갖추었어도 지도자가 잘못 가면 나라는 흔들린다. 남의 나라 얘기를 하기가 불편하지만, 트럼프 전 대통령의 무지한 독선적 리더십으로 인해 미국은 갈라지고, 민주주의도 흔들리고 있다. 러시아의 푸틴 대통령, 중국의 시진핑 주석, 필리핀의 두테르테 대통령, 터키의 에르도안 대통령, 헝가리의 오르반 수상도 예외가 아니다.

지구의地球儀 위의 한국은 작은 나라다. 그러나 남북을 합치면 영국과 국토면적이 비슷하고 인구는 독일보다 적지만 영국, 프랑스보다 많다. 한국의 지도자라면 역사를 꿰뚫어보고 현재의 시점에서 과거의 한계와 미래의 가능성을 연결할 수 있는 통찰력, 책임감, 판단력, 균형감을 지녀야 한다. 하루가 다르게 변하는 세계에서 국가의 과제가 산적해 있다. 변화와 개신改新만이 살길이다. 프랑스, 러시아, 중국, 쿠바의 과거를 보라. 혁명도 시간의 흐름 아래 썩는다. 끊임없는 개변改變을 통해 세계와 마주해야 한다.

고삐 빠진 망아지처럼 무한 질주하던 세계화globalization는 코로나19로 인해 멈칫하더니 미·중 패권경쟁이 격화되면서 균열이 일어나고 있다. 아시아 지역의 영향권을 확보하려는 중국과 이를 저지하려는 미국이 서로 글로벌 가치사슬을 장악하려는 과정에서 생산과 공급의 공백이 나타나고 있다. 한국도 미국과 중국 사이에서 줄타기가 어려워지고, 샌드위치가 되고 있다. 비핵화를 거부하는 북한을 교류와 협력으로 끌어들이려 하고 있지만 한국의 외교 역량은 부족하기만 하다.

작금의 세계는 4차 산업혁명의 와중에서 메타문명virtual civilization으로 나아가고 있다. 가상과 현실의 결합을 넘어 새로운 차원의 세상으로 접어들고 있다. AI로 무장한 로봇이 인간을 대신한다. 3D 프린터가 우리가 필요로 하는 거의 모든 물건을 만들어낸다. 인간은 주체의 자리에서 물러난다. 유토피아가 아닌 디스토피아가 될 수 있다.

인간의 탐욕으로 지구는 병들고 있다. 앞으로 30년 안에 온실가스를 절반으로 줄이지 못하면 기후변화로 인해 인류는 살아남기 힘들다. 가뭄, 홍수, 폭염, 한파 등 자연재해가 교차하면서 코로나19와 같은 팬데믹이 계속 나타날 수 있다. 한국은 세계에서 일곱 번째로 이산화탄소를 많이 배출하는 나라다. 탄소 중립은 비단 인류 전체뿐만 아니라, 우리의 생사가 걸린 절대 명제다.

신종 코로나 바이러스 감염병의 대유행 이후 거의 모든 나라가 각자도생을 위해 국가주의로 회귀하고 있다. 인류 공존의 전망은 흐릿하다. 세계주의 아래 국가주의가 나타나는 모순과 대결의 재再세계화re-globalization 시대에 한국이 살아남기 위해서는 시스템을 보강하면서 리더십을 바로 세워야 한다. 한국이 처한 국내외적 현실에 대한 적확한 진단 아래 미래 창발적 비전을 갖고 적실성 있는 발전전략을 펼 수 있는 지도자라야 할 것이다. 무엇보다 보수와 진보 사이에 사회 대타협을 이끌 수 있는 돌파력을 지녀야 한다. 자신의 이념적 기본색이 있더라도 진영 논리를 넘어 시대정신을 선도하는 리더십이 필요하다. 신념에 따라 행동하되, 결과에 책임을 져야 한다. 정치가에게는 심정윤리보다 책임윤리Verantwortungsethik가 더 중요하다.

우리에게 정치인politician은 많은데, 정치가statesman는 드물다. 나는 지혜와 관용의 연성soft 리더십과 용기와 뚝심의 경성hard 리더십을 합친 스마트한 지도자가 필요하다고 본다. 하버드대의 나이Joseph S. Nye 교수는 "스마트한 지도자는 국가경영의 과정에서 국민을 매혹시킬 포용력을 갖추고 그들을 이끌 수 있는 추진력을 겸비한 인물"이라고 했다. 요즈음 과거 김영삼, 김대중, 김종필 3김金이 가끔 호출되는 이유도 그들의 역사적 공과에 대한 평가가 갈리지만, 그들은 정치가라 할 수 있기 때문이다. 작금에 그만한 정치가를 찾아볼 수 없는 것이 안타깝다. 진짜와 가짜가 섞여 선정善政을 참칭하는 정치인들을 보면서 스마트한 정치가의 출현을 기다려본다.

시대정신, 왜곡과 편용을 넘어

우리나라는 2019년 인구 5,000만 명 이상에 일인당 국민소득 3만 달러가 넘는 30-50클럽에 합류했다. 일본(1992), 미국(1996), 영국(2004), 독일(2004), 프랑스(2004), 이탈리아(2005) 다음 일곱 번째다. 그러나 한국인의 행복도는 OECD 38개국 중 꼴찌다. 그간 삶의 양이 늘어난 반면 삶의 질은 나빠지면서 물질적 풍요에 비해 정신적 만족을 누리지 못하고 있다.

지금까지 이들 국가 중 일인당 국민소득 1만 달러에서 3만 달러를 돌파하기까지 일본이 8년으로 가장 짧았고, 그다음이 스위스 12년, 그리고 영국이 15년 걸렸다. 한국은 3만 달러에 이르는데 18년이 걸렸다. 세계 기록이다. 나라의 면적도 좁고 자원도 부족하고 오로지 잘 교육받은 인력에 의존해 이만큼 달려온 것이다.

이 과정에서 적지 않는 사람들의 희생과 고통이 따랐다. 해방 이후 "빵 아니면 자유를 달라"라는 표현처럼 성장, 민주, 분배, 평등, 복지, 평화, 인권, 환경 등 발전 가치가 교차하면서 산업화와 민주화라는 길고 어두운 터널을 지나온 것이다. 시대정신이란 그러한 발전가치로서 동일한 세상을 살아가는 대다수 사회구성원의 공통적 염원을 담은 것이다. 사회변동의 와중에서 시대가치는 바뀌기 마련이다. 문제는 동서고금을 통해 지도자들이 시대정신을 왜곡하고 편용해왔다는 것이다. 시대정신의 정초를 마련한 헤겔G Hegel조차도 나폴레옹의 등장을 "말 위에서 도시를 살펴보는 황제에서 시대정신을 보았다"라고 오독誤讀한 바 있다. 역사는 역설에 다름 아니다.

한국은 세계에서 가장 빠른 고령화와 가장 낮은 출산율로 앞으로 경제성장을 지속적으로 유지하기가 쉽지 않다. 이미 출생자가 사망자보다 적은 인구지진이 일어났다. 인구가 늙어가면서 앞으로 10년 안에 우리나라의 중위연령이 50세가 된다. 일할 수 있는 생산가능인구가 줄어들면서 젊은 세대는 거의 두 배에 달하는 유년층과 노년층을 먹여 살려야 한다.

2019년 기준 OECD 회원국의 GDP 대비 사회복지지출 비율은 평균 20.0%이다. 한국은 12.2%로 38개국 중 35위에 해당한다. 1990년에 비하면 복지지출이 5배 가까이 상승하여 OECD 회원국 중 가장 빠르지만 복지지출이 땜질식으로 이루어지면서 효과를 거두지 못하고 있다. 영세노동자, 특고노동자, 비정규직 노동자가 노동력의 절반 이상을 차지하는 현실에서 지금의 완전고용을 전제로 한 복지제도는 실효가 없다. 소득기반의 사회보험으로 복지제도를 개편해야 한다.

절대 빈곤층 250만 명, 근로 빈곤층 410만 명, 저소득층 400만 명 등 인구 20%에 달하는 천만 명이 가난, 질병, 실직에 시달리고 있는 현실에서 주변적 복지로부터 탈출은 중요하다. 견실한 사회 안전망을 구축해야 한다. 그러나 지금의 조세체계로는 감당하기 어렵다. 저과세-중복지의 함정에서 벗어나려면 증세에 대한 국민적 합의를 이끌어내야 한다. 특히 무분별한 기본소득 지급에 대한 약속은 경계해야 한다. 자칫하면 그리스, 이탈리아, 스페인과 같이 국가재정이 흔들릴 수 있다. 기본소득은 절망하고 있는 청년 세대를 대상으로 이루어져야 한다.

오랜 기간이 걸린 이른바 '한강의 기적'도 명암이 갈린다. 얻은 것 못지않게 잃은 것이 많다. 문제는 성장과 배제가 동시에 일어나는 상극적 발전antagonistic development이다. 소득과 자산의 불평등과 생활과 문화의 양극화가 심화되고 있다. 지난 10년간 상위 20%의 자산은 하위 20%에 비해 80배에서 167배로 두 배 이상 늘었다. 상위 20%의 소득이 늘어난 반면, 하위 20%의 소득은 줄었다. 코로나19 대응을 위한 다섯 차례의 재난지원금도 영세상공인들에 집중하지 못함으로써 그들의 손실을 보전하는 데 별 효과가 없었다.

한국의 상대적 빈곤율은 OECD 38개국 평균 11.1%보다 5.6% 높은 16.7%로 네 번째로 높다. 우리 사회구성원 중 6분의 1 정도가 일정한 수준의 생활을 누리지 못하고 있다. 사회경제적 양극화는 단순히 빈부격차의 차원을 넘어 도시와 농촌, 대기업과 중소기업, 취업자와 실업자, 정규직과 비정규직, 노령층과 중년층, 그리고 남성과 여성 사이에 구조화되고 있다. 이 와중에서 이른바 '80대 20'의 사회가 남의 문제가 아닌 우리의 현실로 등장하고 있다. 이러한 모래시계형 사회가 가져올 위험은 '두 개의 국민'으로의 분열이라는 최악의 시나리오다. 2030세대가 '영끌', '빚투'를 통한 주식과 암호화폐에 관심을 갖는 현상은 이들이 정상적으로는 미래를 살아갈 희망을 잃고 있다는 사실을 알려준다. 65세 이상 노인 빈곤율은 43.4%로 OECD 국가들 평균의 3배 가깝게 높다. 청년 세대와 노인 세대 중심으로 자살률이 세계에서 가장 높은 이유를 알 만하다.

시대의 물음에 답하라

협의 민주주의를 향하여

사회갈등은 동서고금을 막론하고 어느 사회에나 존재한다. 가치, 자원, 보상을 둘러싼 개인이나 집단 사이의 이해다툼은 지극히 자연스러운 현상이다. 인간이 질병으로부터 자유롭지 못하듯이 사회도 문제를 지니기 마련이다. 완벽한 사회란 있을 수 없다. 그러나 병을 다스리지 못하면 인간도 생명을 다하듯이, 문제를 고치지 못하면 사회도 지속하기 어려워진다. 사회갈등에 따른 불안과 긴장은 문제해결을 위한 진단과 처방을 가르쳐준다. 갈등 없는 사회는 역동성이 떨어지고 변화를 위한 잠재력을 갖기 어렵다.

사회갈등이 제도화를 통해 흡수될 수 있을 때 화해와 통합이 이루어질 수 있지만, 그렇지 못하면 사회는 와해하거나 붕괴한다. 사회의 발전과정에서 갈등이 지니는 양면성이다. 원래 민주주의는 사회갈등에 기반을 둔 정치체제이다. 소수에 의한 독점을 막아주고 승자와 패자의 교체를 통해 기회의 균등을 늘려줄 수 있다. 사회갈등을 '민주주의의 엔진'으로 볼 필요가 있다.

일찍이 정치사상가 마키아벨리N. Machiavelli는 갈등이 논쟁disputando으로 가면 긍정적인데, 투쟁combattendo에 빠지면 부정적이라고 지적했다. 우리는 크고 작은 분쟁이 일어나면 대화로 풀기보다 싸움으로 해결하려 한다. 게임의 규칙을 따르지 않고 조직이해 아래 극단으로 싸우다가 원칙 없는 타결이 이루어지는 경우가 적지 않다. 우리는 토론, 협상, 타협의 문화가 부족하다. 어린 시절부터 가정, 학교, 직장에서 차이를 인정하고 더불어 살아가는 민주시민으로서

훈련을 통해 매사 대화로 문제를 풀어가는 훈련이 필요하다.

우리 사회에 온갖 갈등이 쌓인 것은 공정이란 이름 아래, 매사에 게임의 규칙이 제대로 지켜지지 않기 때문이다. 공정이란 공평하고 올바른 것을 뜻한다. 출발의 불평등을 줄여야 경쟁의 과정에서 결과의 평등에 기여할 수 있다. 작금의 청년 세대가 좌절하고 있는 이유는 '기회의 문'이 닫혀 있기 때문이다. 기회균등조차 '아빠찬스' 등 위법과 특혜에 의해 망가지고 있다. 능력주의가 또 다른 세습을 낳고 있다. 이러한 모순을 해결해주는 것이 출발에서 결과에 이르기까지 모든 과정을 지배하는 사회 성원들이 합의한 게임의 규칙이다.

어느 사회나 격차는 있기 마련이다. 다만 패자나 승자가 모두 받아들이는 원칙이 필요하다. 사회구성원이 받아들이는 공정한 게임의 규칙이 작동하면 격차가 있더라도 대립과 갈등보다 공존과 화합으로 나아갈 수 있다. 낙오자도 다시 일어나 뛸 수 있다. 영원한 승자도 영원한 패자도 없다. 그래야 더불어 사는 공동체가 가능하다. 그러나 공정하다고 해서 반드시 정의가 따르는 것은 아니다. 공리주의나 자유주의도 해답이 아니다. 절차로서의 공정과 달리 정의는 본질에 관한 것이기 때문이다. 종교, 도덕과 같은 윤리적 차원의 해석과 법, 권력과 같은 현실적 차원의 집행 사이에서 정의는 시공간적으로 서로 다른 모습을 지닐 수밖에 없다.

한국의 민주주의는 권위주의에서 탈피해 그간 보수와 진보 사이의 수평적 정권교체가 세 번 이상 이루어졌지만 여전히 겉돌고 있다. 복수정당제에 의한 선거가 정기적으로 이루어지고 있지만,

시대의 물음에 답하라

법에 의한 지배가 확립되어 있지 못하다. 언론중재법 개정 시도에서 보듯 언론의 자유가 도전받고 있다. 무소불위 대통령의 청와대는 '그림자 정부shadow government'로서 입법, 사법, 행정을 좌지우지한다. 정권교체의 와중에서 보수는 자유주의를 살리지 못했고, 진보는 공화주의를 지키지 못했다. 이들이 내건 민주주의의 이상이라 할 자유, 평등, 분배, 복지는 심하게 얘기하면 권력획득을 위한 방편으로써 깃발일 뿐, 지키고 따라야 할 가치로서 살아 움직이지 못하고 있다.

해방 이후 민주화된 체제 아래에서도 제왕적 대통령제가 지니는 권력독점과 승자독식의 문제가 상존하기 때문에 대부분의 국민은 현행 대통령중심제로부터 벗어나길 바라고 있다. 국회가 전면에 나서야 하는데, 권력 구조 개편에 따른 선거구제 변화에 대한 이해관계의 차이로 인해 논란만 키워왔다. 대선이 끝났으니 여야가 개헌논의를 본격화하고 국민의 동의를 구하는 것이 최선이라 할 수 있다. 민주주의는 완성된 정치체제는 아니지만 최선의 것이다. 일찍이 루소는 투표할 때는 국민이 주인이지만, 투표가 끝나면 노예가 된다고 지적한 바 있다. 맞는 말이다. 샤트슈나이더E. E. Schattschneider가 간파한 대로 국민은 민주주의의 주체임에도 불구하고 '절반의 주권자Semisovereign People'에 지나지 않는다. 실제로 대의민주주의는 선거를 통해 선택받은 소수의 사람이 거꾸로 국민 다수를 지배하는 모순을 지닌다. 촛불이 불러낸 주권재민主權在民도 대의민주주의의 한계를 일깨운 것에 다름 아니다. 우리와 같은 인구 규모에서 직접민주주의는 실현하기 어렵다. 아래로부터 대표성과 위로부터 책임성을 조화하기 위한 참여와 숙의를 통해 민주주의를 보강하는 것이 필요하다.

유럽 일부 국가의 협의 민주주의consociational democracy 경험을 참고해서 지금의 권력 구조 아래에서 승자독식을 넘어 권력 공유가 가능한 연합정치를 시도해볼 수 있다. 김성식 전 의원이 주창한 것처럼, 한국 사회의 다양하고 복잡한 이해상충으로 인한 사회 갈등을 해결하기 위해서는 한 정당, 한 정권만으로는 감당하기 어렵다. 연합정치를 통해 적어도 반세기를 내다보는 한국의 미래 비전과 전략을 만들어내야 한다. 필요하면 소수당의 정책을 차용할 수 있고, 다른 정당의 인사도 각료에 임명할 수 있다. 일종의 연정으로 나아갈 수도 있지만, 그전에 연합정치는 여야 협치를 통해 국민 통합에 기여할 수 있다.

포퓰리스트는 아니다

포퓰리즘의 만연은 세계적인 현상이다. 유럽은 우파 포퓰리즘, 라틴 아메리카는 좌파 포퓰리즘, 그리고 아시아는 국수주의적 포퓰리즘이 득세하고 있다. 포퓰리즘은 국민이란 이름 아래 모든 국민이 아닌 일부 특정 계층, 집단, 부문만을 지지기반으로 둔다. 그러므로 포용이란 이름 아래 배제가 일어난다. 결과적으로 다원주의 아래 게임의 규칙에 따른 타협과 공존의 정치를 부정한다. 시민의 자발적 참여를 이끌어내기보다 뉴미디어를 통해 여론을 조성하고 집회와 시위를 조직하여 동조 세력을 동원하는 국가주의의 속성을 지니고 있다. 선전과 선동을 위해 가짜뉴스, 허위정보, 댓글 조작이 늘어난다.

그러므로 한국과 같이 이미 민주화를 이룬 경우 나타나는 포퓰리즘은 지배체제라기보다 동원방식으로 보는 것이 보다 적합하다. 한국 포퓰리즘은 여야 정당들이 중산층, 노동자, 농민, 서민을 포섭하기 위해 사회에 개입하는 정치형태로서의 성격이 있다. 그러기에 진보 포퓰리즘이나 보수 포퓰리즘이란 희한한 정치용어가 등장할 수밖에 없다. 우리 정치의 포퓰리즘은 실체보다 수사로 가득 찬 일종의 '기회주의 통치a rule of opportunism'에 가깝다.

포퓰리즘은 출발이 좋고 나쁘고를 떠나 결과가 바람직하지 않다. 대의민주주의가 지닌 인민주권의 한계로 인해 포퓰리즘이 나타나지만, 악성과 양성 모두 정치 분열과 사회 해체를 가져온다. 베네수엘라를 보라. 의식주 해결이 어렵다 보니 해외로 탈출하는 국민이 인구의 20%에 가까운 500만 명을 넘었고, 과도한 복지지출로 인한 국가재정의 파탄 아래 사회 균열과 정치 갈등이 심각하다.

포퓰리즘은 좌우 성향을 불문하고 정치적 수사는 강하지만, 일관되고 체계적 이데올로기를 결여하고 있다. 그것은 국민을 '부패한 엘리트'와 '깨끗한 대중'으로 이원화하여 전체 국민의 '일반의지volonté générale'라는 명분 아래 그러한 정치 및 경제 지배 엘리트를 징치懲治하고자 한다. 국민의 위와 아래 사이 즉, 엘리트와 대중 사이의 격차를 파고든다. 세계화의 와중에서 늘어나는 소득과 자산의 불평등으로 인한 생활, 의식, 문화, 규범의 양극화가 그것이다. 지난날의 진보와 보수라는 1차원적 사고로는 설명하기 어려운 것이 오늘의 현실이다. 예를 들어, 오늘날 한국 사회에서 일어나고 있는 갑질 문제, 꼰대 현상, 미투 운동 등은 독립적 문화를 지향하는 세대와 젠더의 표출로서 이념만으로는 설명이 안 된다.

이미 오래전부터 한국에서 시민운동은 진보와 보수로 갈라져왔지만, 문재인 정부에 들어, 특히 조국 사태 이후 진영 논리 아래 '서초동'과 '광화문'에서 두 개의 극단적인 집회와 시위가 이루어졌다. 이러한 시민운동의 양극화는 이데올로기적 편차에 추가하여 탈脫진실적 자기편향 아래 정치적 이해의 차이에 기인하고 있다는 점에서 포퓰리즘적 성향을 적지 않게 보인다. 한국 사회의 진보와 보수를 대변하는 '문빠'와 '박빠'가 그 중심에 있다. 특정 정치인을 열광적으로 따르는 '빠'는 강고한 결속력과 공격성을 지닌다. 이들에게 현실 문제에 대한 옳고그름의 판단은 관심사가 아니다. 자기중심적 인식과 행동만 있을 뿐이다. 이들은 소셜미디어를 통해 단순한 보도와 전달을 넘어 조작과 가공을 주저하지 않으면서 여론을 주도·장악하려 한다.

세계에서 가장 행복한 나라라고 하는 핀란드, 네덜란드, 덴마크, 스웨덴 등을 보면, 이들은 공통적으로 공공의 제도와 신뢰의 문화라는 바탕 위에서 사회적 자본을 늘려왔다. 우리는 사적 신뢰는 강한데, 공적 신뢰는 약하다. 국민은 정부를 믿으려 하지 않는다. 지연, 혈연, 학연으로 얽힌 연줄에 따라 마피아식 나쁜 사회적 자본이 판을 친다. '빠'들에게서 볼 수 있듯이 이들은 결속력은 강하지만 신뢰의 범위가 좁아서 오히려 대립과 갈등을 키운다. 협

시대의 물음에 답하라

의 민주주의를 하는 나라들은 경제성장과 사회복지를 동시에 성공적으로 이루어왔다. 노동, 자본, 기술의 기반 위에 사회적 자본을 잘 결합할 수 있었기 때문이다. 우리도 사회 성원들 사이의 신뢰를 높여 사회적 자본을 키우는 것이 매우 중요하다.

지도자의 덕목: 혼과 애, 지와 덕, 공과 합

정치는 무술이 아니라 예술에 비유된다. 그것은 무武와 형刑만으로는 되지 않는 지知와 예禮를 필수로 하는 지배의 도道와 술術이 있기 때문이다. 그것은 강제력에 의존하되 명분을 필요로 하며, 또한 책략에 의거하되 도덕을 밑바탕으로 한다. 바꿔 얘기하면, 명분과 도덕 없는 정치가 맹목적이라면, 강제력과 책략 없는 정치는 공허한 것이다. 이러한 이율배반적인 속성으로 인해, 정치란 실제 선악이 공존하는 야누스적인 모습을 띠고 있다.

한국정치는 민주화 이후에도 '제왕적 대통령'이란 표현처럼 권위주의적 유제遺制 아래 지도자가 통치를 협치로 바꾸지 못하는 한계를 보이고 있다. 정치는 예술이 아닌 무술로 퇴락했고, 그 많은 정치인 중 정략가는 많아도 정치가는 드물다. 결국 한국정치는 본질적으로 정략가들의 단원單元적 투기의 장이었지, 결코 정치가들의 다원적 경쟁의 장이 될 수 없었다.

우리에게 요구되는 정치가는 무엇보다도 과거를 담보로 하지 않고 국민에게 미래의 약속을 실현시켜주는 사람이어야 한다. 흔히 비전이란 안 보이는 것을 볼 수 있는 혜안을 말한다. 미래의 변화를 멀리 내다보면서 연성 리더십과 경성 리더십을 겸비한 정치가에 다름 아니다. 오래전에 나는 우리에게 바람직한 지도자의 덕목으로 다음과 같은 것을 제시한 바 있다.

첫째, 혼魂과 애愛다. 한국인으로서의 얼뿐만 아니라, 국민에 대한 관심과 사랑을 지녀야 한다. 그것은 민족사의 영광과 애환을 균형 있게 바라볼 수 있는 역사의식과 미래를 만들어주는 상상력의 밑거름이다. 둘째, 지智와 덕德이다. 세상사에 대한 지식과 경륜이 많다고 좋은 지도자가 되는 것은 아니다. 그것을 슬기롭고 올바르게 쓸 줄 아는 안목이 필요하다. 나아가 대도를 따르되 이해와 관용을 바탕으로 남을 아우르고 포용할 수 있는 품성을 가져야 한다. 셋째, 공公과 합合이다. 공동체의 유대와 결속을 위해서는 전체를 위하는 정신과 통합의 의지가 있어야 한다. 공이 사를 앞서야 법치의 근본이 세워지고 신뢰의 기틀이 바로잡힌다. 전체에서 부분을 생각할 때 또한 공생의 순리 아래 반목과 대립이 화해와 융합으로 바뀔 수 있다.

미래 한국의 꿈을 열어주는 역사적 상상력을 지닌 대통령이 필요하다. 이러한 지도자는 오늘의 시대정신을 잘 읽어야 한다. 성장 대 분배, 자유 대 평등, 환경 대 개발, 평화 대 전쟁, 자주 대 외세, 통일 대 분단 등 이분법적 발상을 지양하여 중용의 정신으로 실사구시의 정책을 펴나갈 필요가 있다. 위로부터의 리더십을 밑으로부터의 팔로워십으로 채워야 한다. 이제 공약恐約으로 겁주거나 공약空約으로 현혹하지 말고, 민생을 보듬고 복리를 가꿀 수 있는 공약公約을 실천해야 한다. 국민을 담보로 미래를 희생하는 인기 영합적 정책은 과감히 버려야 한다. 세계화 시대에는 특정 이념에 포획되기보다 좌우 극단은 버리되 다양한 이념적 스펙트럼을 갖는 여러 정책을 민생복리를 위해 배열하는 통합적 구심력을 행사해야 한다.

새 시대, 새 정치는 하루아침에 오지 않는다. 역사는 누적적이지 단절적으로 발전하지 않는다. 과거와 미래의 대화로서 역사, 그것은 항시 현재의 눈으로 조망된다. 이러한 역사의 대면을 통해 새 대통령은 잘못된 과거를 되씹어보고 올바른 미래를 만들어가야 한다. 현재의 시각에서 과거의 공과를 비판적으로 미적微積하여 미래구축을 위한 자산으로 키워야 할 것이다. 과거는 찾아갈 수 있지만 어느 것 하나 지울 수 없는 반면, 미래는 찾아갈 수 없지만 얼마든지 새로 쓸 수 있다. 역사 청산도 좋지만, 과거에 발목 잡히지 않고 미래를 선취적으로 열어가야 한다. 혼자 가면 빨리 갈 수 있지만, 멀리 갈 수 없다. 바람직하고 튼실한 미래를 만들기 위해 적과 동지를 구분하지 말고 국민 모두를 아울러야 할 것이다.

2부

삶과 직결된
현안과 쟁점

공정의 문제와
능력주의

◆ 박명림, 신광영, 윤평중, 이진우

이진우

사실 공정은 한국 사회의 최대 화두인 것 같습니다. 아마 지난 20여 년 동안 그래왔던 것으로 저는 기억을 합니다. 문재인 대통령은 취임사에서 "기회는 균등하며, 과정은 공정하고, 결과는 정의로울 것"이라고 국민에게 약속했습니다. 사실은 공정이라는 화두를 국정의 지표로 설정한 것은 문재인 대통령이 최초는 아니죠. 과거 이명박 대통령도 마찬가지로 공정을 제시했습니다. 그런데 문재인 정부는 촛불혁명과 맞물려서 스스로를 '공정의 정부'라 자임하고 자부한 탓도 있겠지만, 많은 국민은 실제로 문재인 정부가 내세운 이 구호로 크게 위로받고, 또 우리 사회가 앞으로 공정한 사회로 발전할 것이라는 희망을 품은 것도 사실입니다. 그런데 지난 몇 년을 돌이켜보면, 문재인 정부는 평창올림픽 여자하키 남북 단일팀 논란, 조국 사태, 인천 국제공항공사 비정규직의 정규직화, 즉 소위 말하는 '인국공 사태' 등 국면마다 공정성의 시비를 불러일으켰죠. 공정과 관련하여 이념과 현실 사이에 일종의 간극, 또는 제가 보기에는 비동조화 현상이 일어나고 있다고 해도 과언이 아니라고 생각합니다. 여기에 우리 논의의 출발점이 있는데요. 왜 공정이 우리에게 이렇게 사회적 핵심 문제로 떠오른 것일까요? 먼저 이렇게 공정의 문제가 우리 사회의 화두가 된 배경에 대해서 이야기해보면 좋겠습니다. 상당히 오랫동안 한국의 불평등 문제를 연구해오신 신광영 교수님께서 먼저 말문을 열어주시면 고맙겠습니다.

공고한 성의 안과 밖, 그리고 평등의 문제

신광영

사실은 공정이라는 용어 자체는 보통 사람들이 자주 쓰는 용어는 아닙니다. 그럼에도 우리는 불공정에 대해서는 굉장히 자주 이야기하고 있고, 미디어를 통해서 보도되는 사건들은 다 불공정한 것들입니다. 공정에 대해서는 이야기하지 않지만, 불공정한 사건이나 일은 계속 발생하고 크게 보도되고 있는 것이죠. 대한항공의 '땅콩회항사건'이라든지, 재벌 기업의 자제가 돈을 주고 폭력을 사주한 사건이라든지, 분유 제조회사의 갑질 같은 엽기적인 사건들이 계속해서 일어났습니다. 사실은 그런 것부터 해서 최순실 사건, 박근혜 대통령 탄핵 사건까지 불공정 혹은 부정의한, 불법적인 사건들이 연속적으로 이야기되면서 그것과 반대되는 개념으로서의 공정이라는 키워드가 정치적으로 등장한 것이죠. 그런데 한국 사회에서는 중·고등학교나 대학에서도 공정에 대해서 제대로 교육한 적이 없어요. 그걸 전공하는 사람들은 그에 대해 공부는 하지만, 일상적인 사회적 수준에서 일반 대중은 공정이 무엇인지에 대해 진지하게 체계적으로 고민하고 논의해본 경험이 없습니다. 굉장히 불균형적인 그런 상황 속에서 공정이라는 화두가 정치적으로 대두된 것이죠. 사실은 철학적으로, 또 일반 대중의 의식 속에서 나름대로 잘 공유되고 사회적으로 합의된, 적어도 다수가 가지고 있는 그러한 개념으로서의 공정이라는 것이 존재하지 않는 상황에서 공정이라는 화두가 정치적으로 제시되었고, 인천공항의 경우처럼 일련의 여러 가지 사건들이 공정이라는 개념이 없는 상황에서 각자의 이해에 기초해서 공정을 해석하는 일이 발생하고 있는 것입니다. 저는 이것을 상황적인 공정의 개념이라고 부르고 있어요. 이것은 보편적인 공정의 개념이 아닙니다. 기회의 평등, 결과의 공정, 그다음에 초기적인 조건의 공정, 이런 것들을 고려하지 않은 상태에서 현재 어떤 상황에 놓여있는 행위자가 자기의 이해관계에 기초해서 공정하다, 공정하지 않다고 판단하는 그런 상황들이 현재 우리나라 도처에서 나타나고 있습니다. 우리나라의 교육이 사실은 제대로 작동하지 못한다는 것을 많은 사람들이 이야기하고 있지만, 전형적으로 그러한 공정과 관련된 여러 가지 혼란,

혹은 공정과 관련된 갈등, 이런 것들이 생겨나는 주된 이유 중 하나가 공정에 대한 교육의 부재 때문이라는 생각이 듭니다. 그런 점에서는 공정을 다루는 도덕철학을 하시는 분들이나 철학사상이나 정치철학을 하시는 분들의 영향력이 좀 더 커져야 한다고 생각합니다. 그래서 많은 사람들이 공감하고 공유할 수 있는 공정의 개념이 사회의 원리로 작동할 수 있어야 한다고 봅니다. 이런 공정에 대한 체계적인 담론이 우리 사회에서는 아직 형성되어 있지 않은 상황인 것 같습니다.

이진우

신광영 선생님의 말씀을 들어보니, 선생님께서는 최근 일어났던 일련의 불공정한 사회적 현상들, 즉 갑질이나 대기업이 중소기업에 대해서 행하는 행태들을 보편적 공정과 상황적 공정으로 구별하셨습니다. 그러니까 각자 자기가 처해 있는 상황에 따라서 불공정하다고 느끼는, 소위 체감적이고 주관적인 공정 지수는 높아진 것 같습니다. 여기서 제가 다른 선생님들께도 질문을 드릴 테니까, 순서와 상관없이 말씀해주시면 좋겠습니다. 문제는 우리가 소위 경제성장 제일주의를 내세웠던 개발독재 시대에도 부정부패가 엄청나게 심했는데, 그 당시에는 공정이라는 담론이 형성되지 않았습니다. 오히려 경제성장이 어느 정도 이루어지고, 형식적으로는 민주화가 우리 사회에 어느 정도 정착된 상황에서 공정이라는 개념이 확장되었다고 보아야 하지 않는가 하는 의구심이 듭니다. 윤평중 교수님은 이에 대해서 어떻게 생각하십니까?

윤평중

신광영 교수님의 말씀처럼 공정이나 정의와 관련된 개념적인 대혼란 상황인 것은 맞습니다. 공평·공정·정의 사이의 개념적인 차이나 겹침에 대한 좀 더 엄밀한 구분과 정의가 한국 사회와 공론장에서 이루어져야 하는 것은 사실이라고 생각합니다. 그런데 그 이전에 저는 왜 지금 공정이 한국 사회의 시대정신으로 다시 부각되고, 부상되고 있는가를 거시적이고 미시적인 두 차원에서 짚어볼 필요가 있다고 생각합니다. 거시적인 차원에서 볼 때, 저는 공정과 정의야말로 지금 한국 사회의 시대정신이라고 해도 과언이 아니라고 생각합니다. 공정과 정의가 이렇게 핵심적인 화두로 다시 떠오르고 있는 것은 불공정하고 정의롭지 못한 한국 사회의 현실에 대한 당연한 반응이고, 그러한 불만족을 투사하고 있는 것이라고 봅니다. 10년에서 20년 가까이 이 주제와 관련해서 진행된 여론조사를 보면, 한국 사회가 공정한 사회라고 생각하느냐는 질문에 우리나라 시민들 10명 중 8명 이상, 즉 80%가 넘는 사람들이 한국 사회는 불공정한 사회이고, 정의롭지 못한 사회라고 일관되게 답변을 하고 있습니다. 거시적으로 봐도 10~20년간 일관되게 공정의 문제가 제기되고 있습니다. 단적인 예로, 2010년에 마이클 샌델의 《정의란 무엇인가 Justice: What's the Right Thing to Do》라는 책이 한국에 출간되었는데요. 하버드대 1학년 교양 교재가 한국에서는 오늘날까지도 스테디셀러로 팔리고 있고, 지금까지 약 200만 부 이상이 우리 사회에서 판매된 것으로 알고 있습니다. 이렇게 책이 200만 부 이상 팔렸다는 것은 이 책에서 마이클 샌델이 제기하고 있는 정의와 공정의 문제가 한국 시민들의 정서적 공감대를 아주 예민하게 짚어냈다고 하는 것을 의미할 것입니다. 아까 말씀드린 것처럼, 저는 한국 사회가 정의롭지 못한 사회라는 한국 시민들의 일반적인 인식이 마이클 샌델의 책을 베스트셀러로 만드는 데 일조한 것이라고 봅니다. 특히 젊은 친구들이 많이 쓰는 '헬조선', '이번 생은 망했다'를 줄여 쓴 '이생망'이라는 말이 있습니다. 그다음에 전상인 교수님이 쓴 아주 적절한 표현이 있는데, 한국사회의 건국, 산업화, 민주화의 과정을 "헝그리 사회에서 앵그리 사회로의 이행"이라고 말끝 압운을 맞춰서 절묘하게 포착해낸 말이 있습니다. 이런 것이 바로 아까 이진우 교수님이 말씀하신 것처럼, 먹고살 만하게 되고 민주화가 진척되고 나니까 이제 우리 시민들이 공정과 정의라는 궁극적인 가치나 목표에 대한 성찰을 하게 되었기 때문에 발생한 현상이라고 저는 이해하고 있습니다. 이것은 거시적인 진단이고요. 미시적인 진단으로는 아까 이야기한 2016년과 2017년의 '촛불혁명'을 거론하지 않을 수 없습니다. "이게 나라냐?"는 구호가 그 당시 전국 방방곡곡에 울려 퍼졌습니다. "이게 나라냐?"는 질문을 우리의 토론 주제와 연결지으면, "이게 공정하고 정의로운 나라냐?"는 비판적인 질문이 될 것입니다. 문재인 정부는 '촛불혁명'의 계승자임을 자임했고, 기억하시겠지만 문재인 정부 출범 때 80%가 넘는 시민들이 압도적으로 문재인 대통령을 지지했습니다. 한국 사회같이 역동적이고 변화로 충만해 있는 나라에서 80%의 지지도를 향유한다고 하는 것은 저는 거의 만장일치 민주주의에 근접한 현상이라고 생각합니다. 그 결과 불공정하고 정의롭지 못했던 박근혜 정부를 국민이 탄핵하고, 그 대안으로 문재인 정부를 설립한 것입니다. 그런데 문재인 정부의 지난 5년의 통치과정은 공정과 정의를 실현해간다고 하는 자기들의 자화상이나 자기 정체성을 차츰차츰 균열시키고 무너트려온 시기에 지나지 않았다고 생각합니다. 그러니까 공정과 정의가 계속 문재인 정부 아래에서 부식되어온 그런 과정이었습니다. 문재인 정부의 각종 정책실패, 인사정책의 난맥상, 법치주의의 균열, 민주주의의 해체가 국민적 불만을 확산시켜 오늘날 공정과 정의가 다시 시대의 화두가 되고 있는 것입니다. 이런 토대 위에서 공정과 정의가 2020년과 2021년에 새로운 화두로 다시 부각되고 있는 가장 큰 이유를 딱 하나를 짚으라고 하면, 저는 사회경제적 양극화의 심화에서 그 이유를 찾고 싶습니다. 이것도 문재인 정부의 정책실패에서 비롯된 측면이 다분히 있는데, 소득주도성장의 실패와 이보다 훨씬 더 치명적인 영향을 끼치고 있는 부동산 정책의 실패 때문입니다. 그래서 평균적 시민들의 눈높이에서 볼 때는 '이게 나라다', '이게 공정하고 정의로운 나라다'라는 것을 대변한다고 자처해온 문재인 정부 5년 동안에 오히려 삶의 현장에서 느끼는 불공정과 부정의가 더 심해지고, 생활이 더 어려워진 것입니다. 결국, 문재인 정부의 정책실패와 함께 법치주의와 민주주의의 붕괴가 낳은 불공정과 부정의가 이전 보수정부들 못지않게 굉장히 심각한 형태로 나타나고 있다는 국민적 실망감이 커지면서, 공정과 정의가 다시 새롭게 시대정신으로 부상하고 있다고 저는 생각합니다. 또 우리가 정의와 공정을 한국 사회의 오래된 숙제로 느낀다는 현실은

공정의 문제와 능력주의　　　　　　　　　　　　　　　　　189

한국 시민들에게 정의감이 깊숙이 내면화되어 있다는 사실을 보여주기도 합니다.

이진우

윤평중 교수님께서는 특히 전상인 교수님의 표현을 인용하셨는데요. 우리가 경제성장과 민주화 과정을 거쳐서 오늘날의 한국 사회로 발전하기까지의 과정을 "헝그리hungry"에서 "앵그리angry"로 전환되는 과정이라고 한 것은 매우 인상적인 표현이라고 생각합니다. 제가 보기에 마이클 샌델의 책 《정의란 무엇인가》와 《공정하다는 착각The Tyranny of Merit》은 서구 사회에서는 그렇게 많은 부수가 판매되지 않았습니다. 그럼에도 한국 사회에서는 이 책들이 베스트셀러가 된 원인에는 독특한 한국적 현상이 있는 것 같습니다. 이것은 제가 보기에는 보수정권이든 진보정권이든 관계없이 한국의 구조적인 문제에서 비롯된 것이 아닐까 하는 생각도 듭니다. 물론 윤평중 교수님께서 짚어주신 것처럼, 문재인 정부가 출발할 때 80% 이상의 국민적 지지를 얻은 것은 한국의 구조적인 문제라고 생각할 수 있는 불공정, 불평등의 문제를 어느 정도 해소할 것이라는 희망이 있었기 때문이었고, 이것이 낙담으로 전환되는 과정에서 다시 공정의 문제가 불거지는 측면이 있는 것은 사실입니다. 하지만 저도 느끼는 것은, 요즘에는 모든 사람이 자신이 처해 있는 모든 환경에서 상당히 화가 나 있는 상태, 분노한 상태인 것은 틀림이 없는 것 같습니다. 혹시 이 문제에 대해서 박명림 교수님께서는 어떻게 생각하시는지요?

박명림

저는 두 분의 진단과 분석에 동의하는 편입니다. 여기에 조금 정치학적인 말씀을 첨가해보면, 우리 사회가 비로소 한 사회의 가치 공준, 공통의 가치토대를 논의하는 그런 전환점에 놓여 있지 않나 하는 생각을 해봤습니다. 민주화 이후 우리 사회는 진보면 진보, 보수면 보수라는 진영독임, 파당주의의 가치지향은 제시되었지만, 공통의 가치 준거나 지향들에 대한 논의는 부족하지 않았나 싶었는데, 이제야 본격적으로 공정과 정의를 통해서 자유와 평등을 갖추는 단계에 들어가고 있다는 생각을 해봅니다. 우리 사회에서 지금 공정이 핵심적인 문제로 떠오르게 된 배경을 네 가지 정도로 생각해봤습니다. 첫 번째는 이명박·박근혜 정부의 시장주의 정책 혹은 기업 위주의 정책, 그리고 국정농단과 대통령 탄핵사태 등이 당시의 여러 독서 경향이나 사회 담론을 통해서 나타났던 정의의 담론을 불러오는 계기가 되지 않았나 싶습니다. 두 번째는 진보정부인 문재인 정부가 보수정부였던 이명박·박근혜 정부를 넘어서는 강한 도덕주의, 이념주의, 가치지향을 자임하면서 적폐청산이나 주류교체, 그리고 공정과 정의를 내세운 것도 하나의 계기가 되었지 않나 싶습니다. 그러면서 시민들이 상당한 기대나 희망을 품었던 것이죠. 세 번째는 그럼에도 불구하고 앞서 두 분 선생님께서 말씀하셨다시피, 실제 과정이나 결과에서 어떤 분야에서는 불평등이나 불공정, 불공평, 부정의가 심화되었고, 또 다른 분야에서는 악화되거나 오히려 개악이 되었습니다. 이런 것들이 나타나면서 '강한 진영성이나 파당성을 노정한 것이 과연 공정, 공평, 정의,

공정의 문제와 능력주의

평등이라고 할 수 있는가'라는 사회적인 의문 내지는 당혹감을 발생시킨 것 같습니다. 그리고 네 번째로 이러한 당혹감을 넘어서 공정의 문제가 일반적인 사회담론으로 확산된 이유는 속으로는 강한 당파성, 진영성, 독임성을 띄고 있으면서도 겉으로는 계속해서 정의, 공정, 공평, 평등을 주장하는 데서 오는 자기모순, 자기배반, 위선에 대한 저항, 균형감 같은 것이 시민 사회에 형성되었기 때문입니다. 민주화 이후 그동안 한국 사회에서는 어떤 문제나 상황이 악화되면 진보와 보수를 넘어서 최소한의 상황 설명, 그리고 그 설명을 통한 이해와 동의를 구하거나, 사과 내지는 자기성찰의 계기가 있었습니다. 그런데 지금은 분명히 상황이 악화되었음에도 불구하고, 오히려 어떤 논리의 폭정, 또는 우격다짐을 통해서 이것도 공정이고 정의고 평등이라고 주장하는 이중성, 자기모순, 자기배반을 범하는 위선의 문제가 정말 심각하다고 생각합니다. 그래서 저는 현실 상황은 현실 상황대로, 우리 사회의 가치 공준은 가치 공준대로 지금부터 본격적으로 진영 폭정이나 진영독임, 진영구획을 넘어서는 보편적 공정이나 정의를 말해야 하는 지점에 우리가 도달했다는 생각을 해봅니다.

윤평중

박명림 교수님께서 단계별로 공정, 정의가 화두로 등장한 정치학적인 맥락을 잘 짚어주셨습니다. 저는 공정과 정의 담론의 재대두 현상은 한국 사회 진화의 필연적인 결과에 가깝다고 생각합니다. 모두冒頭에서 신광영 교수님께서는 공정과 정의 개념이 너무 혼란

시대의 물음에 답하라

스럽게 뒤섞여서 정연하게 이해되고 있지 않다는 중요한 지적을 해주셨는데요. 공정이라는 화두가 다시 대두하는 것은 아까 말씀 드린 것처럼 사회적 진화의 필연적 산물이고, 따라서 이 시점에서 공정에 대한 우리의 논의를 조금 더 내실화시키고 심화시키려면 최소한의 개념 정리가 필요하다고 생각합니다. 이런 관점에서 보면, 저는 문재인 대통령이 취임사에 언급한 "기회는 균등하고, 과정은 공정할 것이며, 결과는 정의로울 것"이라는 말보다 더 아름답고 명료한 공정에 대한 개념 정리는 찾아보기 어렵다고 생각합니다. 그래서 "기회는 균등하고, 과정은 공정할 것이며, 결과는 정의로울 것"이라는 말을 빌려와서 설명해보겠습니다. 저는 본격적으로 논의가 시작된 지 한 10년에서 20년 정도 된 한국 사회의 공정 담론은 주로 경쟁 과정의 공정에 논의의 초점이 모아졌다고 생각합니다. 그러다가 특히 문재인 진보정부가 가치지향적인 정책을 펼치면서 결과의 정의로움을 추가적으로 강조를 하는 발전된 모습을 보였다고 생각합니다. 거기에 더해서 공정에 대한 논의가 조금 더 풍요롭게 된 것은, 지금까지는 상대적으로 경시되었던 출발점, 또는 기회균등의 중요성에 대해서 사회적인 관심이 모아지고 있다는 생각이 듭니다. 기회의 균등함, 과정의 공정함, 결과의 정의로움을 제 식으로 개념 정리를 하면, 출발점에서 기회의 균등성은 공평이라고 하는 철학적 개념으로 담아내는 것이 적절하다고 생각합니다. 이에 비해 경쟁의 과정은 공정성fairness으로 개념화해야 합니다. 마지막으로 경쟁 과정에서 탈락하거나 경쟁에 참여조차 어려운 사회적 약자의 경우에는 그 사람들의 인간다운 존엄을 보장해주는 차원을 결과에서 있어서의 정의라고 하는 식으로 정리할 필요가 있다고 생각합니다. 이렇게 최소한의 개념 정리를 해보면 한국 사회에서의 공정 담론의 무늬와 결이 공평에서 공정으로, 또 공정에서 정의로 입체적으로 확장, 심화되고 있다는 사실을 확인하게 됩니다.

이진우

선생님들의 말씀을 들어보니까 많은 사람들이 공정이라는 말을 하고 있지만, 공정이 과연 무엇을 의미하는지는 상황에 따라서 달라지고, 또 처해 있는 위치에 따라서도 달라지고, 박명림 교수님께서 말씀하신 것처럼 자기가 속해있는 정치적 진영에 따라서도 달라지는 것 같습니다. 그렇기 때문에 공정이라는 개념이 점점 더 불투명해지는 그런 경향을 갖고 있다는 느낌을 지울 수가 없습니다. 그래서 신광영 교수님께서 말씀해주신 것처럼, 어떻게 보면 우리 교육에서 공정에 대해 다루어야 하는 것이 아닌가 하는 생각이 듭니다. 개념이 혼란스러울 때는 공정이라는 낱말과 개념이 등장하는 구체적인 현실에 초점을 맞추는 것이 중요하다고 저는 생각합니다. 중요한 것은 한국에서 살고 있는 많은 시민들이 우리 사회가 공정한 사회이기보다는 불공정한 사회이고, 평등한 사회이기보다는 불평등한 사회이고, 공평한 사회이기보다는 불공평하고 부당한 사회라고 느끼고 있다는 것입니다. 이것이 경제적 양극화이든 정치적 양극화이든, 결과적으로는 우리 사회의 아주 왜곡된 모습을 보여주는 것 같습니다. 윤평중 교수님께서 말씀하신 것처럼, 공정이라는 개념 자체는 사회적 불공평을 전제로 해서 태어난 개념입니다. 존 롤스는 정의 이론을 아주 간략하게 압축해서 쓴 자신의 책《공정으로서의 정의》에서 공정은 사회적 제도와 관련되어 있을 뿐만 아니라, 한 사회에서 사람들이 자신의 미래의 삶을 어떻게 기대하고 전망할 수 있는가 하는 것과도 연관되어 있다고 이야기합니다. 그러니까 한국 사회에서 태어난 사람들 중 어떤 사람은 좋은 가정 출신이라서 여러 가지 특권과 특혜를 누리면서 좋은 교육을 받고, 좋은 교육을 받고 나면 좋은 직장에서 많은 소득을 얻게 됩니다. 그러면 소득불평등이 자산불평등으로 이어지게 되는 것이죠. 그래서 예컨대, '흙수저', '은수저', '금수저'라는 개념이 말해주는 것처럼, 부모로부터 아무 혜택도 받지 못한 사람들에게 기회균등이라는 것은 사실 가짜 공정이라는 주장까지 나오

'흙수저', '은수저', '금수저'라는 개념이 말해주는 것처럼, 부모로부터 아무 혜택도 받지 못한 사람들에게 기회균등이라는 것은 사실 가짜 공정이라는 주장까지 나온다. 불평등이 심할수록 소수의 제한된 기회를 놓고 치열한 경쟁을 벌일 수밖에 없다.

이진우

공정의 문제와 능력주의

게 됩니다. 그러니까 불평등이 심할수록 소수의 제한된 기회를 놓고 치열한 경쟁을 벌일 수밖에 없는데, 우리 한국 사회에서 그러한 적나라하고 치열한 경쟁이 벌어지고 있는 것이 아닌가 합니다. 그래서 공정의 전제조건은 어떻게 보면 천박한 자본주의의 유산이라고 할 수 있는, 한국 사회에서만 볼 수 있는 적나라한 경쟁이라고 할 수도 있겠습니다. 우리가 다음 문제에 대해 논의하기 전에 구체적으로 우리 사회의 불평등 정도가 어느 정도인지, 어떤 점에서 불평등 사회라고 이야기할 수 있는지, 이 문제에 대해서 간단하지만 구체적으로 짚고 넘어갔으면 좋겠습니다.

신광영

지금 우리가 공정에 대해서 이야기할 때, 공교롭게도 마이클 샌델이 논의에 등장했는데요. 사실 마이클 샌델이 한국에서 소비되는 방식은 공정하지 못한 한국의 사회·경제적 조건과 맞물려있습니다. 왜냐하면, 마이클 샌델의 책이 대량으로 팔리면서 베스트셀러가 된 배경에는 중산층 이상의 학부모들이 주로 수능시험과 논술시험을 위해 적극적으로 이 책을 구입한 것과 주요 사교육 논술 강사들이 이 책을 입시용으로 사용한 것이 있습니다. 그런 점에서 굉장한 역설이 있다고 생각합니다. 공정에 관한 책이 베스트셀러가 되었는데, 사실은 그 이유가 고등교육을 받은 상층의 학부모들이 그 책을 사서 대학입시의 논술 준비에 사용하고, 입시 준비가 끝나면 다 잊어버리는 그런 상황 자체는 사실 굉장히 역설적이라고 할 수 있겠습니다. 한국의 불평등 문제는 여러 차원으로 나

시대의 물음에 답하라

뉘서 볼 수 있을 것 같습니다. 하나는 일을 통해서 얻는 근로소득의 불평등인데, 우리나라의 근로소득 불평등은 OECD에서 가장 높은 수준입니다. 다음으로 가구소득의 경우, 노인 가구는 실제로 일을 못 하니까 소득이 낮겠죠. 그리고 결혼을 안 한 1인 가구는 맞벌이 가구보다 소득이 낮습니다. 이러한 가구소득을 중심으로 보면, 우리나라의 가구소득의 불평등은 불평등이 굉장히 심한 미국 다음으로 높은 수준입니다. 미국의 경우에는 대도시 한가운데 슬럼이 있을 정도로 불평등이 매우 잘 보이는 그런 사회이지만, 우리나라는 그렇게 잘 보이지 않습니다. 그런데도 통계적으로 보면 우리나라의 불평등 정도가 미국과 거의 비슷한 수준에 달하고 있습니다. 과거 한국 사회는 달동네 같은 가시적인 불평등이 있었습니다만, 지금은 외형적으로는 다 아파트 단지로 채워져 있고 웬만한 도시에 가면 아파트가 다수를 이루고 있을 정도입니다. 그래서 잘 드러나지는 않지만, 그 안에 보이지 않는 불평등이 굉장히 심한 수준으로 곳곳에 흩어져 있어서 실제로는 불평등이 상당히 심각한 수준이라고 볼 수 있습니다. 그리고 집단별로, 예를 들어 수도권과 비수도권, 지방과 서울의 격차가 굉장히 큽니다. 그런 불평등의 여러 가지 유형 중에서 정규직과 비정규직의 격차를 일본의 그것과 비교해보면 한국은 그 격차가 굉장히 큰 나라입니다. 그다음 가장 대표적으로 남성과 여성에 대한 불평등, 즉 젠더 불평등이 있습니다. 이에 대해서 한국은 다른 OECD 국가들과 비교할 수 없을 정도로 심각한 수준입니다. 그래서 그간 굉장한 정도로 경제적인 성과를 거두어서 1인당 GDP가 이탈리아를 능가하고 영국이나 일본과 비슷해졌다는 이야기도 많이 하지만, 내용적으로 들여다보면 부는 어떤 쪽으로 집중되어 있고 상당 부분 박탈된 집단들이 있으며 이런 여러 가지 분석 결과에서는 우리가 보통사람들이 상상하기 힘든 그런 극심한 불평등을 지니고 있다고 할 수 있습니다. 그리고 이런 불평등은 코로나19 팬데믹을 통해서 더 심화되고 있는 상황입니다. 대기업 직장에 다니는 화이트칼라 사람들에게는 재택근무가 굉장히 좋은 일이지만, 어떤 사람들에게는 일거리가 떨어지고, 결국 일자리에서 밀려나는 상황이 초래되고 있습니다. 우리나라의 대기업 종사자 비율은 약 14% 정도입니다. 그러다 보니까 약 86%의 사람들은 재택근무와는 거리가 먼 것이 현실입니다. 더욱 극심한 것은 빈곤율이 높다는 것입니다. 특히 노인 빈곤율은 거의 45% 정도입니다. 거의 노인의 절반이 빈곤층이라는 것이죠. 이것은 상상할 수 없는 현실입니다. OECD에 가입했으며, 최근에는 G7 회의에도 초청을 받는 나라에서 노인의 절반 정도가 빈곤층에 속합니다. 이런 것들은 사실 여러 가지 사회 시스템과 연결되어 있습니다. 정부가 어떤 정책 하나로 해결할 수 없는 상당한 정도의 구조화된 시스템상의 문제가 여기에 있는 것입니다. 그래서 그런 문제가 이제부터 본격적으로 논의되고, 다뤄지고, 대안이 모색되는 차원에서 공정의 문제가 굉장히 중요한 계기와 역할을 제공할 수 있다고 생각합니다.

이진우
결과적으로는 경제적인 양극화가 공정 문제의 토양이 되는 것 같습니다. 저는 독일에서 공부했고, 독일 사회에 관심이 많아서 여러 가지 자료도 읽어보고 통계도 읽어봅니다. 그러면서 사회적 안전장치, 소위 말하는 복지제도가 발전되어 있고, 누진세제가 잘 적용된 나라에서는 공정이라는 단어가 우리나라에서만큼 이렇게 남용되고 있지 않다는 것을 알 수 있습니다. 그러니까 공정에 대해 인플레이션이 일어나지 않고 있는 것이죠. 그러나 우리나라의 경우에 공정이라는 말을 이렇게 많이 쓴다는 것은 앞서 윤평중 교수님께서 말씀하신 '이생망'이나 '헬조선'처럼 더는 이 불평등 구조가 개인의 노력만으로 해소될 수 없다는 어떤 감각적인 인식 때문에 그런 것이 아닌가 하는 생각도 해봅니다. 윤평중 교수님께서는 어떻게 생각하시는지요?

윤평중

신광영 교수님께서 명료하게 정리해주셨는데요. 저는 그것을 한마디로 압축하면 '한국적 격차사회의 공고화'라는 현실이 결국 이 공정 담론의 배경에 자리하고 있다고 봅니다. 또 이 격차라고 하는 표현을 이렇게도 쓸 수 있을 것 같습니다. 성 안 주민들과 성 밖 주민들을 가르는 경계선이 그야말로 만리장성처럼 높아지고 험악해진 것입니다. 성 안 주민들, 결국 조금 전 신광영 교수님께서 설명하신 것처럼 대기업과 공기업의 노동자들, 노조에 의해서 신분보장이나 급여조건, 후생조건들이 보장된 노동자들이 있는데, 이런 분들은 대개 서울시나 대도시의 요지에 자가를 가지고 있는 경우가 많습니다. 이들이 성 안 주민들이라고 할 수 있습니다. 중

상층Upper middle class들이죠. 반면에 성 밖 주민들은 비정규직, 계약직, 하청노동자들인데, 그 수는 갈수록 늘어나고 있습니다. 며칠 전에 어떤 뉴스를 보니까, 우리 사회의 울화현상이 체계적이고 조직적으로 확대, 재생산되면서 사람들이 울분에 가득 차 있고, 사용하는 단어나 표현들도 굉장히 과격해졌다고 합니다. 이런 비정규직, 계약직, 하청노동자들을 부르는 용어가 있다고 합니다. 굉장히 차별적인, 모멸적인 단어인데, 한 달 수입이 200만 원대에 머물러 있는 사람들을 '200충'이라고 부릅니다. 여기서 '충'은 벌레 충자입니다. 그다음에 '100충'도 있습니다. 이렇게 한 달 급여가 세금을 공제하고 난 후 한 실수령액 100만 원대에 머무르는 비정규직 계약직 하청노동자들이 대한민국 근로자들의 거의 4분의 1에 근접하고 있습니다. 이런 상황에서 어떻게 자가를 마련할 것이며, 청년들의 경우에는 어떻게 결혼을 하려고 미래계획을 세울 수 있겠습니까? 기막힌 것은 이러한 사회경제적인 격차가 '200충', '100충'이라는 단어가 증명하는 것처럼 사회심리적 차별의 대상으로 규정당하고 악화되고 있다는 사실입니다. 저는 이것이 굉장한 위험신호라고 생각합니다. 아까 한국 사회의 불평등한 상황에 대해서 구체적인 사례를 들어보라고 주문하셨는데, 저는 다음의 사례가 굉장히 흥미롭다고 생각합니다. 2019년도에 '조국 사태'가 발발했습니다. '조국 사태'의 출발점에는 입시 불공정 문제, 즉 표창장을 위조한 혐의가 있었기 때문에 저의 추측으로는 20대 학생들이 가장 분노할 것으로 예상했습니다. 그래서 당시 다른 전공, 다른 학과의 학생들이 섞여 있는 저의 대규모 강의에서 자유토론

시대의 물음에 답하라

을 시켜봤습니다. 그런데 그 결과가 제 예상을 크게 벗어나 상당한 충격을 받았습니다. 왜냐하면, 학생들이 '조국 사태'에 대한 분노를 갖기보다는 의외로 무덤덤하고 관심도 별로 없었기 때문입니다. 더 의미심장한 것은 다수의 학생들이 '조국 사태'를 자기 일로 느끼지 않는다는 것이었습니다. 그러니까 이것은 뭔가 특별한 사람들, 특별한 계층에서 진행되고 있는 일이지, 자기 같은 사람들에게는 해당되지 않는다고 생각하는 것 같았습니다. 당시 '조국 사태'가 발발했을 때, 이른바 'SKY'대학 학생들이 집회를 열어 항의하고 규탄했던 것을 우리는 기억합니다. '조국 사태'의 불공정성에 대해서 항의하는 집회가 대학생들 차원에서는 서울의 명문대학 몇 개를 중심으로 진행되었던 것입니다. 어떤 사회학자의 저작을 보니까 공정과 정의의 문제를 받아들일 때, 서울의 'SKY'대학을 중심으로 한 10여 개 정도의 주요 대학 학생들의 반응과 수도

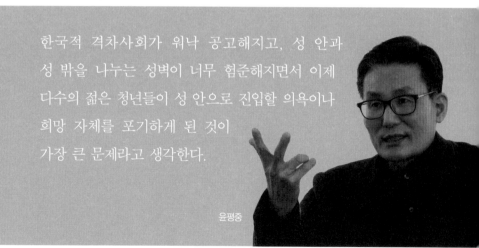

한국적 격차사회가 워낙 공고해지고, 성 안과 성 밖을 나누는 성벽이 너무 험준해지면서 이제 다수의 젊은 청년들이 성 안으로 진입할 의욕이나 희망 자체를 포기하게 된 것이 가장 큰 문제라고 생각한다.

윤평중

공정의 문제와 능력주의

권 군소 대학 및 지방대 학생들의 반응은 결코 동일하지 않았다는 것입니다. 저는 이것이 한국적 격차사회가 워낙 공고해지고, 성 안과 성 밖을 나누는 성벽이 너무 험준해지면서 이제 다수의 젊은 청년들이 성 안으로 진입할 의욕이나 희망 자체를 포기하게 된 어떤 물증이라고 생각합니다. 서울대 자체 연구에 의하면, 서울대 신입생 규모가 4,000명이 조금 넘는데, 그 신입생들의 부모 60% 이상이 전문직이라고 합니다. 또 서울의 강남 지역을 비롯한 특정 지역 출신 학생들이 통계적으로 유의미할 정도로 과다 반영되고 있는 것을 이 연구를 통해 확인할 수 있습니다. 저는 이런 것들이 한국적 격차사회가 구체적인 사례로 현현되는, 우리의 피부에 와닿는 구체적이고 실감 나는 현상이라고 생각합니다.

이진우

논의가 진행되면 진행될수록 희망보다는 절망에 가까운 분위기를 느끼게 됩니다. 재미있는 것은 저도 '불공정 사회'라는 제목으로 윤평중 교수님과 비슷한 강의를 10여 년째 해오고 있고, 윤평중 교수님과 똑같은 경험을 했다는 것입니다. 이것이 신광영 교수님께서 지적하신 마이클 샌델의 역설과 비슷한 것 같습니다. 말하자면, 마이클 샌델이 지적하는 사회의 구조적 갈등, 모순 문제를 뼈저리게 느끼는 사람들보다는 오히려 불평등 구조로부터 혜택을 많이 받는 사람들이 《정의란 무엇인가》라는 책을 가장 많이 샀고, 이를 통해 그들이 입시 불공정의 혜택을 받았다는 것은 상당히 역설적이라고 생각합니다. 그러면 공정에 관한 고상한 담론만으로 우리 사회의 구조가 바뀔 수 있을까 하는 의심이 듭니다. 초격차인 것은 맞습니다. 예컨대, 중앙과 지방의 격차, 아니면 남성과 여성의 젠더 격차, 아니면 세대 간의 격차는 윤평중 교수님께서 말씀하신 성 안과 성 밖을 나누는 것처럼 불명한 경계선입니다. 그런데 한국 사회에서 이런 불명한 경계선은 대부분의 사람들이 느끼지도, 보지도 못하는 것입니다. 예컨대, 'glass wall'과 같은 것이죠. 분명하게, 훨씬 더 강력하게 구별하고 차별을 하고 있음에도 불구하고, 마치 이런 경계나 성벽이 없는 것처럼 느끼는 것이 한국 사회의 현실이 아닐까요? 그러면 도대체 누가 한국 사회의 불공정을 느끼고, 이런 문제를 사회적으로 이슈화할 수 있는 것인가라는 의문을 가지게 됩니다. 과거 전통 사회에서는 사회적 불평등에 불이익을 가장 많이 받고, 사회적 구조에 대해서 분노를 느끼는 사람들이 혁명의 원동력이 되었을 것입니다. 그러나 만일 그렇지 않다고 한다면, 대체 우리가 이 문제를 어떻게 접근할 수 있을까요? 박명림 교수님께서 한국의 사회적 불평등과 관련해서 좋은 접점을 말씀해주시면 좋겠습니다.

박명림

저는 논의가 불평등 문제에 한정되면 어느 정도의 희망이나 가능성을 가질 수 있다고 생각하지만, 이것이 불평등 문제에서 불공정 문제나 부정의의 문제로 넘어가면 훨씬 더 복잡해진다고 봅니다. 그러니까 불평등 문제로 볼 때는 신분이면 신분, 소득이면 소득, 학력이면 학력 등 비교적 단일 균열, 단일 격차, 단일 차별에서 오는 문제입니다. 그런데 한국 사회는 이제 불평등 문제를 훨씬 넘어서고 있다고 봅니다. 민주화와 자유화라는 것은 비교적 형평화라든가 인간화로 연결되어 있는데, 한국 사회에서는 자유화와 민주화가 진행될수록 '부익부 빈익빈', '강익강强益强, 약익약翳益翳'이라는 현상이 발생하기 때문에 공정과 정의의 문제가 분출하는 것이라고 봅니다. 이렇게 일반적인 민주화의 경로와 거꾸로 가면서 평등 담론에서 급격하게 공정과 정의 담론이 중첩되고 있다고 느껴집니다. 왜냐하면, 그동안 군부 권위주의 정권에서 민간정부로 넘어오고, 민간정부에서도 진보·보수가 교체되면서, 정책선택, 정권교체, 진영교대, 또는 우리가 사용할 수 있는 어떤 수단을 통해서 불평등의 문제가 해소될 수 있다고 생각해왔는데, 오래지 않아 그것이 착각이고 환상이라는 것을 깨닫게 되었다고 봅니다. 이것은 정책, 정권, 진영, 수단의 문제를 넘어서는 우리 사회의 기본 구조의 문제이고, 제도의 문제이고, 가치영역이고, 공통 목표의 문제라는 것을 깨달은 것입니다. 그러면서 저도 많은 지표를 조사하고, 그것들을 소개하기도 했습니다. 지금 세 분 선생님들께서 말씀하신 것이 만약에 소득격차의 문제였다면, 그것은 중앙정부의 공공성이라든가, 보조금 정책이라든가, 재분배 정책이라든가, 세계의 여러 사례가 보여주다시피 정부의 역할 범주에서 해소가능한 일입니다. 그러나 소득격차가 줄어들어서 지니 계수가 조금 완화된다고 하더라도 자산 격차나 부동산 격차가 그것을 압도해버림으로써 삶의 가능성이 닫혀버립니다. 그리고 세대의 문제, 직종이나 직군의 문제, 학력의 문제, 거주지의 문제가 앞서게 되면

　　　　　　　　　　시대의 물음에 답하라

서, 성 안과 성 밖, 중앙과 지방을 말씀해주신 것처럼 어디에서 태어났느냐, 누구의 자녀이냐의 문제로 돌아오게 됩니다. 사실 이것은 한국 사회에서 능력주의를 비판하기 이전의 문제, 즉 신분에서 능력으로라는 근대화의 출발점인 근대성의 정체성에서 주체성이라고 하는, 누구의 자녀라거나 어느 신분으로 태어났다는 선천적인 정체성보다는 후천적인 주체성이나 능력을 가지고 기회를 창출하고 이동성을 높여왔던 근대 자체를 부정하는, '역逆근대성으로의 회귀'가 되어 버립니다. 그렇다면 우리 사회는 평등과 불평등 문제를 어떤 단일한 균열이나 정책 선택의 문제, 또는 단일 진영이나 단일 정부로 해결할 수 있는 단계를 넘어서는 것이지요. 정치학 이론에 비춰볼 때, 권력과 부가 독점되어 시민혁명을 초래한 사례들을 보면, 시민들은 지주의 집으로 쳐들어가지 않고 장원으로도 달려가지도 않습니다. 항상 왕궁이나 왕에게로 달려갑니다. 즉, 부wealth는 곧 공화국＝국가commonwealth의 문제입니다. 저로서는 "군주 없이 귀족 없고, 귀족 없이 군주 없다No monarchy, no nobility; no nobility, no monarchy"는 근대 민주공화국 사상의 근본 단초를 떠올릴 수밖에 없습니다. 한국처럼 이렇게 권력이 완전히 독점, 독임, 독식, 독주하는 정부 구조, 즉 대통령 선거의 득표비율, 의회 선거의 득표비율과 아무 관계 없이 자원의 모든 배분 권한과 기능을 독점하는 정부는 거의 유례가 없습니다. 비례성을 정면으로 배반하는 독점성, 독임성, 즉 불공정성과 불평등성의 이런 권력 구조를 가진 국가가 세계를 비춰봐도 복지국가, 형평국가, 균형국가, 비례적 평등국가가 된 사례는 아주 드뭅니다. 불평등과 불공정 문제를 해결하기 위해서 국가의 근본 구조, 즉 자원을 배분하는 핵심 국가권력의 독식과 독임과 독점의 구조와 제도 혁파에 이제는 눈을 떠야 한다고 봅니다. 더 나아가, 근대의 출발이자 시민성의 출발이었던 인간성humanity의 원초적인 문제로 돌아가지 않는다면, 굉장히 비극적인 진단이지만 문제가 해결될 수 없다고 봅니다. 왜냐하면 우리 사회에서 시민이나 국민으로서의 동등한 권리범주를 인정받지 못한다면, 인간이나 개인으로서의 개별적 존엄성의 범주는 개별 실존이라든가 작업장 수준에서 모든 지표를 조사해봐도 전혀 존중받을 수 없기 때문입니다. 사실 국민이나 시민으로서의 권리범주에서 평등성의 범주를 회복하지 않는 한, 1인 1표가 어떻게 계산되고 이것이 어떻게 비례적으로 권력에 배분되는가를 문제 삼지 않는 한, 이런저런 경제정책을 통해서 인간 존엄 영역의 사회경제적 형평에 도달하는 것은 불가능하다고 봅니다. 이것은 오래도록 이미 너무나 많은 정치학자, 사회학자, 경제학자들이 주장해온 것입니다. 그래서 이제는 권력의 문제, 정치의 문제, 권력 구조의 문제, 제도의 문제를 논의하지 않고서는 정책이나 재분배나 우리가 활용 가능한 수단을 통해서 이 문제의 근본적인 전환은 불가능한 단계에 들어섰다고 봅니다.

신광영

권력의 문제를 말씀하셨는데, 권력도 여러 가지 종류가 있습니다. 경제 권력도 권력이고, 행정 권력도 권력이고, 아니면 문화 권력도 권력입니다. 사실 형평을 이루지 못한 것과 불평등 사이의 관계에 대해서는 복잡한 논의가 필요한 부분이 있습니다. 롤스는 주로 불평등의 문제를 '정의Justice'의 문제로 보고, 그것을 주로 형평fairness과 관련시켜서 논의합니다. 롤스가 제기한 것처럼, 사실 불평등 중에도 나름대로 정당한 불평등, 정당하지 못한 불평등이 있다는 것입니다. 그런데 불평등은 두 가지 요소가 다 포함되어 있습니다. 그런데 문제가 되는 것은, 그러면 무엇이 정당하고 무엇이 정당하지 못한 불평등인가? 이것에 관한 사회적 합의, 제도적인 원리, 이런 것들이 아직 분명하게 존재하지 않습니다. 예를 들어, 대기업으로 성공하면, 대기업의 부의 축적은 정당하다. 수단과 방법을 가리지 않고 부를 축적하면 그게 성공이다. 이런 것들이 맞는 것 같기도 하고, 아닌 것 같기도 하고 그렇습니다. 그래서 사실은 불평등 중에서도 정당한 불평등, 나름대로 정당하지 못하다고 생각되는 불평등이 있습니다. 그다음 또 다른 한 가지 기준은 이른바 정부 정책이나 제도적인 변화를 통해서 해결할 수 있는 불평등과 해결할 수 없는 불평등이 있습니다. 여기서 해결할 수 없는 불평등 중 대표적인 것이 있는데요. 우리나라에서 대학진학률이 높아지고, 그러다 보니까 고학력자들끼리 결혼하는 동질혼의 비율이 세계적으로 높습니다. 그런데 과거에는 주로 남성만 일했기 때문에 남성이 가장으로서 경제를 책임지는 전형적인 남성 가장 가구모형이 한국의 전통적인 가부장제의 모형이었습니다. 그런데 점차 여성들도 교육을 받고, 전문직에 진출하게 되어서 고학력 전문직 맞벌이 부부가 계속 늘어났습니다. 가구소득을 보면 혼자 버는 가구와 둘이 버는 가구의 소득은 당연히 차이가 생기기 마련입니다. 맞벌이 가구가 생기면 생길수록, 특히 고학력 전문직 맞벌이 가구가 늘면 늘수록 가구소득의 불평등은 커집니다. 여성도 노동시장에 진출하기 때문에 남성·여성 불평등은 약화됩니다. 그래서 남녀 격차는 줄어드는데, 가구소득 격차는 더 커지는 결과가 나타나는 것입니다. 그런데 이것은 국가가 어떻게 할 수가 없습니다. 고학력자끼리 결혼하지 말라고는 막을 수도 없고, 맞벌이 부부는 안 된다고 할 수도 없습니다. 그것은 개인의 선택이기 때문입니다. 국가는 개별과세냐 가구 단위의 소득에 대한 과세냐 하는 제도를 통해서 사회변화에 따라 생기는 불평등을 완화할 수는 있지만, 그런 불평등이 증가하는 것을 막을 수는 없습니다. 그래서 나름대로 인정되는 불평등, 어쩔 수 없는 불평등, 나름대로 해소하고 완화할 수 있는 불평등, 그리고 거기 적합한 정책 수단, 이런 것들이 균형적으로 논의되어야 불평등에 관한 논의가 제대로 발전할 수 있을 것입니다. 사실은 형평과 불평등에 관한 논의에서 형평은 주로 여러 가지 규칙에 관한 논의입니다. 그런데 이것들은 같이 가는 경우와 같이 갈 수 없는 경우가 있습니다. 맞벌이 고학력자의 동질혼은 개인의 선택이기 때문에 형평이 개입할 여지가 없는 부분입니다. 고학력자와 저학력자, 고소득자와 저소득자의 결혼을 인위적으로 어떻게 할 수는 없습니다. 그래서 사실은 형평에 관한 논의와 불평등에 관한 논의가 같이 갈 수 있는 부분, 이것이 논의의 대상이 될 수 있지 않은가 하는 생각이 들어요. 너무 이슈를 벌리게 되면, 우리가 논의할 수 없는 그런 논쟁거리가 될 것 같습니다.

시대의 물음에 답하라

이진우

이것만 정리하겠습니다. 공정의 문제가 사회적 불평등의 문제와 연관이 되어 있다고 해서 공정의 문제를 완전히 불평등의 관점에서만 조명하면 핵심을 놓칠 수도 있다는 것이 아마 두 분 선생님께서 하신 말씀의 중점인 것 같습니다. 신광영 교수님의 말씀을 듣다 보니까, 아리스토텔레스의 말이 생각납니다. "사회적 불의는 평등한 것을 불평등하게 대하거나, 불평등한 것을 평등하게 대할 때 발생한다." 문제는 뭐냐면, 어떤 것이 정당화될 수 있는 불평등인가는 어느 사회나 문제가 되는 것이죠. 여기에 대한 공동체적 합의가 없고, 공동체적 가치가 결여되어 있는 것이 한국 사회의 현실이 아닌가 하는 생각이 듭니다. 몇십 년 전 일이기는 하지만, 제가 독일에서 일할 때 깜짝 놀란 게 있습니다. 세금을 내려고 하면 가구에 관련해서는 주소득원이 누구냐고 묻습니다. 부부가 맞벌이하는 경우에도 주소득원이 누구냐고 묻고, 부소득원의 경우에는 엄청난 누진세율을 적용합니다. 왜냐하면 방금 신광영 교수님께서 말씀하신 것처럼 동질혼의 경향이 강한 사회에서 고학력자들끼리 결혼하고, 또 부부가 모두 대기업에 다니는 정규직이라고 한다면, 출발점이 확 달라지는 것이죠. 그러니까 그만큼 사회로부터 혜택을 많이 받게 되고, 또 특권을 형성할 수 있다는 것입니다. 이렇게 불평등한 출발선을 어느 정도 균등하게 맞출 수 있는 정부의 정책이 필요하다고 생각합니다.

그러면 또다시 원점으로 돌아가는데요. 아까 윤평중 교수님께서 말씀하셨듯이 공정의 가장 상식적인 정의는 아마도 문재인 대통령이 이야기한 것처럼, "기회는 균등하게, 과정은 공정하게, 결과는 정의롭게"일 것입니다. 문제는 기회를 균등하게 배분하고, 공정한 절차를 담보하기 위해서는 반드시 정치적 권력이 필요하다는 것입니다. 그러니까 문제는 균등으로서의 정의와 과정으로서의 절차적 정의를 말하는 공정은 항상 사회 제도, 권력의 제도와 밀접하게 연관되어 있다는 것입니다. 존 롤스도 사회를 어떻게 정의했냐면, 시민들이 공정하게 협력하는 체계가 사회라고 했습니다. 이런 사회 속에서 어떻게 하면 자연적 불평등, 소위 비능력적 요소가 작용하는 것을 가능한 한 줄이고, 많은 시민이 존엄을 인정받고, 평등하게 살아갈 수 있는 사회적 구조를 만들 것인가에 초점을 맞추면, 결과적으로 제가 보기에는 권력의 문제로 다시 환원된다는 생각이 듭니다. 그러니까 단순한 사회적 불평등은 오히려 쉽게 해결할 수 있는데, 이것이 권력의 문제와 결합되면 굉장히 복잡한 문제로 발전한다고 생각합니다. 이런 점에서 이제 두 번째 주제로 접어들었는데요. 이런 관점에서 보면, 공정이라는 것은 어찌 보면 사회적 불평등으로부터 출발하기는 하지만, 민주주의와 법치주의의 가장 핵심적인 덕성이라고 생각합니다. 그러니까 민주주의, 법치주의를 빼놓고 공정이라는 말을 할 수 없는 것입니다. 어떤 사람들은 과도하게 많은 기회를 부여받고, 어떤 사람들은 처음부터 기회가 박탈되어 있는 식으로, 출발선이 완전히 다르다면, 우리가 늘 이야기하는 것처럼 사회복지국가에 있어서의 안전장치를 만들 때도 비교적 기회가 적은 사람에게 어떻게 하면 조금 더 많은 기회를 부여하고, 한 번의 낙오자들에게 다시 한번 기회를 부여할 수

　　　　　　　　　　시대의 물음에 답하라

있는 정치적 권력을 민주적으로 우리가 어떻게 만들어낼 것인가
가 제가 보기엔 핵심적인 요소라는 생각이 듭니다. 그런데 최근에
왜 공정이 다시 문제가 되는지 배경을 돌이켜보면, 제가 보기에는
또다시 '촛불혁명'으로 돌아갈 수밖에 없는 것이, 이런 것을 할 수
있는 새로운 정부가 탄생한다는 희망을 많은 국민이 가졌던 겁니
다. 그런데 문제는 지난 몇 년 동안의 과정을 보면, 과연 이 권력
이 공정하게 집행이 되고 있는가? 아니면, 법치주의가 성숙하게 정
착을 하고, 우리가 지금 필요로 하는 사회적 불평등을 해소할 수
있는 정책들이 많은 사람들이 합의하고 동의할 수 있는 방식으로
제공이 되고 있는가? 제가 보기에는 이것이 많은 사람들이 다시
공정을 외치는 이유인 것 같습니다. 그래서 사회적인 제도의 차원
에서, 아니면 법치국가, 법치주의, 민주주의 관점에서 한국의 제도
적 공정성에 관해서 이야기를 해봤으면 좋겠습니다.

법의 지배와 선택적 정의

윤평중

우리가 논의를 법과 권력의 문제, 사회적인 제도의 문제, 법치주의
의 문제로 확장시킬 필요가 있어 보입니다. 잘 아시는 것처럼 법
이라고 하는 것은 보편타당하고 공정해야 마땅합니다. 그래서 일
반적으로 법학자들은 법철학에서 법을 옳음과 형평의 학문이라
고 정의하는 경우가 많습니다. 구체적으로 사회 제도의 차원에서

도 'justice', 즉 어떤 조직에 정의라는 개념, 표현이 붙어 있는 경우는 제가 알기로 딱 두 개입니다. 하나는 법무부인데, 영어로 'department of justice'입니다. 다른 하나는 대법관의 영어 표현 'supreme justice'입니다. 이런 것이 법과 공정, 법과 정의의 불가분리성을 웅변해주는 구체적인 사례라고 생각합니다. 그런데 공정과 정의의 문제와 한국 법치주의, 법 관행이라고 하는 것이 어떤 점에서 불협화음을 생산하고 있습니다. 이것은 비단 문제인 정부뿐만이 아니라, 대한민국 건국 이후에 우리가 일관되게 관찰할 수 있는 경험적인 현상이라고 생각합니다. 우리는 일부 기득권 계층과 기득권 집단, 또는 사회적인 특수계층이 공공연하게 법 위에 있는 것처럼 행세하는 것을 확인해왔습니다. 이것은 보수정부, 진보정부를 불문하고 비슷하게 나타나는 현상입니다. 그래서 법의 본질이 형평과 공정에 있다는 것을 우리가 전제함에도 불구하고 법의 형평성과 공정성이 여론이나 민심의 차원에서 의심된다고 하면, 국가라고 하는 정치공동체가 내용적으로는 내란사태에 가까이 가게 될 수 있고, 홉스적인 전쟁 상태로 전락하게 되는 사회적 재앙으로 연결될 수도 있다고 생각합니다.

지금까지의 이야기를 정리하겠습니다. 우리는 항상 민주주의와 법치주의의 불가분리성을 전제하고, 법과 정의의 밀접한 상호 연관성을 전제해서 논의하고 있습니다. 그런데 우리가 법치주의라고 할 때 '법의 지배rule of law'를 이야기하지 않습니까. 법 앞에 그 누구도 특권을 주장할 수 없으며, 보편타당하게 법이 시행되어야 한다고 이야기합니다. 그런데 이것은 역대 보수정부는 물론이고, 특히 지금 5년 차 문제인 정부에 주목해서 분석을 해보아도 '법의 지배'가 후퇴하고, '법에 의한 지배rule by law'가 한 풍조로서 떠오르는 흐름을 우리가 확인할 수 있습니다. 저는 이것이 국가적인 위험신호일 뿐만 아니라, 한국 법치주의가 균열되고 있고, 부식되고 있음을 증명해주고 있다고 봅니다. '법에 의한 지배'라고 하는 것은 주로 독재정권 치하에서 강권통치를 펼 때, 통치자들 자신과 기득권 집단이 법의 적용에서 면제되는 특권을 현실적으로 관철하려고 할 때 사용하지 않습니까? '법의 지배'가 퇴조하고, '법에 의한 지배'가 떠오른다고 하는 풍조가 상당히 증식하고 있다는 것은 결국 이 땅의 시민들이 한국 사회가 공정하지 못하고 정의롭지 못하다는 사실을 실감하는 것이지요. 기왕에 한국 법치주의, 법 제도의 공정성과 정의로움에 대한 이야기가 나왔으니 한마디만 더 말씀을 드리면, 저는 전관예우가 공공연하게 거론되고, 사회적인 관행으로 실행되는 사회는 전 세계에서 대한민국 하나뿐이라고 알고 있습니다. 물론 전관예우가 다른 나라에 전혀 없는 것은 아니지만, 우리 사회에서는 그것이 관행과 관례라고 하는 형식을 갖추고 매우 광범위하게 관찰되고 있습니다. 전관예우라고 할 때, 주로 법조계를 지칭하지만, 판사나 검사로 근무하다가 옷을 벗게 되면, 후배 검사와 판사들이 자기 선배가 변론하고 있는 재판이나 기소 과정에 어떤 특혜를 준다고 하는 것을 함축합니다. 이것은 우리가 법조계뿐만이 아니라 행정부에서도 아주 광범위하게 관찰할 수 있는 현상이라고 생각합니다. 우리 사회에서 널리 통용되는 '유전무죄 무전유죄'라는 관용어구가 괜히 있는 것이 아닙니다.

이런 전관예우에 대해 법조계 인사들은 단호하게 이제는 사라졌다고 이야기합니다. 하지만 그것은 엄격한 검증 자체가 어려운 사안이기도 하고, 적어도 국민 여론의 차원에서 전관예우 관행이 실재한다고 하는 통념이 굉장히 강력하게 자리하고 있는 데서 엿볼 수 있듯이 저는 사실적인 근거가 부분적으로 있다고 생각합니다. 전관예우는 법의 본질, 즉 공정과 형평이라고 하는 원칙을 그 근원에서부터 무너뜨리는 것이기 때문에 국가의 존재 이유인 정의실현을 방해하는 것입니다. 그래서 저는 전관예우 관행을 국사범, 또는 반체제 사범으로 엄히 징벌해야 한다고 생각합니다. 전관예우라는 표현 자체가 대단히 부적절한 것이기 때문에 차제에 전관예우는 전관범죄와 동일하다고 하는 그런 개념 재조정이 시급하다는 생각을 하고 있습니다.

이진우

윤평중 교수님께서 잘 말씀해주셨습니다. 전관예우는 경험적으로도 많은 국민이 동의할 수 있을 것 같습니다. 그런데 말씀 중에 법치주의 또는 민주적 제도의 공정성과 연관 지어서 소위 '법의 지배'와 '법에 의한 지배'를 구별해주셨는데요. 일반적으로 법치주의라는 것은 사실 법을 집행하는 사람들이 판단하고 통치를 하는 것이 아니라, 법에 근거해서 지배하고 통치하는 것이라고 개념적으로는 명료하게 이해할 수 있습니다. 하지만 이것은 김영삼 정부 때에도 인치·법치 논쟁으로 아주 활발하게 논의되었습니다. 그래서 이것을 최근의 사례와 연관 지어서 조금 더 구체적으로 말씀해주시면 좋겠습니다. 혹시 '법에 의한 지배'를 '법의 지배'로 미화하고 위장하려는 경향이 있다면, 어떤 것을 들 수 있을까요? 제가 보기에 이것은 구체적으로 짚고 넘어가는 것이 좋을 것 같습니다.

윤평중

특정 정권에 대해 이야기해야 해서 조금 조심스럽습니다만, 우리 논의의 주제와 관련된 것이기 때문에 말씀드리겠습니다. 가령, 문재인 정부에서 '법의 지배'가 '법에 의한 지배'로 퇴행하고 있는 생생한 구체적 사례를 제시할 수 있습니다. 지금은 혐의라고 표현해야 하는 울산시장 부정선거에 대한 검찰의 기소 내용에 의하면, 문재인 대통령의 30년 지기인 현재 울산시장으로 근무하고 있는 송철호 시장을 당선시키기 위해서 청와대의 전 기관, 청와대의 7개 비서관실이 총동원되어 부정선거를 기도했다고 하는 여러 가지 직간접적 증거가 있다고 합니다. 경찰까지 개입해 있다는 이야기도 들립니다. 우리가 민주주의라고 하는 제도 안에서, 선거의 중요성, 투명·공정선거가 얼마나 중요한가는 굳이 반복할 필요가 없을 것입니다. 선거의 투명성·공정성이 침해된다고 하면, 권력승계의 정당성 자체가 의심을 받게 되므로 굉장히 중요한 사항입니다. 그런데 이렇게 기소가 되었음에도 본격적인 수사 자체가 중단되었다가 최근에야 재판이 시작되었습니다. 민주주의의 근본적 정당성에 저촉되는 이런 중차대한 범법 혐의에 대한 수사가 청와대 앞에만 가면 중단되는 현상을 보이고 있습니다. 이것은 문자 그대로 법의 보편타당한 적용 원칙이 특정 성역 앞에서 좌초되어버리는 구체적 현상이기 때문에 한국 법치주의의 균열이라고 하는 점에서 저는 중요한 사건이라고 생각합니다.

이진우

그러니까 우리가 법치주의를 감시하고, 또 그것을 감독할 수 있는 법도 있고 제도적 장치도 있는데, 이것이 제대로 작동하지 못하게 만드는 권력이 있어서 실질적으로 법이 있음에도 불구하고 법이 제 기능을 발휘하지 못하면, 이것을 일종의 '법에 의한 지배'라고 볼 수 있겠네요.

윤평중

한 마디만 더 첨언하겠습니다. 요새 시중에서 자주 거론되지만, 저로서는 매우 흉악하다고 생각되는 단어가 있습니다. 의미심장하면서도 굉장히 해악성이 강한 단어인데요. 이른바, '선택적 정의'라고 하는 표현입니다. 그런데 '선택적 정의'는 정의의 한 사례이기는 커녕 불의 그 자체입니다. 법이 선택적으로 적용된다면, 그것은 법의 본질이어야 마땅한 보편타당한 공정성을 배반한 것이죠.

이진우

혹시 박명림 교수님은 이 문제와 관련해서 하실 말씀이 있으신지요?

박명림

만약에 문제가 소득격차나 재산 격차, 부동산 격차를 포함한 불

시대의 물음에 답하라

평등 차원에 한정되었다면, 문재인 정부에 대한 평등담론이나 복지담론, 형평담론에서 논의가 그쳤을 것이라고 생각합니다. 정책의 수단과 자원 배분 기능을 통해서 어떻게 평등을 제고할 것인가의 문제를 논의하는 데 그쳤을 것입니다. 그런데 이것이 공정과 정의 담론으로 전환되고 승화되는 것은 바로 지금 말씀하신 법, 법치의 기준이 붕괴되었기 때문이라고 봅니다. 제가 소속되어 있기도 한 86세대는 우리 사회에서 오랫동안 민주주의를 주장했지만, 저는 그들이 민주주의자라고는 생각하지 않습니다. 그들은 정의를 주장했지만, 저는 그들이 정의로운 세대라고는 생각하지 않습니다. 이들이 한 사회의 공적 검증 공간과 채널, 무대에 올랐을 때, 그들은 민주주의자도 아니고 정의롭지도 않다는 것이 개별적으로나 집합적으로 증명이 되고 있습니다. 이것은 공정이나 정의는 개인의 도덕이나 신념, 윤리의 문제가 아니고, 한 사회의 관계의 차원이고, 공적 실존의 문제이고, 가치의 문제라는 것을 그대로 드러내 주었다고 생각합니다. 그리고 법과 법치의 붕괴가 바로 그것을 증명하고 있다고 봅니다. 법은 비차별적非差別的이고, 비사인적非私人的인 것입니다. 그런데 이 정부에 들어서 나타난 가장 중요한 현상은 인물과 사건과 상황에 따라서 가치와 원칙과 법이 적용되었다가 적용이 안 되었다가, 전진했다가 후퇴했다가, 소환되었다가 침묵했다가 한다는 것입니다. 이것은 최고 권력자의 언술에서부터, 국회의 인사청문회 과정과 임명의 논리, 심지어 입법 과정에서도 그렇습니다. 세상에 전체주의국가, 공산국가가 아니면 시도하지 않는 위성정당을 창당하면서 어떻게 비례성이니 대표성이니 민주주의를 말할 수 있습니까? 우리는 민주파니까 독재적 방법으로 민주적 가치를 실현하면 된다? 절차가 불법인데 결과가 합법일 수는 없는 것입니다. 또 어떻게 그것을 법치라고 할 수 있습니까? 저는 위성정당을 등장시켜서 등가성, 민주성, 대표성, 형평성을 다 파괴하면서도, 그것을 민주선거라고 주장할 수 있는 학자나 민주주의자는 없을 것이라고 봅니다. 그래서 상황과 인물과 권력은 있지만, 가치와 원칙과 법을 형해화한 것을 어떻게 우리 사회가 복원할 것이냐가 중요하다고 봅니다. 법무부 장관이나 법무부 장관 후보자가 이미 위법·불법·무법하다거나, 윤평중 교수님께서 잘 설명해주셨지만, '선택적 법치'라는 단어가 사용되는 순간 그건 법치일 수 없습니다. 동양과 서양 모두에서 법이라는 말은 좌우, 상하, 귀천의 중앙에 고르게 위치한다는 뜻을 지니고 있습니다. 인류가 처음 법이라는 말을 만들 때는 신의 눈으로 봤을 때조차 치우침이 없다는 뜻이었다고 저는 알고 있습니다. 앞서 저는 우리 사회가 법치의 파괴로 인해 불평등을 넘어 불공정과 부정의를 논의해야 하는 단계에 와 있다고 말씀드렸습니다. "최초의 준법자는 입법자여야 한다." 이것은 근대와 민주공화국의 한 출발점입니다. 또 "입법자의 불법보다 더 나쁜 것은 없다"도 마찬가지입니다. 입법자와 치자가 불법을 저지를 경우 '불법적 법치'라는 자기모순과 언어모순이 발생하게 되고, 불법적 사법주의, 불법적 법률주의를 계속 강요하게 될 것입니다. 따라서 민주주의와 '법의 지배'가 충돌할 때, 민주주의자들은 다수결주의를 주장할 것이고, 법률가나 사법주의자들은 '법의 지배'를 주장할 테지만, 저는 두

시대의 물음에 답하라

가지가 얼마든지 공존할 수 있다고 봅니다. 왜냐하면, 바른 '법치'가 되면 '인치'를 넘어서면서 입법을 통해 민주주의의 공간을 넓혀갈 수 있기 때문입니다. 그런데 아까 말씀드린 대로 시민으로서의 권리 영역에서 인간으로서의 존엄 영역까지 확장해가는 게 정의로부터 평등까지라면, '법의 지배'가 아니라 '법에 의한 지배'가 되면 이것은 굉장히 위험한 단계라고 생각합니다. 왜냐하면 '법에 의한 지배'가 되는 순간, 법의 해석을 독점하는 자들에 의한 자의적 인치가 되기 때문입니다. 법 앞의 평등이 무너지는 겁니다. 왜 우리가 '법에 의한 지배'를 반대해야 하는가? 민주주의가 사법통치 사회juristocracy가 되면 그것은 법률가의 지배rule of lawyers가 되기 때문입니다. 그래서 저는 법 앞의 평등이라는 최소한의 기회, 시민으로서의 기회조차도 법률가의 지배, 사법통치의 사회가 되면서 더욱 불균등해지고 불평등해지니까, 사실은 기회의 불평등, 시민으로서의 불평등이 인간으로서의 존엄에 대한 불평등으로 연결될 수밖에 없다고 생각합니다. 법이 불평등의 안전판이 되는 것입니다. 따라서 자연권과 시민권의 평등을 추구하는 법치의 영역에서 민주주의의 한 토대인 재산권과 소유권의 보장과 평등/불평등 문제를 어떻게 지혜롭게 결합할 것인가가 중요하다고 봅니다. 결국 우리가 어느 정도까지 민주주의 공간 안에서 불평등을 허용할 것인가의 문제가 아닐까 싶습니다. 전체주의나 사회주의는 소유의 완전한 평등을 추구하다가 가장 극단적인 인간 불평등의 독재체제를 낳았습니다. 저는 한국 사회의 진보가 '우리는 진보야, 우리는 정의파야, 우리는 민주파야'라고 하는, 진영논리에 기반한 인치를 추구하기 때문에 결국은 법치의 붕괴를 가져오고, 그 결과 시민으로서의 불평등과 인간으로서 불평등을 동시에 악화시키고 있다고 봅니다. 그래서 저는 지금 86세대에게 결과로서의 불평등에 대한 범죄의식, 책임의식 못지않게 과정으로서의 민주주의와 법치 파괴에 대한 책임을 묻고 비판할 단계에 와 있다고 생각합니다.

이진우

누구나 알고 있는 것처럼 선택적 정의라는 것은 자기모순이죠. 정의와 공정은 원래 보편적 타당성을 가지고 있기 때문에 인물, 사건, 상황에 따라서 다르게 해석하고 규정되면, 그건 엄밀한 의미에서 정의도, 공정도 아니라는 생각이 드는데요. 이렇게 전제한다면, 한국 사회가 너무 정치적으로 양극화되어 있는 상태에서 어떻게 공정의 돌파구를 찾을 수 있을지 걱정스럽습니다.

신광영

민주주의는 모든 개인들이 동등하고 평등하게 정치 권리를 갖고 행사하는 것을 전제로 합니다. 보통 삼권분립이라는 제도에서 의회는 투표를 통해서 대표자들을 선출하고, 행정부는 행정부의 최고 수반, 리더만 투표를 통해 선출합니다. 그리고 선출된 리더가 선출되지 않은 공무원들을 통제하는 권한을 갖습니다. 그것이 잘되었을 때는 민주주의, 결국은 투표자들의 지배가 되는 것이지만, 만약 공무원이 자기들의 이해관계, 정치적 목적에 따라 행동하고 이를 리더가 통제할 수가 없다면, 국민의 지배가 아니라 관료의

시대의 물음에 답하라

지배bureaucracy가 되어버리는 겁니다. 그런데 선출되지 않은 집단이 하나 더 있습니다. 바로 사법부입니다. 사실 사법부의 문제는 민주주의 제도하에서 매우 묘한 긴장이 있는 부분이라고 볼 수 있습니다. 사법부는 선출되지 않았으나 민주주의를 지키는 역할을 해야 합니다. 사법부가 제 역할을 다하기 위해서는 결국 사법 기관에 대한 국민의 통제가 이런저런 방식으로 제도화되고, 그것이 착실히 지켜져야 할 것입니다. 만약 사법부가 제도에 의해 통제가 이뤄지지 않으면, 선출되지도 않았고 그냥 시험을 통해서 권력, 자격, 권한을 부여받은 집단이 모든 것을 좌지우지하고 판결하는 꼴이 됩니다. 그럼 결국 국민에 의한 지배가 아니라 법관에 의한 지배가 이뤄지는 상황이 될 것입니다. 현재 한국의 상황은 정치의 사법화입니다. 의회 내에서 갈등이 생기면 전부 법원에 고소하고, 소송합니다. 그래서 실질적으로는 법관들이 모든 것을 결정해버립니다. 민주주의의 중요한 역할을 담당해야 할 선출된 사람, 선출된 권력이 모든 것을 결정하는 것이 아니라 시험을 통해서 어떤 지위를 부여받은 사람들이 한국 민주주의를 결정해버리는, 결국은 '메리토크라시Meritocracy'가 되는 것입니다. 이것은 민주주의가 아닙니다. 이것은 '메리토크라시'에 의한 지배니까요. 여러 가지 요인이 있습니다만, 결국은 민주화 과정에서 모든 것들이 계속해서 사법부의 결정에 따르게 되는 정치의 사법화가 심화되면서 오늘의 상황에 이르렀습니다. 그러다 보니 원하건 원치 않건 간에 법관의 인치가 일어날 수밖에 없는 것입니다. 법관들의 판단, 법관들의 여러 가지 요소들이 최종적인 것을 결정짓고 '무전유죄 유전무죄'의 문제도 발생하고 있는 겁니다. 그러면 결국에는 누가 법관이 되는 가? 많은 사람들이 인정하는, 그런 자질을 갖춘 사람들이 법관이 되는가? 아니면 사회적 정의에는 관심이 없고, 오직 개인의 영달 을 위해서 공부한 사람들이 법관이 되는가? 그런 것을 판단하는 기준도 없습니다. 그러다 보니 사실 민주주의라는 제도는 있지 만, 최종적으로는 법에, 그리고 법관에 의해서 많은 것들이 결정되 는 정치 사법화가 이루어졌습니다. 이 과정을 사회학적으로 분석 해보면, 흥미로운 사실을 알 수 있습니다. 한국 사회에서는 법관 이 되는 특정한 루트가 있습니다. 어떤 기수에는 특목고 출신들이 절반 이상을 차지합니다. 그러다 보니까 일반 대중의 판단과 괴리 된 그들만의 여러 가지 판단이 이뤄집니다. 그래서 요즘 AI가 판 단해야 한다는 얘기가 나옵니다. 최종적으로 법관 대신 AI에 의존 해서, AI가 판단해야 한다고 합니다. 사심 없이 객관적으로 판단

> 민주주의의 중요한 역할을 담당해야 할 선출된 사람, 선출된 권력이 모든 것을 결정 하는 것이 아니라 시험을 통해서 어떤 지위를 부여받은 사람들이 한국 민주주의를 결정해 버린다. 이것은 민주주의가 아니다. 메리토크라시다.
>
> 신광영

하는 것을 기대하는 사람들이 하는 얘기죠. 그래서 지금 법치라는 것 자체가 여러 가지 이유로 민주주의를 뒷받침하는 제도적인 장치로써 제대로 기능하지 못하게 하는 여러 가지 요소가 작동되고 있습니다. 그래서 법의 문제라는 것이 하나는 법을 권력으로 삼은 경찰이나 검찰, 법무부에 대한 것이고, 또 다른 하나는 사법부에 대한 것입니다. 법의 요소가 여러 차원에서 작동하는 것이고, 그런 차원에서 법은 결국 공정과 국민 개개인의 존엄을 뒷받침하고 보장하는 방식의 민주적인 제도로 작동하느냐, 아니면 특정한 집단이나 일부 법관들의 이익이나 이해관계를 유지하고 보장하는 방식으로 작동을 하느냐에 따라 달라집니다. 그래서 결국 공정과 관련된 여러 가지 논의에서도 그런 특징적인 요소들이 있고, 윤평중 교수님께서 말씀하신 대로 원론적인 법에 대한 정의도 있습니다. 특히 이런 부분들은 트럼프 정부의 헌법재판관 임명 과정에서 드러난 것처럼, 법을 그야말로 중립적이고, 보편적인 정의를 실현하고, 공정의 화신으로 활동하는 그런 것으로 기대하기에는 현실의 제도와 너무 다른 측면이 있는 것 같습니다.

윤평중

제가 한 가지만 첨언하겠습니다. 민주주의와 법치주의가 본궤도에서 이탈해 법 전문가, 법 관료의 통치, '사법통치juristocracy'로 퇴행하는 위험성에 대해서 신광영 교수님께서 명료하게 분석해주셨습니다. 그런데 저는 거기에 두 가지 차원이 혼재한다고 생각합니다. 요새 한국 사회에서 유행하는 담론 중 하나는 민주적으로 선출된 권력의 결정이나 정책 집행을 사법 권력과 같은 비선출 권력이 감히 용훼冗瞹하고 방해한다고 하는 것입니다. 그래서 민주주의의 미명하에 선출 권력의 우위성을 강변하는 담론이 많이 유포되고 있는 것을 볼 수가 있습니다. 신광영 교수님의 말씀대로 민주주의와 민주정치의 사법화는 심각한 퇴행 현상 중 하나입니다. 그런데 민주주의의 사법화, 정치의 사법화와 사법의 정치화는 서로 긴밀하게 연동된 부정적인 증상이라고 생각합니다. 선출 권력과 비선출 권력의 상호 견제, 또는 상호보완 관계에 대해서 간단하게 첨언하겠습니다. 물론 한국의 사법개혁은 검찰개혁과 함께 시급하게 필요합니다. 한국의 법관이라고 하는 사람들이 20대 때, 또는 젊었을 때 어려운 시험이지만 시험 한 번 보고, 그것으로 평생 라이센스를 향유하면서 특권과 권력을 누리고 있습니다. 그래서 민주적 주권자인 국민에 의해서 견제되지 않고 통제되지 않는다고 하는 비판이 많이 제기되고 있습니다. 하지만 저는 미국의 건국 과정에서 건국의 아버지들이 고민했던 사항을 우리가 한 번 유념해볼 필요가 있다고 생각합니다. 존 스튜어트 밀이 걱정한 것처럼, 민주주의는 다수의 전제로 퇴행해갈 수 있는 위험성을 안고 있습니다. 민주주의가 직접민주주의로 간주되면서 다수가 압제tyranny를 저지를 가능성이 있습니다. 다수의 민의, 다수결을 빙자해서 독재자가 절대권력을 향유할 가능성도 있습니다. 미국 건국의 아버지들은 민주주의가 우중정치로 타락하는 위험성을 줄이기 위해 비선출 권력과 선출 권력 사이의 견제와 균형과 삼권분립을 제도화한 것이고, 법원, 특히 대법원을 비선출 권력으로 설정해

놓은 것입니다. 여러분이 잘 아시는 것처럼 연방정부와 지방 정부들 사이의 견제와 균형도 권력의 견제와 균형을 위한 안전장치의 측면이 있습니다. 대통령 선거의 경우에도 직선제와 간선제를 묘하게 뒤섞어 놓았는데, 이런 것들이 다 민주주의가 포퓰리즘으로 퇴행하는 것을 방지하기 위한 하나의 장치입니다. 그래서 저는 선출 권력이 모든 권력의 상위에 있고, 민주공화국을 독점적으로 통어·통수해야 한다는 주장은 삼권분립의 보편사적 지혜를 부정하는 굉장히 위험한 단순 논리일 수도 있다고 생각합니다. 물론 사법개혁은 필요합니다. 법관 선출의 경우에도 그렇고, 법관의 재임명, 특히 고위법관들, 법원장 정도의 지위에 있는 분들에 대해 저는 주민투표로 선출하는 제도 도입을 우리가 신중하게 고려해야 한다고 생각합니다. 민의가 어느 정도 법관들의 권한 행사를 제어하고 통제할 수 있도록 우리가 수단을 찾아야 한다는 데 동의합니다.

이진우

사실 공정 문제는 민주적 제도와 직접적으로 연결되어 있습니다. 문제는 공정이라는 개념 자체가 애매모호한 부분이 있는 것처럼, 무엇이 민주주의인가에 관련된 이해도 진영에 따라서 너무 달라지는 것 같습니다. 이런 경우에는 많은 사람들이 동의할 수 있는 어떤 합의점으로부터 출발하는 것이 좋다고 생각합니다. 예를 들면, 소위 링컨이 말한 것처럼 민주주의를 "Of the people, by the people, for the people"로 규정하는 것은 너무 추상적입니다.

왜냐하면, 모든 권력이 국민으로부터 나온다고 할 때, 어떤 방식으로 나오는 것인가 하는 것은 상황과 문화에 따라서 달라지기 때문입니다. 그런데 두 번째 민주주의와 관련된 예는 비교적 상식적으로 매우 자명하다고 생각합니다. 무슨 말이냐면, 민주적 제도가 성숙되어 있다는 것은 견제와 균형이 아주 잘 작동된다는 것을 의미합니다. 그러니까 입법부, 사법부, 행정부가 나뉘어 있다는 것은 3부 간의 견제와 균형이 잘 이루어진다는 것을 의미하는 것인데, 최근 우리 사회에서 정치의 사법화라는 말이 나오는 것은 사태를 오도할 가능성이 있어 보입니다. 정치의 사법화라고 하면, 마치 사법부의 핵심적인 인사들, 예컨대 검사가 되었든, 판사가 되었든, 이런 사람들이 우리의 정치 현실을 지배한다고 오해할 수 있거든요. 문제는 정치의 사법화를 가져온 것은 엄밀한 의미에서 권력을 가진 사람들이 사법부를 오용하고 있기 때문이라고 저는 생각합니다. 다시 말해, 사실 3부 간의 견제와 균형이 제대로 이루어지지 않는다는 것입니다. 어떻게 이들 간의 견제와 균형을 잘 이뤄낼 것인가. 이런 의미에서도 선출 권력과 비선출 권력의 문제는 나누어서 이야기해야 하지, 자칫 잘못하면 국민으로부터, 투표를 통해서 정당한 절차를 거쳐서 선출된 사람은 모든 것을 다 해도 된다는 이상한 논리로 받아들이게 될 수도 있다는 생각이 듭니다. 늘 문제가 되는 것은 형식적으로 제도가 있다고 해도 그것이 공정을 담보하는 것은 아니고, 이것은 우리가 지난 20여 년간 경험했다는 생각이 듭니다. 이 문제를 논의하려면 사실 끝이 없을 텐데요. 지금 논의해보고 싶은 것 중 하나는, 박명림 교수님께서

시대의 물음에 답하라

이야기하신 것처럼, 1980년대 세대, 소위 우리가 민주화 세대라고
이야기하는 사람들과 관련된 것입니다. 이들이 최근 사회적 결정
과정과 의사결정 과정, 다시 말해 문화 권력을 거의 지배하다시피
하기 때문에 어떤 의미에서 보면 사회적으로 영향이 있는 정책 결
정을 할 때도 특정한 세대가 기회를 거의 다 독점하고 있다는 지
적도 있습니다. 우리는 현재의 대한민국 사회를 보면서, 사회적 불
평등, 경제적 불평등으로 출발을 해서 제도적 불공정에 이르기까지
논의를 했습니다. 그런데 아직 깨지지 않는 이데올로기가 있다고
한다면, 아마 그것은 한국 사회를 지배하고 있는 능력주의 이데올
로기가 아닌가 하는 생각이 듭니다. 그것이 학벌주의와 연결되기
도 하고, 족벌주의와 연결되기도 하는데요. 이런 것들이 우리 사회
에 얼마만큼 심각한 폐해를 가져오는지를 우선 전반적으로 논의
를 하고, 그다음에 능력주의와 공정의 문제를 다뤄봤으면 좋겠습
니다. 박명림 교수님께서 먼저 시작해주시면 좋겠습니다.

능력주의가 과연 공정한가

박명림

지금 주신 문제는 사실 가장 당혹스럽습니다. 모두에 민주화와
자유화가 왜 이렇게 재신분화, 불평등화로 귀결되었는가를 말씀
드렸는데요. 사실 우리 사회에서 지금 민주화 세대에 대한 청년
들의 불만은 청년들이 능력조차 발휘할 기회를 박탈당하는 데 있

습니다. 심지어 공정과 정의를 주장하며 국정농단 세력의 불공정을 징치懲治했는데도 불구하고 여전히 기회와 가능성이 막혀 있다는 점에서 절망하고 있다고 생각합니다. 그런데 우리 사회가 이것을 과연 능력주의의 문제로 봐야 하는지는 조금 의문입니다. 왜냐하면 본래 능력주의, 능력사회의 출발은 기회의 균등, 형평, 공정이었기 때문입니다. 저는 출발부터 부모의 존재나 지위가 결과를 이미 결정하는 것 때문에 청년 세대들이 이렇게 분노했다거나, 공평과 정의, 공정의 담론이 이렇게 청년 세대를 빠르게 장악했다고 생각하지는 않습니다. 그것도 중요합니다만, 무엇보다도 능력이 안되는 자녀를 위해 부모가 불공정, 불공평, 불법적 방법을 통해 자신의 지위나 부를 세습하려고 다른 사람의 기회를 박탈했기 때문에 크게 분노했다고 생각합니다. 여기에서 드러난 이중성과 위선의 문제에 청년 세대들이 분노하고 있는 것입니다. 그런데 이것이 청문회를 하면 할수록 한 사람의 문제가 아니라 민주·공정·정의를 주장했던 거의 모든 86세대의 문제로 드러나고 있습니다. 특히 법, 즉 정의를 다루는 장관 후보자일수록 이러한 문제가 더 두드러졌습니다. 그래서 저는 능력사회, 능력주의 사회, 또는 그것이 초래하는 학벌사회, 서열사회의 문제를 추적하되, 그 능력조차발휘할 기회를 박탈한 사회구조를 만들어놓고, 그것을 개혁하거나 바꿀 생각도 하지 않으면서 그 구조를 자기 자녀에게 개별적으로는 세습시키려는 민주화세대, 86세대의 집합적인 부도덕과 윤리 파탄이 문제라고 생각합니다. 그러면서도 이들은 겉으로 여전히 개혁과 정의를 주장하며 잘못된 결과를 되돌릴 생각을 하지 않

시대의 물음에 답하라

습니다. 엄밀히 말씀드리면, 저는 이런 집단적인 이중행태가 사실은 공정한 능력사회조차 불가능하게 만들었다고 생각합니다.

이진우

조금 구별해야 할 것 같은데요. 최근 능력주의에 대한 책을 낸 마이클 샌델이나, '능력주의Meritocracy'라는 개념을 최초로 만든 마이클 영Michael Young, 아니면 《능력주의는 허구다The meritocracy myth》라는 책을 쓴 스티븐 맥나미Stephen J. Mcnamee 같은 사람들은 능력주의 자체에 상당히 문제가 있다는 입장입니다. 능력주의라는 것은 엄밀한 의미에서는 개인의 능력과 노력에 따라서 보상을 주는 사회적 체제를 의미합니다. 그리고 많은 사람들은 능력과 노력에 따라서 사회적으로 성공할 수도 있고, 실패할 수도 있다는 데에는 상식적으로 다 동의를 합니다. 그런데도 이런 능력주의 자체에 문제가 있다는 것이 첫 번째 문제가 되겠습니다. 두 번째는 박명림 교수님께서 말씀하신 것처럼 능력주의 자체는 현대사회의 이데올로기라고 할 수도 있고, 또 어떻게 보면 20세기 자유민주주의와 아주 밀접하게 결부된 이데올로기라고 할 수도 있는데, 이 자체가 문제가 있다기보다는 이제까지 공정과 정의를 주장했던 사람들이 불법과 부당한 방법으로 능력주의를 실현하다 보니까 능력주의 자체가 왜곡되거나 오염되었다고 볼 수도 있을 것 같습니다. 그러나 이 두 가지 상황은 다른 것 같습니다.

박명림

전적으로 동의합니다.

이진우

이 점에 대해서 혹시 신광영 교수님께서 말씀해주실 수 있을까요?

신광영

말씀하신 대로, 마이클 영은 능력주의가 민주주의를 훼손한다는 점에서 능력주의를 비판적으로 이야기합니다. 능력주의에 따르면, 능력이 있으니까 부를 독점하고 권력을 독점하고 권력을 행사하는 것인데, 그러한 형태는 결국은 모든 시민들에게 동등한 정치권력, 권리가 보장된다는 그런 기본적인 원리에 반한다는 것입니다. 그런 점에서 능력주의를 민주주의를 훼손시키는 위험하고 부정적인 것이라고 비판을 하면서, 1958년에《능력주의 *The Rise of the Meritocracy*》라는 책을 써서 그것이 지금까지 이어지고 있습니다. 한국에서는 능력주의라고 하면 상대적으로 좋은 것으로, 괜찮은 것으로 인식하는 경향이 있는 것 같습니다. 제대로 된 능력주의는 좋다고 생각합니다. 사실 마이클 영은 능력주의 자체를 비판하는 입장이었습니다. 그리고 능력주의의 또 다른 버전이 있는데, 마이클 영과는 다른 입장에서 능력주의를 내세우는 사람들은 능력과 실력에 따라서 보상받는 것은 당연하다고 주장합니다. 이것이 미국에서 받아들여지는 능력주의입니다. 그런데 그것을 비판하는 사람들은 사실 그 능력이라는 것은 부모로부터, 가족으로부

시대의 물음에 답하라

터, 가족 배경으로부터 온 산물이지 개인의 산물이 아니라는 것입니다. 실질적으로 허구적인 능력주의라는 것이죠. 그래서 피에르 브루디외Pierre Bourdieu 같은 사회학자들은 어렸을 때 여러 가지 가정환경 자체가 문화적·사회적으로 많은 변화를 만들어낸다고 보았습니다. 요즘에는 경제학자들까지 그것을 인정합니다. 그래서 빈곤층과 중산층 자녀들을 0세부터 4~5세까지 연구한 학자들은 그 나이에 사용하는 어휘의 수가 이미 달라진다는 것입니다. 중상층 자녀들은 추상적인 언어도 사용하는데, 빈곤층과 노동 계급 자녀들은 추상적인 언어는 모를 뿐만 아니라 사용하는 단어 수도 적고, 굉장히 즉물적이고, 1차적인 언어만 사용한다는 겁니다. 그래서 제임스 헤크먼James J. Heckman 같은 노벨 경제학상을 받은 경제학자도 초기의 불평등이라는 것이 결국 평생의 불평등을 만들어내고, 평생의 빈곤을 만들어내기 때문에 초기에 공정한 교육기회를 부여하는 것이 중요하다고 합니다. 그래서 헤크먼은 어린아이들이 제대로 배우지 못해서 실업자가 되고 빈곤층으로 전락해서 많은 국가재정이 빈곤을 구휼하는 데 소비되는 그런 낭비적인 사회가 아니라, 조금 더 조기교육을 강화해서 개인의 능력에 따라 직업 활동을 통해서 소득을 올리는 것이 장기적으로 사회 전체에 도움이 된다고 보고, 조기에 질 높고 평등한 교육을 강조하는 활동을 하고 있습니다. 그래서 사실은 능력주의에서 이 능력이 어떻게 만들어지는지, 정말로 기회가 공평하게 그런 능력이 만들어지는지, 그런 차원에서 기회의 평등이 논의되고 있습니다. 그런데 능력주의와 관련된 담론이 한국에서는 조금 다른 방식으로 다루어졌습니다. 그러면서 불거진 문제 중 하나가 인천공항 정규직·비정규직 문제입니다. 서두에 제가 상황적 정의로서의 공정이라는 것을 말씀드린 이유는 공정이 무엇인가에 대한 근본적인 성찰이나 사고없이 내가 불이익을 받으면 불공정한 것이라는 식의 사고를 하다 보니까, 비정규직이 정규직화되면 밖에서 공기업 취업 준비를 하는 취준생들의 입장에서 볼 때는 "내가 갈 자리인데, 그 자리가 줄어드는 것 아닌가"라는 방식의 공정의 개념, 자신의 기회가 박탈된다는 생각을 갖게 되는 것입니다. 같은 일을 하고 같은 교육을 받았는데, 한 사람은 비정규직이고 다른 한 사람은 정규직이다. 그리고 그 대가가 결국 임금이라면, 남성이나 여성이나, 서울 출신이나 제주도 출신이나, 수도권 대학 출신이나 지방 대학 출신이나, 정규직이나 비정규직이나 다 똑같이 보상을 받아야 한다는 것으로서의 공정의 개념도 있습니다. 굉장히 다른 공정의 개념들이 동시에 작동하는 것입니다. 그래서 노량진 고시원에서 이만큼 나는 돈을 들이고 공부를 했는데, 지금 비정규직으로 있다가 정규직으로 되는 사람들은 그런 고생을 안 한 것처럼 보입니다. 그래서 그건 불공정하다는 식의 자기 경험과 자기 상황에 기초해서 공정·불공정을 생각하는 것이 한국 사회의 특징인 것 같습니다. 그러니까 일단 들어가면, 거기서 일을 하든 안 하든 60세 정년퇴직할 때까지 고용이 보장되는 것이 당연한 권리라고 주장하는 것입니다. 그래서 특권층이 되는 것은 과거에 자신이 고생한 것에 대한 보상이고, 더 이상 재론의 여지가 없이 타당하고 당연하다는 인식, 일에 대한 보상이라고 주장합니다. 그러다 보니까 결국 사회적으로 배제된 집단들은 능력이 없다고 낙인찍히는 것이죠. 그래서 그런 보상과 빈곤이 특별하게 문제가 되는 것이 아니고, 모두 자기가 쌓은 것에 따른 대가라는 인식이 확산이 되는 이런 형태의 공정 개념이 능력주의와 왜곡된 능력주의, 허위적인 능력주의와 결합하여서 지금 재생산되고 있는 것 같습니다. 그렇게 모든 것을 다 자기 입장에서만 생각하니까, 나이 든 세대가 일자리에서 빨리 퇴출되어야 하는데 60살까지 일을 한다고 하면서 젊은 세대가 반발하는 것입니다. 결국은 자기 아버지 세대가 퇴출되는 것을 원하는 듯한 그런 사고를 가지고 있기 때문에 사회가 세대에 따라서, 집단에 따라서 균열이 생기고, 결국은 집합적으로, 이른바 공통의 이해를 증진할 수 있는 여러 가지 제도적인 혁신이 이루어지지 못하는 그런 상황들을 만들어내는 것 같습니다. 이처럼 능력주의라는 것 자체가 상당히 왜곡된 개념으로 한국 사회에서 논의가 되고 있고 인식되고 있습니다. 그래서 능력주의에 대한 보다 더 정교한 담론과 논의가 이제라도 필요한 것이 아닌가 하는 생각이 듭니다.

이진우

저도 학생들과 능력주의에 관해서 토론할 때 느끼는 것이 있습니다. 제가 보기에는 이 모든 문제는 어떤 분야에서 일하든 관계 없이, 출발선이 균등하게 주어져 있지 않다는 피해의식이 우리들에게는 아주 뿌리 깊은 것 같습니다. 어느 영역이건 기회가 균등하게, 공정하게 주어지지 않는다고 생각하는 것이죠. 그것은 '인국공 사태'도, 정규직 비정규직의 문제도 다 동일한 것 같습니다. 그런데 여기서 항상 나타나는 현상 중 하나는, 그럼에도 불구하고 개인들이 노력과 능력에 따라서 보상을 받는다는 것은 좋은 것이라는 데에는 동의한다는 것입니다. 지방대 학생이든, 아니면 서울에 있는 엘리트 대학에 다니는 학생이든 간에 관계없이, 노력과 능력에 따라서 보상을 받는 사회적 체제는 좋다고 생각하는 것 같습니다. 그런데 문제는 능력과 노력을 제대로 발휘할 기회조차 제대로 주어지지 않고, 심지어 그것도 종종 왜곡된다는 것이 문제입니다. 그런데 여기서 최근의 정치적 사건과 현상을 이야기할 수밖에 없는 것은, 그동안 민주화 세력이 끊임없이 주장했던 개념이 공정과 정의였다는 것입니다. 예컨대 민주화 세력은 교육의 기회를 균등하게 제공하기 위해서 '특목고'와 '자사고'를 폐지해야 하고 이것이 모든 국민에게 평등한 교육의 기회를 주는 것이며 특권을 대물림하지 않는 것이라는 주장을 해왔습니다. 그것이 나쁜 것은 아닙니다. 그것으로부터 우리가 좋은 논의를 시작할 수 있습니다. 그런데 나타나는 현상은, 그것을 주장했던 사람들이 자기의 자녀들은 대부분 '특목고'를 보내고, '자사고'를 보내고, 외국 유학을 보내고, 때로는 불법적인 방식으로 어떤 혜택을 주려고 하는 현상들이 팽배하다 보니까 이것이 완전히 비동조화가 일어나는 겁니다. 저는 이것을 '도덕적 도착현상'이라고 말합니다. 그렇다면 밑에 있는 사람들은 위에서 이야기하는 사람들의 공정이라는 담론 자체가 참 공허하다는 느낌을 가질 수밖에 없는 것이죠. 그래서 사람들은 더욱더 형식적이고, 제도적이고, 절차적인 공정에 매달리게

시대의 물음에 답하라

되는 것 같습니다. 기회라도 제대로 달라는 것이죠. 그래서 거기에 어떤 불법이 개입되는 것은 아닌지, 개인의 이해관계가 들어가는 것은 아닌지 눈에 불을 켜고 바라보고 있는 것입니다. 상황이 이렇다 보니 서구에서 논의되고 있는 능력주의 자체가 가지고 있는 폐단과 부작용에 대해서는 우리가 논의조차 못하고 있는 것이 아닌가 하는 느낌을 갖게 됩니다.

윤평중

여러 선생님들께서 말씀하시는 것처럼, 능력주의 담론은 대단히 복합적이고 이중적이기까지 한 측면이 있는 것은 사실입니다. 그래서 우리는 세속화된 능력주의가 자본주의 사회, 자유주의 문명의 지배 이데올로기로 뿌리내린 것을 확인할 수 있습니다. 그런데 능력주의 담론에는 일면적으로만 폄훼될 수는 없는 보편적인 호소력이 내재해 있기도 합니다. 고대적 능력주의 담론의 효시는 2500~2600년 전 호머 서사시에 등장하는 "각자의 것을 각자에게"라는 표현일 텐데요. 저는 이것이 고대 지중해 문명의 보편적인 공감대를 담아낸 문장이라고 생각합니다. 그래서 플라톤과 아리스토텔레스가 각자 상이한 방식으로 "각자의 것을 각자에게"라고 하는 정의 담론을 개척합니다. 그때 '각자'라고 하는 개념을 어떻게 해석하느냐에 따라서 그 명제가 지극히 진보적인 함축을 가질 수도 있고, 또 굉장히 보수적이고 현상 보전적인 함의를 가질 수도 있습니다. 그래서 저는 정의 담론의 철학적 계보학에서 가장 앞에 있는, "각자의 것을 각자에게"라고 하는 고전적인 명제가 사실은 오늘날 '메리토크라시'라고 운위되는 이념의 선구자라고 생각합니다. 이처럼 능력주의 담론은 복합적이고 입체적일 뿐만 아니라, 더 나아가서 이중적이기까지 하기 때문에 우리가 이 이슈를 섬세하게 다루어야 마땅하다고 생각합니다. 한 번 구체적인 사례를 들어보겠습니다. 우리 대한민국 사회가 불공정한 사회라고 믿는 한국인들이 다수라고 말씀드렸는데요. 이에 대한 국민적 인식의 대종은 대학 입시야말로 한국 사회의 공정성을 지키는 최후의 보루라고 믿는 광범위한 공감대가 있다는 것입니다. 그래서 최순실, 조국 이야기가 나왔지만, 대학 입시의 공정성이 직간접적으로 침해되면 민심의 역린을 건드려서 민심이 폭발하게 되는 가장 중요한 현실적인 예이기도 한 것이죠. 제가 아까도 말씀드렸지만, 저는 수도권의 작은 사립대학에 봉직하고 있기 때문에 이런 모순을 아주 선명하게 느낍니다. 그러니까 열심히 공부하고, 성실하게 노력했던 학생들이 명문대학에 가는 현실을 보면서, 우리는 대학 입시가 능력주의의 투영이라고 단순하게 생각하는 경향이 있습니다. 불행한 일이지만, 서울의 몇몇 명문대나 이른바 '인서울' 대학에 진학하지 못한 청년들이 패배감을 내면화하고 있는 현실을 목격할 때가 있습니다. 자신들의 공부가 부족하거나 노력이 모자라서 좋은 대학에 진학하지 못했다면서 책임을 스스로에게 돌리는 현상입니다. 이렇게 패배의식을 내면화하면, 열심히 노력한 학생들이 좋은 대학에 가서 좋은 사회적 대접을 받는 것은 당연하다고 믿게 됩니다. 자신들이 능력주의의 피해자이면서도 능력주의의 자발적 포로가 되는 모순이 생겨나는 것이지요. 한국 사회에 특유한 이런 식의 논리 전개에서는 학력과 학벌의 이데올로기적 차이가 은폐되곤 합니다. 한국 사회에서 학력의 문제가 불공정과 부정의의 지평으로 악화되는 가장 중요한 이유는 한국 사회가 전 세계에서 가장 강력하고 강고한 학벌 사회이기 때문입니다. 물론 세계 대부분의 나라에도 명문대학이 존재하고, 학력의 격차가 있습니다. 그런데 한국 사회의 경우에는 몇몇 대학들의 학력 자본이라고 하는 것이 학벌이라고 하는 차원으로 비화가 되는 것입니다. 학벌이라고 하는 것은, 20대 초반에 한 번 치른 대학 입시를 통해 받아든 타이틀이나 졸업장이 그 청년들의 평생을 장기 지속적으로 규정하는 현상입니다. 어떤 특정한 학교를 졸업했다고 하는 상징자본을 갖게 되면, 취직에 있어서도 그렇고, 결혼에서도 압도적으로 유리해집니다. 명문대 졸업장이 한국인의 평생을 좌지우지하게 됩니다. 특정 학벌이 특권이 되어 끼리끼리 이어지는, 아까 제가 성 안, 성 밖 비유를 했는데, 성 안으로 들어가서 따뜻하고 안락한 삶을 누릴 수 있는 급행 초대장이 되는 것입니다. 역대 한국 정부가 수십 차례 대학 입시 제도를 바꾸고 학벌 사회의 적폐를 척결하기 위해서 노력을 기울였음에도 불구하고 학벌 사회의 질곡은 나빠지기만 합니다. 그 이유는 한국 사회에서 대학 입시는 계급 투쟁의 최전선이어서 그 누구도 양보할 수 없는 성격의 것이기 때문입니다. 이것이 '메리토크라시'가 대학 입시와 연계되어 나타나는 이중적이고 복합적인, 구체적이고 생생한 사례입니다. 대학 입시, 학벌 사회 현상과 관련해서 한 가지를 더 말씀드리면, 저는 '메리토크라시' 자체가 문제라기보다는, 사회적 보상 체계의 왜

곡이 문제라고 생각합니다. 경쟁의 과정에서 노력을 기울인 만큼 보상받는다는 원칙을 개념화하면 사회적인 보상체계가 될 텐데요. 사회적 보상체계가 공정하고 효율적으로 뿌리를 내리지 않는 사회는 공정한 사회라고 말하기 어렵습니다. 그런 통찰에 대한 보편적이고 직관적인 인식은 "각자의 것을 각자에게"라고 하는 고대 희랍의 명제로부터 시작된 것이라고 말씀드렸습니다. 학벌 사회 이슈로 다시 돌아가면, 능력주의의 핵심 문제는 그것이 일종의 사회적 보상체계라는 것입니다. 인간은 협력도 할 수 있고 경쟁도 할 수 있지만, 적절하고 공정한 보상이 주어지지 않는 상황에서는 자신의 최선을 다하지 않는 이기적인 존재이기도 합니다. 이것은 공산주의 사회, 사회주의 국가의 붕괴에서도 우회적으로 입증되었습니다. 문제의 핵심은 능력주의와 연관된 사회적 보상체계의 격차를 우리가 용인할 수 있는 합리적인 한도 내에서 제어할 수 있어야 한다는 사실입니다. 능력과 노력의 표현인 학력의 격차가 한국 사회에서 학벌로 왜곡되는 이유는 사회적 보상 체계의 균형이 현격히 어그러져 있어서 그런 것입니다. 사회적인 보상체계를 공정하고 투명하게 정립해야 합니다. 그리고 다수의 사람들이 합리적인 토론을 통해서 용인할 수 있는 수준 안으로 보상체계의 격차를 좁혀야 합니다.

이진우

논의가 진행되면 진행될수록 더 많은 문제들이 나와 끝이 없을 것 같습니다. 최근에 마이클 샌델은 저서 《공정하다는 착각》에서 자

시대의 물음에 답하라

신이 이 문제를 다루게 된 동기를 이야기했는데요. 샌델은 미국에서 '트럼피즘'이라는 이상한 정치적 현상이 나타나게 된 것은 능력주의에서 기인한다고 분석하고 있습니다. 능력주의의 승자들은 자기의 승리를 자신의 노력과 능력 덕택이라고 생각하기 때문에 오만에 빠지고, 또 이런 경쟁 사회로부터 탈락한 사람들은 자기가 하찮고 능력 없는 존재라는, 윤평중 교수님께서 말씀하신 그런 열패감을 느낍니다. 이런 모욕과 굴욕의 감정을 느낄 수밖에 없는 것이 현대 능력주의 사회의 문제입니다. 그런데 이것이 한국적인 현실과 맞물려서 훨씬 더 복합적인 문제로 등장하고 있다는 생각이 듭니다. 한동안 한국의 입시 문제를 예리하게 서술했던 드라마 〈SKY 캐슬〉처럼, 소위 말하는 학력주의의 성에 갇혀서 불평등이 공고화되고, 공정이라는 이슈가 단순히 수사학으로 전락하는 것은 아닌가 하는 걱정도 듭니다. 이 논의를 훨씬 더 길게 가져가면 좋겠지만, 이제 끝으로 선생님들의 말씀을 들어보고자 합니다. 어떻게 하면 한국의 양극화 현상, 경제적 양극화 현상, 진영논리로 대변되는 정치적 양극화 현상, 심리적인 격차사회를 극복할 수 있을까요? 어떻게 하면 공정을 실현할 수 있을까요? 단순한 제안이라도 좋겠고, 우리가 나아가야 할 단순한 방향이라도 좋겠습니다.

신광영

능력주의와 관련해서 여러 가지 이야기가 나왔습니다. 지금 능력주의와 관련된 문제, 특히 세계화와 관련해서 등장하는 능력주의의 문제는 승자독식의 원리에 의해서 경쟁에서 이긴 사람이나 집단들이 무한정으로, 독점적으로 보상을 누리는 것을 당연시하는 인식이 팽배해 있다는 것입니다. 그래서 스포츠에서 굉장히 잘하는 축구선수가 몇천억 원을 받는다고 해도 그것을 당연한 것으로 여깁니다. 피라미드처럼 무수하게 많은 다른 프로, 아마추어 축구선수들의 어려운 상황은 그렇게 중요한 것이 아니라고 보는 것이죠. 그러니까 잘하는 사람이 많이 가져가고 독점하는 것, 때로는 그것이 자랑스럽게 여겨지는 의식 구조를 오늘날 많이 가지고 있습니다. 우리 논의 중 대학 입시에 대한 것이 있었는데요. 사실 한국의 젊은이들 20%는 대학을 가지 않습니다. 그런데 청년 세대라고 하면 당연히 대학을 나온, 혹은 대학에 다니는 사람이라고 인식할 정도로 우리 사회 혹은 집단에 대한 어떤 이미지를 능력주의나 학벌 담론이 상당히 지배하고 있습니다. 그러다 보니까 논의 자체도 소위 말하는 잘나가는 집단, 잘나가는 청년에게 집중되는 것 같습니다. 모두에 이진우 교수님께서 존 롤스의 이야기를 꺼내셨는데요. 존 롤스는 '무엇이 정의로운 사회인가?'에 대해서 이렇게 말합니다. 정의로운 사회는 잘나가는 사람이 정말로 모든 것을 누리고, 부를 누리고, 명예를 누리고, 비행기 타고 해외여행을 하고 그런 것이 아니라, 그야말로 그 사회에서 상대적으로 불리한 위치에 있는 사람들이 얼마나 잘 대접을 받는가, 소위 말하는 'maximin(최소 수혜자의 최대 보장 원칙)'이라고 하는 원리가 작동하는, 그래서 상대적으로 많은 사람들의 주목의 대상이 되지 못하고, 담론에도 오르지 못하는 사회집단들이 정치적으로, 경제적으로, 사회문화적으로 어떻게 대접을 받는지가 고민되고, 그런 부분

시대의 물음에 답하라

들이 제대로 인정받을 때, 그리고 개인의 삶이 한 개인의 잘못이나 혹은 태어난 집안의 어려움에 의해서 좌지우지되지 않고, 나름대로 인간의 존엄을 유지하면서 살아갈 수 있는 사회라고 합니다. 이런 사회를 우리는 바람직한 민주주의 사회, 공정한 사회라고 할 수 있을 것 같습니다. 그런데 많은 경우 한국 사회에서는 패자는 그야말로 '루저'라는 그런 용어로 표현하기도 합니다. 그렇게 많은 사람들이 일부의 승자 외에는 '루저'라고 인식이 되고, 학생들의 경우에도 일부 1%의 학생들 이외에는 다 불행한, 그런 삶을 사는 그런 사회가 얼마나 바람직한 사회인가를 지속해서 묻는다면, 이런 문제를 해결하고 공정한 사회를 만드는 데 필요한 어떤 방향이 만들어지지 않을까 하는 생각이 듭니다.

이진우

박명림 교수님께서도 제도적 차원에서 우리가 어떤 공정사회로 나아가야 하는지 한 말씀 해주시기 바랍니다.

박명림

저는 교육문제부터 사회경제적인 평등, 그것의 필요조건으로서의 정치적 평등, 민주주의까지 짧게 말씀을 드려보려고 합니다. 저는 오랫동안 사회개혁 없는 교육개혁은 사실 존재할 수 없다고 주장해온 사람입니다. 입시 개혁은 더더욱 존재할 수 없다고 생각합니다. 왜냐하면 교육의 거의 모든 문제는 졸업 이후, 학교 이후의 사회가 결정하기 때문입니다. 제가 북유럽을 수 차례 방문하

공정의 문제와 능력주의

고 적지 않은 자료를 보면서 졸업 이후의 사회의 모습, 즉 학력별, 직종별, 직군별, 노동유형별 차별과 격차를 작게는 소득으로부터 더 넓게는 삶의 질, 연금이나 여가까지 정밀하게 분석해보니, 사회를 개혁하니까 교육이 자연스럽게 개혁이 되는 그런 경로를 보았습니다. 그래서 저는 우리 사회에서 'meritocracy'가 원래의 쓰임새와는 달리 능력사회나 능력주의로 번역되는 것에 회의적입니다. 우리 사회가 개인의 성취를 문제 삼는 것이 아니지 않습니까? 그것은 충분히 권장되어야 하고, 그것이 또한 인간의 존재 이유이기도 합니다. 문제는 공적 공간에서 동등한 시민으로서 존재의 조건과 개인의 성취를 추구할 기회조차 박탈당하는 구조라고 생각합니다. 따라서 저는 지금까지 들려주신 말씀에 다 동의하고 있습니다. 그런데 차제에 한 가지 조금 더 깊이 생각해보고자 하는 것은 바로 교육과 능력의 구조랄까, 관계의 문제입니다. 교육을 통해서 오히려 기회의 불평등과 불공정이 더욱 악화되는 현상은 꼭 바로잡아야 한다고 생각합니다. 그래서 저는 오랫동안 헌법 개혁 운동을 전개해 오면서도 권리조항에서 가장 먼저 바꿔야 할 것을 교육조항이라고 주장했습니다. 다른 권리조항들은 어떤 유보도 없습니다. 오직 교육조항만 "능력에 따라"라는 단서가 명시되어 있습니다[대한민국 현행 헌법 제31조]. 유감스럽게도 이것은 가장 반평등적이고 가장 반인간적인 헌법 정신이자 내용입니다. 게다가 이는 1948년 건국헌법에는 전혀 없던 단서였습니다[대한민국 1948년 헌법 제16조]. 이해할 수 없는 이 "능력" 단서는 개발주의·능력주의 시대를 연 박정희 시기의 헌법에 처음으로 등장한 내용입니다. 저는 교육의 헌법적 가치를 포함해 이러한 불평등한 능력 신화는 상당히 심각하다고 생각합니다. 저는 교육을 통해서 기회나 능력을 박탈하는 구조는 빨리 개혁되어야 한다고 생각하는데, 그 출발은 교육개혁이 아니라 사회개혁이어야 한다고 생각합니다.

두 번째 문제는 결국 민주화의 경로와 민주화 세대의 문제라고 생각합니다. 한 사회의 불평등은 사회구조나 제도의 산물인데, 평등은 개인의 능력에 따라서 해결하라는 이중성이 민주화 세대의 심각한 문제라고 생각합니다. 그래서 저는 이것을 시민으로서의 권리를 먼저 보장해준 다음에 인간으로서의 존엄을 향유할 수 있는 경로를 모색해야 한다고 봅니다. 그럴 때 이제는 기존의 기본교육의무교육, 기본권리기본권, 기본건강보험, 기본연금처럼 기본주거, 기본소득에 대해서 좀 더 본격적으로 논의해서 불평등의 문제가 불공정과 부정의의 문제라는 것에 눈을 뜨는 계기가 되었으면

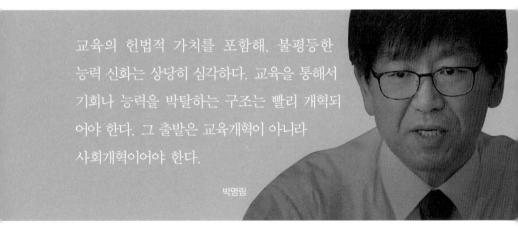

교육의 헌법적 가치를 포함해. 불평등한 능력 신화는 상당히 심각하다. 교육을 통해서 기회나 능력을 박탈하는 구조는 빨리 개혁되어야 한다. 그 출발은 교육개혁이 아니라 사회개혁이어야 한다.

박명림

좋겠습니다. 물론 상당히 정교한 논의가 필요할 것이라고 생각합니다.

　마지막으로 제도적인 차원만 짧게 말씀드리고 맺겠습니다. 최근 연구들이 국제적인 비교를 통해서 잠정적인 결론을 얻어가고 있는 것이, 결국 불평등의 문제는 정치의 문제라는 것입니다. 토마 피케티Thomas Piketty나 조지프 스티글리츠Joseph Stiglitz도 불평등의 문제는 정치의 문제로 보고 있습니다. 그러나 저는 그런 일반론보다는 특정 제도의 어떤 '인간효과'나 '존엄효과'에 대해서 진지하게 고려해야 할 때가 되었다고 봅니다. 방대한 국제데이터를 비교분석해보면, 어쨌든 대통령제보다는 의회책임제가, 중앙집권체제보다는 권력분산체제가, 양당체제보다는 다당체제가, 다수대표제보다는 비례대표제가, 단독정부보다는 연립정부가 사회경제적 시민권 지표나 인간 존엄 지표의 거의 모든 면에서 형평성에 더 가깝다는 연구결과가 나옵니다. 그러나 한국 사회는 거꾸로입니다. 권력은 거의 완전히 중앙집중, 단일정당, 대통령 일인, 청와대 중심, 단일진영 독점으로 가면서, 반대로 사회는 형평화·공정화한다는 민주화 세대의 허구적 이중성이 깨지지 않는 한, 한국 사회는 과거보다 더 불평등해질 것이라고 봅니다. 그래서 제 생각에 제도적 대안은 궁극적으로 의회책임제, 다당제, 비례대표제, 지방분권, 연립이 가능한 정부 형태로 가는 것이 공정으로서의 또는 정의로서의 평등의 문제를 회복하는 데 도움이 되지 않나 생각하고 있습니다.

윤평중

간단하게 한 말씀 드리겠습니다. 아까 강조한 것처럼 사회적 보
상체계의 재정립이라고 하는 주제에 대해서, 한국 사회는 그 담론
에 대한 공론 수렴 과정을 본격적으로 시작해야 한다고 생각합니
다. 조금 더 구체적으로 말씀드리면, 성 안 주민들과 성 밖 주민
들 사이의 격차를 인류적으로 용인될 수 있는 수준 안으로 좁혀
가는 그런 구체적인 조치들이 시급하게 시행되어야 합니다. 요즘
사회적 화두로 떠오르고 있는 문제가 있는데, 일 년에 대략 1천
여 명에 가까운 근로자들이 산업재해로 사망합니다. 주로 피해를
보는 희생자들은 성 밖의 주민들임이 분명합니다. 그보다 몇 배
나 되는 숫자의 노동자들이 부상을 입고 장애인이 되는 이러한 반
인류적 현실이 우리 눈앞에서 전개되고 있습니다. 그래서 저는 정
규직 노동자, 전문직들의 사회적인 양보가 필수적이라고 생각합
니다. 공정을 앞당기기 위해서도 좋은 정치가 굉장히 중요합니다.
우리가 정치의 본질을 정의할 때, '사회적 재화의 권위적 분배'로
제시하는 것이 통설 아닙니까. 사회적 재화가 희소하기 때문에 기
득권자들이, 정규직 노동자들이, 또는 사회의 중상층 계급들이 통
큰 사회적 양보를 하지 않으면 안 됩니다. 이것이 도덕적 호소로
여겨질 수도 있지만, 저는 반드시 그런 것만은 아니라고 생각합
니다. 오늘 세 분의 교수님들과 함께 공정과 정의에 대해서 대단
한 수준의 고담준론을 폈습니다. 그런데 성 안의 주민과 성 밖의
주민들의 격차가 인류적으로 용인될 수 있어야 한다고 제가 말씀
을 드렸을 때, 자기성찰의 차원에서 저는 강사 문제를 마지막으

로 거론하지 않을 수 없습니다. 잘 알고 계신 것처럼 대학교육의 50~60% 가까이를 소위 비정규직 교수, 우리가 강사라고 부르는 분들이 수행하고 있습니다. 그런데 그런 분들에게 돌아가는 보상은, 대담에 참여한 우리 네 사람의 정규직 교수들의 아마 4분의 1, 5분의 1도 안 될 겁니다. 6분의 1, 7분의 1보다 더 아래일 수도 있습니다. 신분의 보장은 말할 것도 없습니다. 그래서 이 문제를 우리가 자기성찰의 차원에서 짚지 않고서 전개하는 모든 공정론과 정의론은 공허하게 들릴 수도 있습니다. 오늘 많은 것을 여러 선생님들로부터 배웠는데요. 공정과 정의를 이야기하면서 이렇게 정규직 교수들만 모여서 논의하는 것도 유의미하지만, 차후에는 현장에 서 있는 분들, 성 밖에 서 있는 분들의 목소리도 들을 수 있는 기회가 오기를 바랍니다.

이진우

우리가 논의하는 과정에서도 여러 번 등장했지만, 공정을 논의하면 가장 기초적이고 원시적인 정의를 생각할 수밖에 없는데요. "마땅히 받아야 할 몫을 마땅히 받을 만한 사람에게 배분하는 것, 그것이 공정이다." 그런데 무엇이 '마땅히 받아야 할 몫'인가 하는 것은 결과적으로 공동체의 합의가 있어야 한다고 생각합니다. 갑자기 이런 말이 생각이 나는데요. "사람들이 그것을 아메리칸 드림이라고 부르는 이유는, 그것을 믿으려면 잠이 들어야만 하기 때문이다." 잠을 자야만 꿈을 꾸죠. 그러니까 사실 우리는 능력주의라는 멋있는 유토피아적인 꿈을 꾸지만, 사실은 능력을 제대로 발견하지도 못하게 하고, 발휘하지도 못하게 하는 사회적 불공정의 문제에는 눈을 감아왔던 것이 아닌가 생각합니다. 결과적으로는 우리가, 특히 지성인들이 이런 사회의 문제에 관해서 잠을 깨야 하겠습니다. 그런데 요새에는 깨어 있으라는 말도 쉽게 하지 못할 것 같아요. 이것도 너무 많이 오염이 되어서요. 그렇지만 상식적인 수준의 정의감을 표현할 수 있는 그런 문화와 덕성이 정착되기를 바랍니다.

각 분야의 전문가들이
우리 사회를 뜨겁게 달구고 있는 현안,
기득권의 안과 밖에서 커져가는 갈등을
풀어가기 위한 방안을 제시한다.
주된 문제는 공정과 능력주의의 문제, 인구문제, 기본소득,
가상경제의 부상, 민주주의 위기와 우리 정치다.

능력주의의
함정에서 벗어나기

◆ 장은주

우리들의 일그러진 공정

최근 우리 사회에서는 아주 다양한 차원에서 '공정'이라는 가치가
화두로 떠오르고 있다. 여기서도 "공정", 저기서도 "공정" 하는 소
리가 들린다. 그런데 가만히 듣고 있다 보면 고개가 갸우뚱거려진
다. 그런 게 공정이라고? 이상하게도 정의를 외치고 공정을 부르
짖는데, 어딘가 덫에 걸린 느낌이 든다.

　이른바 '인국공 사태'를 보자. 문재인 대통령은 당선 바로 다
음 날 인천국제공항공사를 방문하여 보안검색요원, 셔틀버스 기
사, 청소부 등으로 일하고 있는 많은 비정규직 노동자들을 정규직
화하겠다는 공약을 했다. 그러나 실제로 이 구상이 실현되는 과

정은 순탄치 않았는데, 놀랍게도 먼저 이 공사의 정규직 직원들이 크게 반발했다. 십수 년을 고용 불안정과 저임금 속에서 묵묵히 일해왔던 비정규직 노동자들을 정규직화하겠다는데, 그것도 기존의 정규직에게는 아무런 피해도 돌아가지 않는 방식을 택하겠다는데, 기존 정규직들이 "기회의 평등 YES, 결과의 평등 NO" 같은 사뭇 비장한 구호를 내세우며 조직적으로 반대하고 나섰다. 그런데 얼마 전, 이 정규직화 작업이 마무리될 즈음, 이에 더해 공사 시험을 준비하는 이들을 중심으로 많은 청년이 그런 반대에 호응했다. 제대로 자격시험 같은 것도 치르지 않은 채 단지 얼마 동안 비정규직으로 일했다는 이유만으로, 흔히 '신의 직장'이라 불리는 '공사'의 정규직이 되도록 사회가 허락하는 게 공정하지 못하다는 것이었다. 비정규직에 대한 차별을 없애고 노동자들의 삶의 안정성을 보장하겠다는 정책이 불공정을 옹호하는 것이라니, 참으로 수수께끼 같은 일이 아닐 수 없다.

교육계에서도 비슷한 일이 벌어졌다. 유은혜 사회부총리 겸 교육부 장관은 국회의원 시절 '교육공무직법안'을 발의한 적이 있다. 이 법안의 핵심 취지는 교육공무직의 신설을 통해 우리나라 초중등학교에서 일하는 많은 비정규직 직원들을 정규직화하자는 것이었다. 그러나 이 법안이 발의되자마자 전교조, 교총 할 것 없이, 즉 교육계의 진보와 보수가 합심해서 학교에서 아무나 정규직이 되게 해서는 안 된다며 크게 반발했고, 결국 얼마 안 가 이 법안의 발의는 취소되고 말았다. 결국 '임용고사'에 합격한 교사만이 정규직이어야 한다는 게 교육계의 합의였던 모양이다. 그런데 당시 그렇게 반발했던 이들은 유은혜 사회부총리 겸 교육부 장관 임명 당시에도 청와대 게시판에 그 법안 발의 사실을 들먹이며 반대 청원을 올렸다. 불공정을 옹호했던 이는 교육부 장관으로 적절하지 않다는 게 이유였다. 이런 상황에서 지금도 기간제 교사나 다른 직원들의 정규직화나 처우 개선에 대한 논의는 크게 진척이 없는 모양이다. 왜 꼭 무슨 시험을 통과하고 자격증을 가진 이들만 정규직이 되어 안정적인 삶을 누릴 수 있어야 한다고 하는 것일까?

정부의 이른바 '공공 의대' 설립 계획에 반대하며 일어났던 청년 의사들 중심의 최근 파업에서도 비슷한 문제 상황을 확인할 수 있다. 여기서도 공정이 문제였다. 정부의 '공공 의대' 설립 계획이라는 게 결국 실력도 모자라는 학생들을 시민단체의 추천 같은 절차를 통해 의대생이 되게 하려는 너무도 불공정한 조처라는 것이었다. 그러나 많은 시민들의 비판을 받았던 이 파업에서 청년 의사들은 의료의 공공성을 강조하는 건 결국 개인의 능력과 성취를 사회 전체가 부당하게 갈취하는 일이라는 식으로 '의료의 공공성'에 대한 부족한 이해를 드러냈을 뿐만 아니라, 역시 비뚤어진 특권 의식을 강하게 내비쳤다. '전교 1등'이었던 자신들은 그에 걸맞은 경제적 부와 사회적 특권을 누려야 마땅한데, 의대 증원 계획은 결국 그 뛰어난 능력을 가진 자신들의 생존경쟁을 격화시킬지도 모른다고 말이다. 정부는 청년 의사들이 제일 크게 반발했던 선발방안은 사안의 핵심도 아니었고 확정되지도 않았다고 강조했지만, 파업은 멈추질 않았다. 이 파업 때문에 많은 이들이 적절한 치료를 받지 못했고, 몇몇은 생명을 잃기도 했다. 공정성을 기치로 내세운 그들의 명분은 과연 이 상황을 정당화할 수 있을까?

공정성은 중요한 사회적 가치다. 모든 시민을 평등하게 대우해야만 한다는 이 공정의 요구는 민주주의 사회를 근본에서 떠받치고, 그 통합성과 안정성을 유지해주는 토대라고 할 수 있다. 그래서 사람들은 어떤 정치적인 요구를 할 때면 곧잘 공정이라는 가치를 내세우곤 한다. 공정에 대한 요구가 강력한 정치적 정당성을 부여하기 때문이다. 문제는 어떤 공정이냐인데, 안타깝게도 우리 사회에서는 이 공정의 요구가 경쟁의 승자들에 대한 특권을 요구하고, 패자들이나 약자들에 대한 차별과 배제를 정당화하는 방향으로 나타나고 있다. 우리가 무슨 함정에라도 빠진 걸까?

능력주의, 그 치명적 매력

우리 청년 세대 일반의 이런 왜곡된 공정성에 대한 집착은 이 세대가 어린 시절부터 몸에 익혀온 '메리토크라시meritocracy', 곧 '능력(지상)주의'라는 정의 패러다임과 관련이 있다(나는 '능력주의'라는 역어가 '능력자지배체제' 정도의 뜻을 가진 원어의 함의를 살리지 못해 오해를 불러일으킨다고 여겨 피해왔지만, 너무 일반화되어 있어 그냥 수용하기로 한다). 이 개념은 애초 영국의 사회학자 마이클 영이 1958년에 발표한 《능력주의》라는 일종의 공상 사회학 소설에서 처음으로 쓰기 시작해서 급속도로 일반화된 것으로, 능력 있는 사람들이 그렇지 못한 사람들보다 더 많은 부, 권력, 명예 등을 갖는 것이 올바르다고 보는 분배 정의의 원칙을 담고 있다. 이것은 부와 권력과 명예 등과 같은 사회적 재화를 어떤 사람의 타고난 혈통이나 신분 같은 세습적 지위가 아니라, 그의 노력과 능력에 따라 분배해야 정의롭다고 여기는 것이다. 그 때문에 혈통 등에 따른 봉건적 특권이나 차별을 거부하고, 개인들의 노력과 기여에 대한 정당한 보상이라는 원칙을 내세웠다. 이 원칙은 자본주의적 근대사회는 물론이고 일정한 방식으로 민주주의 발전을 위한 초석으로 작동했다. '누구든 열심히 일하면 성공할 수 있다'거나, '개천에서 용이 나는 사회가 바람직하다'거나 하는 대중적 신념들도 광범위하게 퍼져 있는데, 이런 신념들이 대중들의 자기계발 노력과 근면을 북돋우기도 했다. 그래서 이 능력주의가 가진 강한 호소력을 부정하는 게 쉽지는 않다.

예를 들어보자. 교육을 중시하는 우리 사회는 교사직에 대해 높은 보수와 사회적 평판, 직업적 안정성을 보장한다. 그래서 많은 이들이 교사직을 선망한다. 그러나 교사직 자리가 누구에게든 원한다고 제공될 수는 없는 법이다. 그렇다면 일정한 경쟁과 선발은 불가피할 것이고, 그 과정에서 많은 이들이 공감할 수 있는 공정한 채용 절차를 통해 교사로서 가장 적절한 자질과 능력을 가진 이가 그 직을 차지하도록 하는 건 너무도 당연하고 불가피한 일인 것처럼 보인다.

그래서 많은 이들은 능력에 따른 분배의 원리 그 자체는 바람직하다는 전제 위에서 그러한 원리의 실현을 방해할 수도 있는 이런저런 차별이나 장애를 제거함으로써 그 원리가 제대로 실현되도록 하는데 관심을 쏟는다. 바로 이런 맥락에서 '기회의 균등'이라는 가치도 강조된다. 그동안 많은 사회에서는 역사적으로 성, 인종, 출신 지역, 학력, 학벌 등과 같은 요소들이 개인의 능력에 대한 공정한 평가를 방해해왔다고 여겼는데, 그러한 방해 요소들을 제거하고 참된 기회의 균등을 확보해야 한다는 요구는 지금도 강한 정치적 호소력을 갖고 있다. 이른바 '블라인드 채용' 제도가 중요한 정치적 공약이 되는 것도 이런 차원에서 이해할 수 있다. '인국공 사태'에서 많은 청년의 불만도 기본적으로 이 맥락에서 해석할 수 있는데, 문제의 정책은 결과적으로 이미 취업해 있는 비정규직들에게만 공사의 정규직이 될 기회를 주는 게 아니냐는 것이다.

그러나 어떤 이들은 그러한 기회균등의 이상이 좀 더 공정하려면, 고려해야 할 요소들이 또 있다고 본다. 능력주의 이념의 핵심 축은 '능력에 따른 차이'라는 것인데, '형식적인 기회균등'의 원칙만으로는 경쟁 관계의 출발선상에 있는 사람들이 처음부터 갖고 들어가는 능력이나 조건 등에서의 차이 문제를 해소하지 못한다. 좀 더 실질적으로 기회의 균등이 확보되려면, 경쟁의 출발선상 이전에 사람들 사이의 능력과 조건의 차이를 처음부터 결정지을 가능성이 큰 교육이나 상속, 가정환경 같은 사회적 배경의 차이도 조정할 수 있어야 한다. 그리하여 '개혁주의적 좌파'(사회적·진보적 자유주의나 사회민주주의)는 그런 사회적 배경의 작용을 무화하거나 중화시킬 수 있는 어떤 사회적 평등화 조치를 요구한다. 예를 들어, 우

시대의 물음에 답하라

리 사회에서 제기되었던 '반값 등록금'에 대한 요구나, '자사고' 폐지를 통한 '교육 불평등 해소' 요구가 이런 맥락에서 이해될 수 있다. 주거나 의료와 관련된 다양한 복지 정책들도 같은 논리로 정당화된다.

이런 입장에서 볼 때, 그런 전제가 확보되지 않은 상태에서 나타난 불평등한 경쟁의 결과 역시 매우 불공정하다고 할 수 있다. 그 때문에 경쟁의 패자나 사회적 약자들을 위해 어느 정도 결과를 보정하는 사후적 개입이 정당화될 수 있다. 누군가 제대로 능력을 갖추지 못했다는 게 반드시 그 자신만의 탓이 아니라면, 그도 기본적인 수준에서는 인간적인 삶의 가능성을 누릴 수 있게끔 사회가 배려할 수 있어야 한다는 것이다. 인국공 비정규직 노동자들을 정규직으로 전환하겠다는 정책은 바로 이런 차원의 공정성에 대한 지향이라고 이해할 수 있다.

어떻게 보면 이런 입장은 통상적인 능력주의 이데올로기의 형식성을 폭로하고, 그에 대해 비판적인 것처럼 여겨질 수도 있다. 그러나 사실은 이런 입장은 어떤 의미에서는 더 강하게 능력주의적인 이상을 추구하고 있다고 해야 한다. 이런 입장의 핵심은 능력주의 원리 자체를 부정하는 것이 아니라, 오히려 제대로 그 원리가 실현될 수 있도록 사회적 조건을 갖추어야 한다는 데 있다. 아마도 이런 입장을 '실질적 능력주의real meritocracy'라고 부를 수 있을 것이다. 오늘날의 양극화된 정치 현실에서 진보와 보수, 또는 좌파와 우파가 특히 복지정책을 둘러싸고 정치적 지향에서 극단적으로 대립하고 있는 것처럼 보이지만, 이렇게 보면 사실 두 진영은 능력주의의 서로 다른 버전을 추구하고 있을 따름이다. 그만큼 능력주의의 매력은 치명적이다.

능력의 전횡

우리는 능력주의가 지닌 이 치명적 매력을 사람들이 사회적 관계 속에서 기대할 수 있는 존중의 두 차원과 관련하여 이해해볼 수 있다. 오늘날의 민주주의의 조건에서 모든 사람은 그 평등한 존엄성을 존중받아야 한다는 게 기본적인 사회 정의 이념의 핵심을 이룬다고 할 수 있다. 그러나 사람은 누구나 다른 사람과 똑같은 존엄성을 지닌 존재로 대우받고 인정을 받아야 할 뿐만 아니라, 또한 '누구나 다 다른' 존재로 자기만의 고유한 가치를 지녔다는 점에서도 인정받고 존중받을 수 있어야만 존엄한 삶을 영위할 수 있다. 모두를 무조건 똑같이 대우하는 게 아니라, 개개인이 가진 특성과 고유성을 함께 존중할 수 있어야 한다. 이런 맥락에서 능력주의는 한 사회의 구성원들이 사회의 협동적 삶에 얼마나 기여했는가에 따라 그들을 서로 다르게 평가하는 사회적 인정의 원리라고 할 수 있다.

여기서 성립하는 정의 이념의 초점은 사회의 협동적 체계 속에서 각 개인이 발휘하는 고유한 재능이나 기여가 제대로 평가받을 수 있어야 한다는 데 있다. 곧 그 개인이 공동의 삶을 지속시키고 번영시키는 데 무언가 값어치 있는 역할이나 기여하는 소중한 존재임이 인정될 수 있어야 한다고 말이다. 여기서 각 개인이 수행하는 사회적 기여의 정도는 사람마다 다 다를 수 있는데, 그렇다면 이를 무조건 똑같이 평가하는 것보다는 정도에 따라 다 다르게 평가하는 게 더 정의롭다고 할 수 있다. 그러나 실제 능력주의는 그와 같은 정의의 이념을 왜곡하고 오해하는 데서 성립한다고 해야 한다. 능력주의는 얼핏 정의롭게 보이지만, 사실은 결코 정의롭다고 할 수 없는 함정이다.

우리는 우선 능력이 과연 사회적 기여를 제대로 표현할 수 있는지 물어보아야 한다. 앞서 예를 들었던 우리나라의 교사 임용시험 제도를 다시 생각해보자. 교사직은 직업적 안정성도 높고 교육이 지닌 높은 사회적 가치를 인정받아서 많은 사람이 선망한다. 그래서 교사가 되려면 꽤 까다로운 관문을 통과해야 한다. 일단 교육대학교나 사범대학을 나오거나 최소한 교직과정을 이수해야 1차 자격이 생긴다. 그러나 결정적으로는 임용시험을 통과해야 한다. 교사자격증만 있으면 비정규직 기간제 교사나 사립학교 교사는 될 수 있지만, 정규직 공립학교 교사는 될 수 없다. 그 자리를 얻으려면 임용시험 합격은 필수다. 많은 교·사대 졸업생들은 이 임용시험 합격증이 없어 교직을 포기하거나 평생을 기간제 교사로만 일하면서 저임금에 더해 지속적인 고용이 보장되지 않는 불안한 삶을 이어가고 있다. 그런데 물어보자. 교사들 사이의 신분을 구분하고 삶의 질에서 엄청난 격차를 낳는 이 임용시험 합격증은 과연 진짜로 그것을 가진 사람의 능력과 그에 따른 그의 사회적 기여를 확인해주는가?

만약 교사직이 그 직을 가진 사람의 사회적 기여에 대한 보상이라면, 그 보상은 임용시험 합격증과 무관하게 교육 활동을 훌륭하게 수행한 사람에게 주어져야 한다. 합격증을 가지고 있지만 실제로는 교사직을 제대로 수행하지 못하는 사람이 있을 수 있으며, 반대로 그 합격증은 없더라도 교사로서 탁월한 역할을 하는 기간제 교사도 있을 수 있다. 그러나 실제로는 정규 교사직이 합격증이라는 자격과 그 자격을 얻는데 필요했던 능력과 노력에 대한 보상인 것처럼 작동한다. 기간제 교사는 아무리 훌륭하게 교사직을 수행해도 적절한 보상을 받을 수 없다. 그러나 그 교사직은 개인의 능력과 과거의 노력에 대한 보상일 수는 있어도, 그가 실제로 수행한 사회적 기여에 대한 보상은 아니지 않는가? 왜 우리는 시험을 잘 치르는 능력에 대해 그토록 후한 보상을 해야 하는가.

그 시험이 정말 누군가가 교사직을 잘 수행할 거라는 데 대한 적절한 평가가 될 수 있을지도 의문이다. 교사직을 위해서는 단순히 지필고사로 평가될 수 있는 지식과 지적 역량만 필요한 게 아니다. 학생들과의 교감 및 소통 능력, 지도력, 건강한 인성이나 가치관 등도 함께 필요로 한다. 이런 것들을 어떻게 지필고사로 평가할 수 있을까? 과연 그런 획일적 평가에 기초한 시험 결과가 교사직을 위한 역량의 참된 지표가 될 수 있을까? 왜 기간제 교사가 오래도록 현장에서 큰 결격 사유 없이 실무를 수행해왔다는 사실은 직무 적합성을 충분히 입증한다고 할 수 없는 것일까?

현실적으로 더 중요할 수도 있는 다른 차원의 문제도 있다. 높은 경쟁률 때문에 그런 지필고사에 합격하기 위해서는 보통 대학을 졸업하고도 오랜 시간 동안 이루어지는 집중적인 준비 시간을 필요로 한다. 학원 수강도 빠질 수 없다. 그래서 시험 준비를 위해서는 가족의 경제적인 지원이 꼭 있어야 한다. 그러나 많은 교사 지망생들은 가족의 그런 경제적 지원을 기대할 수 없어 대학 졸업 후 바로 기간제 교사로 일하면서 시험 준비를 할 수밖에 없다고 한다. 그렇다면 시험 합격이 반드시 합격한 개인 혼자만의 능력이나 노력의 결과라고 할 수 있을까?

우리는 일반적으로 사회적 성공이 곧 능력의 징표라고 여기고, 그 성공은 능력에 대한 보상이라고 믿는다. 그러나 이처럼 사회적 성공에는 뛰어난 재능 같은 '자연의 선물'과 가족 같은 '사회적 배경'의 역할이 크다. 모두 '운'이라 할 만한 것들이다. '운칠기삼運七技三'이라는 세간의 말이 있을 정도로, 누군가의 성공에는 능력技보다는 이런 운運이 훨씬 더 크게 작용한다는 것은 상식적으로 공유되는 경험적 사실이다. 그런데도 왜 우리는 누군가의 성공이나 그에 따른 큰 보상이 능력과 노력에 따른 정당한 결과라고만 여기는 걸까?

이런 사정 때문에 능력주의는 그것을 가장 매력적이게끔 만드는 것처럼 보이는 바로 그 지점, 곧 세습체제의 극복이라는 지점에서 사실은 그다지 성공적이지 못하다. 이것은 능력주의적 경쟁 체제의 출발선상의 불평등과 관련이 있다. 그러니까 그러한 경쟁 체제에서 개인들이 가지고 있는 다양한 능력들은 기본적으로 그 개인들이 스스로 창출해낸 것이 아니다. 능력주의 체제에서 개인들에 대한 평가의 기초가 된다고 가정되는 능력은 상당한 정도로 부모의 지능이나 외모의 유전에서부터 경제적 수준, 학력, 사회적 지위 등의 상속에 영향을 받는다. 능력주의는 능력에 따른 분배와 사회적 위계를 정당화하지만, 그 과정에서 이런 유전과 상속의 차원이 수행한 역할이 크다는 점을 고려하면, 능력주의적 질서 역시 현실적으로는 모종의 세습체제이기를 완전히 벗어나기 힘들다.

오늘날 우리나라의 많은 부모는 자녀의 좋은 학력과 학벌을 위해 막대한 사교육비 지출에 인색하지 않다. 이것은 결국 자신들이 가진 경제적 부를 세습하는 변형된 방식이라 할 수 있다. 사회적으로 정당성을 충분히 인정받기 힘든 직접적인 세습 대신 자녀가 좋은 학력과 학벌을 갖추게 함으로써 정당한 결과인 것처럼 보이는 사회적 지위를 갖게 하려는 것이다. 이런 식으로 보면, 우리 사회가 보이는 외견상의 능력주의는 많은 지점에서 결국 은폐된 세습체제일 뿐이다. 그 바탕에는 능력주의가 행하는 불평등에 대한 정당화 효과가 깔려 있다. 능력주의는 '승자독식'을 정당화하는 이데올로기다. 그것은 경쟁에서 이긴 일부 엘리트 계층에게 특권과 엄청난 보상을 안겨주고, '패자'에게는 최소한의 인간적 삶의 기회도 주기를 거부하는 심각한 사회경제적 불평등체제를 정의롭다고 포장한다. 승자들은 사실은 엄청난 행운의 결과일 수도 있는 자신들의 성공이 오로지 자신들의 능력과 노력 때문이라고 여기고 뽐내면서 자신들에게 특권과 높은 수준의 보상을 마땅하게 누릴 '도덕적 자격'이 있다고 믿는다. 반면 패자들은 결국 자신들의 실패가 스스로의 부족함과 못남 때문에 일어난 것이므로 고통 속에서 살아가는 게 당연하다고 여기도록 강요받는다.

그런 식으로 정당화된 불평등은 약자·패자들에 대한 강자·승자들의 부당하고 자의적인 지배를 낳는다. 그리하여 '사회적 귀족들'의 약자들에 대한 '갑질'이 횡행하고, 비정규직에 대한 심각한 차별 같은 것이 만연하게 된다. 반면 사회적 약자들이 요구하는 재분배나 사회적 연대에 대한 요구는 사회에 대한 정당한 기여도 없이 몫만 챙기려 하는 모종의 '무임승차'에 대한 주장일 뿐이다. 마이클 샌델은 최근 우리말로《공정하다는 착각》이라고 번역 출간된 책에서 적절하게도 능력주의의 이런 귀결을 '능력(자들)의 폭정·전횡the tyranny of the merit'이라 불렀다.

수백 년 동안의 지랄

결국 능력주의는 자본주의 사회가 만들어낸 심각한 불평등체제를 능력과 노력에 따른 분배의 결과라며 정당화하는 이데올로기일 뿐이다. 이 이데올로기의 요점은 공정성이 아니라 불평등의 정당화다. 간단하게 말해, 오늘날의 불평등은 혈연적 세습에 따른 것이 아니라 '학력'이나 '학벌' 또는 '자격고사'로 상징되는 '능력'에 따른 정당하고 공정한 경쟁의 결과이기 때문에 정의롭다는 거다. 바로 이게 우리 사회에서 제기되고 있는 공정성 요구의 숨어 있는 진짜 초점이다. 많은 이들이 정의를 묻고는 있지만, 이 능력주의라는 일면적 지향에만 매몰됨으로서 정의에 대한 추구가 오히려 불의로 귀결되고 있다. 무슨 정의의 역설이라고 해야 하나?

그런데 서구의 시장 자본주의 이전에 이미 중국에서는 그리고 그 영향으로 우리나라에서는 아주 오래전부터 그러한 능력주의적 정의의 이념을 발전시켰고, 또 일정하게 그 이념에 따라 사회를 조직해왔다(실제로 능력주의 이념이 중국에서 서구로 전해졌다는 데 대해서는 많은 연구가 있다). 다름 아닌 과거제도가 그러한 원리를 따르는 것이었는데, 한반도에서는 조선 시대 이래 그러한 원리가 사회적 신분 체제의 핵심적인 구성 원리였다. 물론 여기서 이 이념은 일차적으로 지혜롭고 능력이 있는 이를 관리로 중용해야 한다는 유교적 이상을 따라 기본적으로 정치적 차원과 관련하여서만 작동했다. 그러나 유교적 능력주의를 건국 이데올로기로 삼았다고 할 수 있는 조선에서 그러한 정치의 논리는 경제적 재화의 분배에 대해서도 결정적인 영향력을 지니고 있었다. 그 때문에 조선 이후 오늘날에 이르기까지 우리의 사회문화적 심층은 이 이데올로기의 문법에 의해 지배되었고, 그만큼 그 영향은 깊고 강하다.

소설가 박민규는 몇 년 전 어느 칼럼(《경향신문》, 2018.02.20.)에서 한때 80%를 넘기기까지 했던 우리나라의 높은 대학진학률을 조선 후기 서원 난립 현상과 연결하면서, 우리나라 국민들의 공부와 학벌에 대한 집착을 '백 년 동안의 지랄'이라고 이름 붙인 적이 있다. 그에 따르면, 그 높은 대학진학률은 조선 후기 남의 족보를 사서라도 모두가 양반이 되려 했던 현상과도 연결되는데, 그는 양반이나 대졸자가 아니어도 살 수 있는 세상을 향한 염원과 노력이 실제로는 모두가 양반이 되고 모두가 대졸자가 되는 세상을 만들어낸 이 사태를 '지랄'이라고 표현했다. 왜냐하면, 우리 사회는 지금 "모두가 양반이 되어 아무도 양반이 아닌 세상에서, 다 같이 대졸자가 되어 누구도 대졸자 대접을 못 받게 된 세상"이 되어버렸는데, 여전히 사람들은 공부나 학벌에 대한 어처구니없는 집착을 버리지 못하고 있기 때문이다. 물론 이런 인식은 얼마간의 교정 또는 보완이 필요하다.

우선 그가 말하는 우리 국민들의 지랄은 그저 백 년 정도의 역사만 가진 것이 아니라 최소한 수백 년간 이어져오는 전통이다. 우리 사회를 지배하고 있는 능력주의는 애초 과거제도와 더불어 중국의 수, 당 시대에 발전했고, 우리나라에도 이미 고려 시대부터 영향을 끼쳤다. 적어도 그 이념은 본격적으로 과거시험을 실시했던 조선 시대 이래 우리 사회에 깊숙하게 뿌리를 내렸고, 서원의 난립이나 '온 나라 사람 양반 되기' 현상은 그런 유교적 능력주의 이념의 병리적 발현과 관련되어 있다고 보아야 한다.

다음으로 그는 지금 우리 사회가 "모두가 양반이 되어 아무도 양반이 아닌 세상에서, 다 같이 대졸자가 되어 누구도 대졸자 대접을 못 받게 된 세상"이 되었다고 보고 있지만, 실제로 우리 사회는 새로운 종류의 양반귀족이 지배하는 사회이고, 대졸자라고 모두 같은 대졸자가 아니라 그 사이에서도 지독한 서열이 존재하는 사회다. 오늘날의 양반은 기본적으로 이른바 명문대를 졸업하거나 오늘날의 과거라 할 수 있는 '고시' 같은 각종 자격시험을 통과하여 고수익의 안정적 일자리를 가진 일군의 엘리트라 할 수 있는데, 이 집단은 정치적으로도 우리 사회의 주류를 형성하고 있다. 그래서 이런 엘리트 배출과 거리가 먼 비명문대나, 이른바 '지잡대' 출신들은 제대로 된 대졸자 대접을 받지 못하고 있다.

어쨌거나 박민규의 지랄론은 우리나라의 교육 현실에 대한 정말 신랄하고 자조적인 풍자가 아닐 수 없다. 우리는 새삼 우리 사회가 오늘날 겪고 있는 숱한 교육 병리가 단지 하루이틀 사이에 생겨난 일이 아님을, 멀리 조선 시대에까지 닿아 있음을 확인한다. 그리고 그 병리가 단순히 교육만의 문제가 아니라 '양반'으로 상징되는 높은 사회적 지위를 얻으려는 경쟁과 관련이 있으며, 우리 청년 세대의 공정에 대한 목마름도 결국 바로 이 맥락에 있을 것임도 짐작하게 한다. 우리 사회가 지금 목도하고 있는 정의의 역설은 결국 박민규가 한탄했던 그런 차원의 지랄, 그것도 수백 년 동안 이어져온 지랄일지도 모른다. 이제 이 지랄을 그만둘 때도 되지 않았는가?

모두의 평등한 존엄성을 위하여

능력의 전횡은 단순히 경쟁의 패자들에 대한 극심한 차별과 불평등을 정당화할 뿐만 아니라, 또한 그들을 사회적으로 배제하고 무시하며 낙인찍는 일로 이어진다. 그래서 많은 이들이 자신의 사회적 역할에 대한 자긍심을 얻지 못하고 자기 비하와 모멸에 시달리게 된다. 너무 많은 이들이 '잉여'가 되고 '루저'가 되며 '찌질이'가 된다. 사람은 누구나 일정한 사회적 가치를 인정받아야 하지만, 능력주의는 성공한 극소수를 제외한 너무 많은 사람에게서 그

　　　　　　　　　　　　　　　시대의 물음에 답하라

들의 존재가 지닌 사회적 가치나 의미, 나아가 인간성 그 자체를 전면적으로 부정한다. 이런 일을 정의롭다고 할 수 있는가?

그러나 생각해보라. 최근의 팬데믹 사태에서 우리는 흔히 사회의 가장 밑바닥에 있다고 여겨지는 청소나 배달을 하는 이들의 노동 없이는 하루도 제대로 살아가기 힘듦을 아주 선명하게 확인했다. 치명적인 바이러스 감염의 위험까지 감수하며 그런 '필수 노동'을 하는 이들의 사회적 기여가 공무원들보다 못하다고 할 수 있을까? 그런데도 우리 사회는 그들에게 공무원들에게 주는 것과는 비교할 수 없을 정도로 낮은 최소 수준의 보상만 해주고 있을 뿐만 아니라, 그들을 열악한 노동 환경에 묶어 두고 있다. 이런 게 공정인가?

이 불의의 질서에 맞서 싸워야 한다. 어떻게 해야 할까? 능력주의는 서로 다른 능력을 가진 개인들의 사회적 기여의 정도에 따른 차등 대우가 정당하다며 우리를 덫에 가두어왔다. 그러나 능력은 그 자체로 기여를 증명하지 못하며, 많은 경우 운이 뒷받침한다. 우리는 이 능력주의의 기만을 깨트리고, 그것이 은연중에 무시하고 뒷전으로 밀어놓은 민주주의 사회의 가장 기본적인 정의의 원칙, 곧 모두의 평등한 존엄성에 대한 존중이라는 원칙을 다시 활성화시켜야 한다.

능력주의의 함정에서 빠져나오기 위한 이 도덕적·정치적 쟁투는 무엇보다도 누군가의 직업적 활동, 특히 육체노동의 사회적 기여에 대한 가치평가의 체계를 바꾸는 데서 시작해야 한다. 우리 사회에 넘쳐나는 비정규직이나 플랫폼 노동자들이 저소득과 사회적 무시에 시달리는 일은 결코 무슨 사회적 필연성의 결과가 아니다. 그것은 기본적으로 우리 사회가 그들을 온전한 인간적 존재로 충분히 인정하지 않기 때문에 생겨났다. 우리 사회는 지금 그들이 수행하는 노동의 가치를 부정할 뿐만 아니라, 궁극적으로는 그들이 인간으로서 지닌 존엄성 그 자체를 무시하고 모욕하고 있다. 이 전횡을 당연하게 받아들이면 안 된다.

공정성에 대한 집착은 자칫 주어진 사회적 가치평가의 체계를 무비판적으로 수용한 위에서 결과를 위한 규칙이나 절차만을 따지는 수준에 머무르고 말 우려가 크다. 누가 엄청난 보상을 독식하는 승자가 되는 게 마땅한가 아닌가를 따질 뿐, 승자독식의 원리 자체가 옳은지는 따지지 않게 된다. 그러나 진짜 필요한 것은 그러한 가치평가의 체계 자체를 바꾸는 것이다. 설사 능력과 노력에 따른 분배가 어느 정도 불가피하다 하더라도, 지금 우리 사회처럼 그 보상의 격차를 하늘과 땅 사이만큼 벌려놓는 게 정당하다고 할 수 있을까? 청소하고 배달하는 일은 어째서 국가의 행정적 과제를 처리하는 일에 비해 그토록 현저하게 가치가 떨어지는 일이어야 할까? 우리는 이런 불의에 맞서 새로운 인정의 질서를 세울 수 있어야 한다.

지금까지 우리는 경제, 생산, 효율, 이윤, 생존 등과 같은 가치들과 그 가치들의 탁월한 실현을 보장한다는 능력자들의 주장과 횡포에 너무 많이 시달려왔다. 그리하여 우리는 그저 무슨 시험제도나 자격증 소지 여부 같은 규칙을 어떻게 적용할 것인지를 두고 다투는 데만 몰두해왔다. 그러나 우리는 누구든 소중하고 존엄하다. 능력의 차이라며 사람들을 구별하여 그 사이에 감당할 수 없는 보상의 격차를 두고서는 조금이라도 더 많은 보상을 받으려면, 기성의 질서에 순응해야 한다고 강요하는 권력의 함정에서 벗어나자. 그리하여 하찮다고 무시당하기만 했던 우리의 노동, 아니 우리의 존재 자체가 지닌 소중한 가치가 제대로 존중되게끔 우리의 힘을 모으자. 우리 모두의 평등한 존엄성이 인정되고 제 목소리를 낼 수 있도록 말이다.

물론, 이런 일은 궁극적으로 '정치'의 문제다. 가치개혁과 문화개혁을 제도개혁으로 이끌어내는 것은 결국 정치의 과제다. 북유럽의 여러 나라에서는 배관공 같은 육체노동자도 충분히 안정적이며 품위 있는 삶을 위한 물질적 기반을 가진다고 한다. 대학의 청소부도 교수 못지않게 사람답게 살아갈 수 있다고 한다. 그러나 이런 일은 그 나라들이 무슨 특별한 은총을 받아서가 아니라, 노동의 가치를 제대로 평가할 줄 알고 모든 사람의 평등한 존엄성을 존중할 줄 아는 정치 세력이 폭넓고 지속적인 국민적 지지를 받아 새로운 가치 체계를 확립하고, 그에 맞는 법과 제도를 만들었기 때문에 가능했다.

물론 그런 사회에서조차 그런 법과 제도를 허물어버리려는 다양한 도전이 있을 정도로 어느 사회에서도 항구적으로 달성할 수 있는 정치적 성취라는 건 있을 수 없다. 이 영역은 끊임없는 투쟁과 갈등이 지배한다. 지금까지 우리 사회에서는 그런 싸움에서 학력과 학벌이 좋거나, 무슨 '고시'에 합격하고 자격증을 따낸 지식 엘리트가 너무도 손쉽게 승리하기만 했다. 그리고 그들은 이데올

로기적으로도 승리하여 자신들의 가치와 규칙을 전 사회적으로
타당하게 만들었다. 공정을 둘러싼 우리 사회의 소동은 그들이 어
떻게 승리했는지를 웅변적으로 보여준다. 이제 이 승리의 행진을
멈춰 세워야 한다.

먼저 우리의 평등한 민주적 시민성부터 활성화하자. 우리가 자
유롭고 주인다운 삶을 사는 존엄한 존재가 되려면, 우리의 삶에
큰 영향을 끼치는 사회의 의사결정 과정을 궁극적으로 우리 스스
로가 통제할 수 있어야 한다. 이러한 시민적, 민주적 평등의 바탕
위에서 모두가 이 사회의 가치 있고 소중한 존재로서 인정되고 존
중받을 수 있는 새로운 도덕적 질서를 세우는 일에 나서자. 갈 길
은 멀다. 그러나 모두가 존엄하고 품위 있는 삶을 살기 위해서는
가지 않을 수 없는 길이다.

인구문제를 둘러싼
시선과 해석, 그리고 대안

◆ 전영수

인구감소가 '뉴노멀'로 자리 잡았다. 인구증가가 상식이던 시대는
옛말이 됐다. 당분간은 국제유입으로 총인구가 늘지만, 고작해
야 몇 년이면 끝난다. 정부의 공식 입장은 2028년이지만, 추계발
표 때마다 앞당겨지는 상황을 감안하면, 넉넉히 봐도 ±2025년이
면 한국의 총인구감소는 현실화될 전망이다. 추계를 깨며 세계를
놀라게 한 충격적인 출산율 0명대(2020년 0.84명) 신기록으로 미루
어보건대 총인구감소의 조기 도달은 사실상 '예고된 미래'에 가깝
다. 자연감소는 이미 시작됐다. 2019년 사상 최초로 자연감소(출
생자−사망자＝마이너스)를 찍은 데드크로스Dead Cross가 발생했다. 생
각지도 못한 시점이었다. 2016년 추계에서는 해당연도를 2029년
으로 봤기 때문이다. 무려 10년이나 앞당겨진 현실치였다. 이쯤

되면 추계 무용론이 힘을 얻는다. 지난 3~4년의 현실치가 추계치를 완벽히 뛰어넘은 결과다. 덜 낳는다지만, 이렇게까지 낳지 않을 것이라고는 누구도 생각하지 못한, 냉엄한 '출산 거부'의 경고였다.

그래도 한국 사회는 담담했다. 한쪽은 심각성을 알면서 입을 닫았고, 한쪽은 하루하루 먹고사느라 귀를 막았다. 반짝 관심에 잠시 주목하면 그뿐, 위기 설명도 대응 요구도 없이 절체절명의 타이밍은 지나쳤다. 정확하고 정밀하게 때를 잡아도 문제 해결이 어려운 판에 속수무책으로 당할 수밖에 없는 과오를 반복했다. 2021년 대학 입시의 충격과 공포가 대표적이다. 인구통계는 일찍부터 경고했지만, 방치한 대가는 컸다. 출산 감소로 공급(입시 인원)과 수요(입학 정원)의 상황 역전이 예고됐으나, 부처·대학은 책임을 미룬 채 내버려뒀다. 7만(정원 미달)의 과부족은 뚜껑을 열고서야 쇼크로 증폭됐다. 지방대학발 잔인한 벚꽃엔딩 공포가 그렇다. 한때 학생을 골라 뽑던 9개 거점대학마저 8개가 미달 사태로 마무리된 탓이다. 이대로라면 수도권마저 결코 안심할 수 없는 날이 곧 온다.

대학 붕괴는 인구감소의 '뉴노멀'이 적용된 예상 위기의 전초전일 뿐이다. 출산 감소의 후속세대가 가령加齡별 생애주기에 닿으면 사회구조 전체를 뒤흔든다. '교육 → 취업 → 결혼 → 출산'이 재구성되며, 국방·고용·복지·주거·조세 등 전 분야의 기존체계와 맞부딪힌다. 인구증가·고도성장이 전제된 4인 가족 모델 때 만들어져 지금껏 이어져온 법률·정책토대는 기능부전에 빠질 수밖에 없다. 수정과 개혁은 당연지사다. 가령 벚꽃엔딩은 곧 국방 분야에 영향을 미쳐서 올해부터 병력을 유지하기 위해 학력 무관의 현역 입대가 정해졌다. 생산가능인구(15~64세)가 큰 폭으로 줄어드니 복지개혁도 목에 찬 상황이다. 생산가능인구는 2018년 최초로 감소한 후 낙폭은 점차 커진다. 2019년 ±3,760만 명에서 2050년 ±2,450만 명으로 35% 급감한다. 아직은 버티지만, 2020년 출산율(0.84명)을 보면 곧 사람 부족·재원 부족이 본격화돼 세대부조가 전제된 복지시스템은 곧 흔들릴 수밖에 없다. 실제 복지 수급 연령대에 도달한 베이비부머(1955~1975년생·1,700만 명)의 선두세대가 2020년부터 만 65세에 진입했다. 국민연금·건강보험 등 현행의 작동시스템으로는 지속가능성이 훼손된다.

한국이 직면한 인구구조의 변화 파장은 충분히 위협적이고 광범위하다. 그렇다면 일찍이 대응 논리를 갖춰 충격 최소·효과 최대의 자구책을 갖추는 게 필연적이다. 사전대책이 힘들면 적어도 시대변화에 발맞춘 즉각 대응은 당연시된다. 그러나 현실은 사뭇 다르다. 아쉽게도 인구대응은 만시지탄晩時之歎의 정책 실패로 기록되지 않을까 우려된다. 그만큼 상황은 심각한데, 의외로 대응은 여유롭다. 실제 연구·현장 단위의 속내는 새까맣게 타들어 간다. 손쉽고 유리한 정책은 쏟아지는데, 정작 당사자가 체감·요구하는 제안은 무시된다. 복잡하고 어려운 데다 강고한 이해집단마저 얽혀 쉽게 제도화되지 않는다. 마지막 골든타임을 이대로 보낼 수는 없다. 벌써 40년 가까이 인구감소의 경고를 무시한 것으로 실패·실수는 흘러넘친다(1983년 인구 유지선 2.1명 이하 출산율 기록).

늦었지만, 지금이라도 의지·능력을 충분히 발휘하면 승산은 있다. 현재 체감되는 인구변화발 위기 압력은 빙산의 일각이다. 수면 아래의 하위구조Sub-Structures까지 전이돼 엇박자가 생기면 한국 사회의 지속가능성은 멀어진다. 문제가 해결되지 않는다면, 원점으로 되돌아가 세세한 상황인지와 정확한 방향설정을 해야 한다. 이로써 익숙하고 손쉬운 관성·타성은 물론 확증편향의 고정관념에서 벗어나 달라진 대응체계를 수립할 수 있다. 인구문제는 스펙트럼에 따라 다양한 논점을 갖는다. 무엇보다 정책의 주체와 객체가 분리돼 당사자성이 반영되지 않는 한계도 큰 부분이다. 그만큼 실효적인 대응 논리를 조율하는 게 어렵다. 이와 관련해 지금부터는 인구문제의 몇몇 논점을 다양하게 되짚어보며 한국 사회의 궁극적인 미래방향과 필요조건을 설정·검토해본다.

왜 아이를 낳지 않는가[18]

청년은 왜 출산하지 않을까? 이유를 알아야 처방도 나오는 법이다. 물구나무선 인구구조란 비유처럼 인구문제는 '고령화·저출산'의 가분수에서 비롯되기에 출산 감소의 정확한 원인을 아는 게 중요하다. 0명대 출산율은 단군 이래 최저치이자 세계사적 신기록이다. 압축성장부터 촛불혁명까지, 한국 특유의 역동적 에너지가 출산 포기에 옮아붙은 게 아닌지 걱정이다. 청년 인구의 불편한 심기를 떠보면 기우만은 아니다. 낳을 이유보다 안 나을 까닭이 압

시대의 물음에 답하라

도적이다. 열악한 경제력 때문이지만, 달라진 가치관도 독립 변수의 한자리를 갖는다. MZ세대에게 평생 비혼과 딩크가족Double Income No Kids은 현실적인 생활방식lifestyle이자 범용적인 생애모형으로 인식된다. 공통점은 무자녀. 출산 연기, 혹은 출산 포기다. 경제학은 장기간 이 문제를 연구해왔다. 해서 한국 청년의 출산 거부도 중요한 분석과제다. 시대가 변했듯 고려사항이 많다. 시대별 출산 변수의 설명력은 당연히 다르다.

인구경제학은 진화한다. 경제·사회·심리학 등의 통섭적 분석 테마로 안착했다. '개인 → 가족 → 사회'로 분석 프리즘은 확대된다. 미시차원의 분석의 원조는 라이벤슈타인H. Leibenstein이다. 그는 자녀 출산을 효용가설로 밝혔다. 유의미한 건 출산력과 경제발전·성장률의 관계분석이다. 그 결과 자녀효용을 유희·만족(소비효용), 생산·소득(노동효용), 봉양·보장(연금효용)의 3가지로 봤다. 효용이 비용(비효용)을 웃돌 때 출산한다는 얘기다. 그 때문에 경제발전 단계별로 출산력은 부(-)의 관계를 갖는다. 즉 경제가 발전할수록 출산은 줄어든다. 뒤에 태어날 자녀일수록 '효용<비용'은 강해진다. 다만 3대 효용가설은 현대 사회에서는 설명력을 꽤 잃는다. 한국은 특히 양육과정에서 획득되는 유희·재롱적인 소비효용만 확인될 따름이다. 가계에 돈을 벌어다 주는 노동효용은 기대하기 어려울뿐더러 연금효용은 사회보장제도로 갈음된다. 효용보다 비용이 확실히 크기 때문에 출산 유인은 낮아질 수밖에 없다.

경제학을 반영한 인구 이론은 신고전학파가 원류다. 펜실베이니아학파의 선두주자 이스터린R. Easterlin은 자녀를 가질지 판단할 때 그간 경험한 생활 수준이 중요하다고 봤다. 부부가 경험해온 생활 수준보다 향후의 인생 수준이 좋아질 것으로 판단되면 출산한다는 얘기다. 반대라면 출산을 포기한다는 것이 그의 상대소득가설이다. 경기와 출산이 비례한다는 해석으로 미래에 대한 기대의 대리변수는 현재 소득이다. 그 때문에 경기순환에 맞춰 출산력은 순환한다. 호황일 때 출산, 불황일 때 출산 포기가 상호반복형 그래프를 띈다. 프리드먼M. Friedman은 가족의 크기를 사회적 계층 격차로 설명한다. 가족 규모는 부부가 속한 소득계층과 직업집단이 강력하게 영향을 미치고, 평균적으로 높은 소득계층인 부부가 자녀지출도 많을 것으로 봤다. 고소득부부일수록 자녀를 둘러싼 '효용<비용'이 큰 셈이다. 그 때문에 소득 수준이 높은 부부의 경우 평균적으로 저소득계층 부부보다 자녀가 적다고 설명한다. 사회적 상대소득가설이다. 둘의 중요한 공통점은 자녀 출산의 변수를 확장시켰다는 점과 고성장·고소득 환경일수록 출산 하락이 발생한다는 점을 경제학적으로 증명했다는 점이다.

　신자유주의의 시카고학파는 한층 복잡다단한 결정변수를 출산에 반영한다. 선두주자인 베커G. Becker는 결혼·출산·사망·교육·범죄 등 인간행동·사회현상을 경제학적으로 접근해 명성을 얻었다. 베커는 자녀를 냉장고·자동차처럼 내구재로 보고, 1인당 소득상승과 출생 저하의 관계로 설명했다. 핵심은 수지타산에 맞춘 비용편익발 자녀출산론이다. 양육·시간·기회비용보다 양육 재미·노후 의존 등 출산효용이 클 때만 낳는다는 의미다. 그의 질적·양적 모델은 인구경제학의 기본모델로 불린다. 베커 이후 시카고학파에선 다양한 결정변수를 포함한 연구결과를 쏟아냈다. 결혼·출산 등 인간행동이 경제학의 비용편익 분석 도구로 채택된 배경이다. 결혼만 해도 싱글 만족보다 부부로서의 효용이 클 때 가능하다는 쪽이다. 시카고학파에 따르면 부자일수록 자녀는 적다. 인적자본으로 키우자면 거액지출이 동반되기 때문이다. 부자 엄마의 자녀 기피도 설명된다. 학력·취업 의욕·임금 수준이 높아 육아 선택·취업 포기의 기회비용이 높아진다. 요약하면 소득량·출산율의 반비례를 함수로 풀어냈다.

인구이론 중 상당 부분은 한국 사회에도 적용된다. 시카고학파의 연구 결과를 4가지로 집약해보자. 인적자본론, 시간배분론, 가계의 내부생산론, 합리적인 개인가정(가족)론 등이다. 인적자본론은 자녀를 투자대상으로 보는 시선이다. 즉 교육투자가 자녀의 미래임금을 높여주기 때문에 돈을 쓰지 않을 수 없는데, 이게 부담되면 낳지 않는다. 자녀가 노예가 될 것이란 작금의 청년 인식이면 출산할 이유는 사라진다. 돈도 희망도 없는 '흙수저'의 대물림은 합리적인 의사결정권자라면 선택하지 않는 법이다. 시간배분론도 유효하다. 근로시간과 육아시간의 대결 구도는 현재 이슈다. 아니면 추가 비용이 요구된다. 똑똑한 한국 청년은 효용 최대화를 위해 노동·육아·여가 시간을 배분할 때 출산을 후순위로 둘 수밖에 없다. 반면 시간·비용을 투입해 애정·만족·위안 등을 만든다는 내부생산론과 결혼·가족·출산 행동의 효용 원천을 높이려는 합리적 개인가정(가족)론은 아쉽게도 한국 청년에겐 포용되지 않는다.

한국은 기존 이론에서 벗어나 새로운 경로에 진입한 듯하다. 선행이론이면 고용·소득 등 재무 개선만으로 출산율이 높아지나, 한국은 출산 포기가 사뭇 사회 트렌드적인 문화 현상으로 비화되는 양상이다. 즉 돈으로 해결하기 힘든 영역을 향한 후속 인구의 궤도이탈이 심화된다. 당장 출산에 앞서 결혼이라는 이벤트가 줄어든다. 결혼이 필수가 아닌 것이다. 과거엔 거의 없던 평생 비혼이 남(14%)·여(7%) 모두 급증했다. 20~30%로 뛰는 건 시간문제다. 결혼 후 출산도 필수 관문은 아니다. 하물며 한층 살벌·엄중해진 사회 데뷔에 맞선 MZ세대는 무자식을 표준으로 받아들일 기세다. 궤도이탈에 따른 불안감은 주변 인식의 확대 공유되면서 안도감으로 되돌아온다. 그들의 시대 의제는 다양성이다. 다양한 생활모델을 골라 본인 효용을 높이는 카드를 선호·선택한다. '졸업 → 취업 → 결혼 → 출산 → 양육'의 전통 모델은 기능부전에 빠졌다. 출산만 다뤘으나, 연결지점 곳곳에 새로운 시도, 즉 다양성의 실험 시도가 펼쳐진다. 저출산이 팬덤적인 문화 현상으로 번지면, 기존의 인구 정책은 무의미해진다. 발본적인 근본개혁이 필수불가결할 수밖에 없다.

한국적 결혼 딜레마와 초저출산의 그림자

청년의 출산 포기는 사실 결혼 여부로 엇갈린다. 물론 결혼만으로 출산을 설명할 수 없다. 고용불안부터 인식 변화까지 출산 환

시대의 물음에 답하라

경을 뒤바꾼 영향 변수는 많다. 다만 한국형이란 수식어에 주목하면 출산율을 떨어뜨리는 특수한 연결 기제가 있다. 바로 '결혼장벽'이다. 힘들어진 결혼이 자연스레 출산을 가로막는다. 한국 특유의 결혼 문화와 성혼 조건은 유명하다. 집안 혼사란 말처럼 당사자의 애정이나 의지보다 가족과 친지의 허락과 시선이 중요하다. 천문학적인 결혼 비용도 부담스럽다. 신접살림의 일괄 마련은 당연하고, 거주공간의 사전완비도 요구된다. 자가든 전월세든 가족지원이나 외부대출이 아니면 불가능한 과제다. 대내외의 공식행사인 잠깐의 결혼식조차 가격 부담이 상당하다. 그럼에도 짝을 이루려면 결혼은 필수다. 결혼 없는 커플은 공민권을 부여받지 못한다. 공고한 유교 문화와 법률제도로 동거가족은 극히 제한적인 권리와 의무만 적용된다. 법률혼만이 출산 자격을 허용하며, 사실혼은 '투명인간'처럼 취급된다. 하물며 동거 커플의 출산은 고려대상일 수 없다.

결혼은 힘들고 값비싼 생애 이벤트다. 공식 커플의 법적 인정까지 넘어야 할 산은 높다. 꿈틀대는 본능조차 결혼장벽과 맞닥뜨리면 좌절하기 일쑤다. 그 때문에 한국적 초저출산의 혐의 중 일부는 난공불락의 결혼 허들에 씌워도 무방하다. 한국은 공인 커플의 자녀 출산이 절대다수인 까닭이다. 반대로 혼외자婚外子는 찾아보기 어렵다. 출산아 중 혼외자는 2%대 밑이다. 서구사회는 다르다. 70%대의 칠레를 필두로 유럽국가 중 상당수는 50%를 넘긴다(2014년). 정식 결혼 없는 혼외 출산이 정상이란 의미는 아니다. 가족의 범위를 넓게 보자는 얘기다. 프랑스 대통령이었던 올

랑드의 경우, 취임 당시 여자 친구로 불리던 동거녀가 사상 최초의 영부인이 됐다. 적어도 사실혼(비혼동거)을 인정하지 않는 한국 상황이 국제적으로는 예외에 가깝다. 결혼한 커플이 아니면 차별적인 환경에서 청년의 행보는 축소될 수밖에 없다. 프랑스는 1999년 포용적 가족 인정을 위해 문서 1장만 제출하면 법률·사실혼을 차별하지 않는 시민연대계약PACS을 제도화했다. 결혼허들을 낮춰 출산차별을 제거한 셈이다.

해외 사례를 무조건 좇을 필요는 없다. 새로운 문제도 낳기 때문이다. 무엇보다 한국과의 정합성이 낮다. 중요한 건 법률 기반의 결혼제도를 재검토하는 것이다. 혼인 인정의 범위를 넓히자는 얘기다. 통계도 거든다. 유배우자를 분모로 둔 출산율이 가임 여성(15~49세) 전체가 모수인 현행 출산율보다 높다는 통계가 있다. '유배우(합계특수) 출산율'을 눈여겨보자는 의도다. 실제 2000~2016년 '유배우 출산율'은 2.23명인데, (공식)출산율은 인구위기선(1.3명)을 밑돌았다.[19] 비혼이 출산을 낮춘다는 논리는 여기서 나온다. 고려사항이 많아 엄밀하진 않지만, 적어도 법적 결혼이 출산 자격(?)을 부여하는 환경임이 확인된다. 기혼자가 비혼자보다 출산 허들이 낮다는 통념과도 맞다. 오해는 금물인 게 출산장려주의는 아니다. 여성·결혼에 출산 책임을 전가할 까닭은 없다. 출산을 위한 결혼은 더 그렇다. 단 저출산이 문제라면 결혼 장벽을 낮춰주는 건 고려해봄직하다.

그럼에도 결혼은 희망된다. 사랑이 본능이면 결혼은 완성이다. 하고 싶되 못하는 게 갈등일 따름이다. 왕왕 본능조차 포기하는 경우까지 있다. 요컨대 '가족 구성 vs. 싱글'의 선택 갈등은 현존하는 이슈다. 안타깝지만 결혼 허들을 낮춰도 비혼 추세를 막기는 힘들다. 결혼·가족을 둘러싼 후속세대의 인식·가치관의 급속한 변화 때문이다. 혹여 비혼이 사회문화적 트렌드라면 백약이 무효인 까닭이다. 다양한 인생 가치에 호응하는 달라진 청년 인구의 등장도 심상찮은 추세다. 청춘남녀는 선배 세대를 통해 결혼·출산의 많은 경험·정보를 축적했다. 이를 검토한 결과 벤치마킹benchmarking보다 한계 전철을 안 밟겠다는 반면교사가 늘었다. 자녀효용(노동·보험·유희기능)의 약화·상실도 싱글 결정을 뒷받침한다. 본인 효용이 가족 희생보다 선순위라면 가족기능은 '불용론 → 무용론'으로 비화한다. 가족 기능을 벌충해줄 수많은 보완·대체재의 확대보급도 인식 변화를 거든다. 어렵게 결혼해본들 만족과 효용이 별로라면 차라리 홀로 가볍게 즐기려는 '신인류의 출현'이 오히려 자연스럽다.

'외로운 혼자 vs. 귀찮은 가족'의 승자가 전자라면 인구 정책은 수정 검토가 요구된다. 결혼 포기가 금전 한계를 넘어 가치전환까지 반영된 결과라면 출산장려책은 효과가 제한적일 수밖에 없다. 원인 분석이 오판인데 대응 효과를 기대할 수는 없다. 인과성을 알면 정책 자체의 발본 개혁이 시급하다. 힘들어진 출산 장려를 통한 인구증가는 잠시 내려놓고, 청년 선택을 응원하는 게 먼저다. 이를 통해 인식 재전환을 위한 대안 마련이 절실하다. 결혼의 정합성이 자연스레 확대·공감되도록 주변 환경을 꾸리는 정책이 권유된다. '외로운 혼자'를 이겨낼 대안은 '즐거운 가족'이 유력하다. 결혼이 리스크risk에 가까운 부담스러운 선택이 아니라 가성비, 가심비까지 안겨주는 카드일 때 변화는 시작된다. 물론 쉽지 않다. 누구보다 똑똑해진 청년의 선택을 바꾸자면, 확고한 정책 의지와 실행능력이 전제된다. 무엇보다 청년 생활 전반에 걸친 장기간의 꾸준하고 묵직한 개혁 작업이 간절하다. 그럼에도 하지 않을 수는 없다. 결혼 포기는 정해진 미래가 보내온 날 선 경고장인 까닭이다.

'더 줄어야 한다'는 적정인구론의 재검토

한편에서는 좁은 땅의 많은 인구를 감안할 때 인구감소가 낫다는 의견도 있다. 이른바 '적정인구론'의 정합성이다. 과연 그럴까? 적정인구란 자원 부족 없이 먹고사는 적당·적절 규모의 인구 숫자를 뜻한다. 극단적 배분갈등은 차치한 전제로 어디까지나 평균 생활을 가정한 총량개념의 인구 규모다. 절대다수가 만족스러운 자원 수혜를 입으며 지속 가능한 일상생활이 영위되는 최적 인구란 점에서 현실성과는 별개로 호기심을 끈다. 학계도 나름의 적정인구 산출작업에 열심이다. 대체적인 결과는 인구감소를 지지한다. 평가항목·측정기준이 달라 제각각이나, 한국의 현재 인구(5,178만 명)보다는 대부분 적은 숫자를 적정인구로 본다(2020년, 장래인구추계). 한국인구학회는 4,600만~5,100만 명, 국토도시학계는 4,350만~4,950만 명, 한국보건사회연구원은 5,000만 명(2020년)·4,300만 명(2080년)을 적정인구로 봤다. 통계청도 2065년

4,000만 명을 적정인구로 꼽았다. 일부는 4,000만 명 초반까지 떨어뜨린다. 어쨌든 지금보다 줄어드는 게 자원배분이나 경제유지 등 한국의 여력에 부합한다고 본다. 바꿔 말해, 현재 한국은 '인구 > 자원'의 과밀상태란 얘기다.

　따라서 '인구 = 자원'의 교차점까지는 줄어드는 게 좋다는 것으로 해석된다. 인구감소를 받아들이자는 메시지다. 어차피 줄어들 거라 못 받아들일 이유는 없지만, 조심할 게 있다. 먼저 인구감소와 맞물린 자원량의 유지·확대 시나리오다. 인구감소에 비례해 자원 규모도 줄어들면 적정인구론은 무의미하다. 적어도 배분자원은 똑같아야 1인당 몫도 커지는 법이다. 자원이 줄면 인구가 적어져도 상쇄 효과는 낮다. 인구·자원 동반감소의 수축경제에 가깝다. 현재로선 예측하기 쉽지 않다. 다만 추정컨대 인구감소에 맞서 자원공급이 유지·확대되기란 쉽지 않을 전망이다. 생산과 소비 주체의 양적 감소는 경제적 산출 가치를 줄이는 방향으로 작용할 것이란 추정이 더 합리적이다. 산업·복지·세제 등의 경제토대는 '인구규모 = 성장기반 = 재정상황'과 복잡하게 얽혀 있기 때문이다. 물론 인재고도화로 생산성 혁명을 이뤄내면 적정인구론도 실현된다. 당연히 가야 할 길이다. 하지만 당장은 실현하기 어렵다. 양적 성장에 맞춰진 기존제도는 물론 생활 양태에서 가치인식까지 완벽한 재편이 필수다. 인구 감소를 녹여낸 새로운 작동논리로서 '뉴노멀'의 안착이 시급한 시대의 과제로 부각된다.

　또 하나의 걱정은 적정인구론이 출산 정책을 후순위로 미루는 근거로 작용할 가능성이다. 출산 감소는 극복과제이지 수용 현실이 아니다. 전대 미문의 0.84명(2020년) 출산율은 이미 충분히 놀랍다. 방치하면, 다음 세기 한국인은 멸종 위기에 놓인다. 2명이 만나 2.1명을 낳아야 인구 유지인데, 0.8명대마저 아슬아슬한 현재 수치는 한국 사회의 지속가능성을 크게 위협한다. 작년 27만 명대까지 줄어진 출생자 수에 적용해보면 1세대 후 14만 명대, 2세대 후 6만 명대, 3세대 후 3만 명대로 쪼그라든다. 1세대가 ±30년이니, 5세대·150년 후 정도면 한국의 출생자는 천명 단위로까지 추락한다. 간단한 산수의 무서운 결과다. 그나마 현재 조건의 유지를 가정한 낙관적인 셈법으로 상황은 더 악화될 수 있다. 출산 정책을 방치 혹은 포기, 연기하면 적어도 인구학적 디스토피아의 출현은 예고된 셈이다. 가뜩이나 시간이 오래 걸리고 돈도 많이 드는 데다 성과조차 별로라 회피하고픈 게 출산 정책이다. 적정인구론이 다시금 출산 정책의 관심도·실효성을 낮추는 빌미를 줘서는 곤란하다. 가십거리에 가까운 적정인구론이 실제 정책을 쥐락펴락해 혼선과 갈등을 부추겨서는 안 될 일이다.

적정인구론이 도농 불균형과 만나면 논점은 재차 흔들린다. 자원쟁탈 없는 쾌적하고 넉넉한 생활 품질은 균형 배분이 이뤄질 때 실현된다. 밀도가 균질해야 호흡이 원만한 법이다. 한국은 지역별 인구밀도를 살펴보면, 꽤 기울어진 운동장이다. 서울 등 수도권은 12%의 땅덩어리지만, 전체인구의 51%를 가졌다. 인구집중의 과밀 이슈다. 반면 나머지 88%엔 사람이 없어 빈집과 노는 땅이 흘러넘친다. 소멸 위기의 과소 문제다. 도농불균형은 갈수록 심해진다. 수도권은 인재와 자금은 물론이고 환자까지 블랙홀처럼 흡수

　　　　　　　시대의 물음에 답하라

한다. 당연히 수도권의 한정자원은 51%의 거주민을 만족시키지 못한다. 그래서 수요초과, 공급부족은 가격 인상으로 직결된다. 성장기, 고임금이면 그래도 버텨내지만, 상황은 녹록지 않다. 자원 경합의 최일선인 서울은 생활 약자부터 등 떠밀며 거대성곽을 구축한다. 천정부지의 아파트값이 증거다. 서울발 인플레는 부도심과 수도권까지 위협한다. 인구 평준화를 위한 과밀해소책이 없지 않지만, 정책은 대부분 대책없이 패배한다. 그 결과가 도농불균형이다. 이 상황에선 적정인구론 자체가 무의미하다. 평균적인 감소와 지역적인 집중은 무관하다. 줄어도 쏠리면 문제다.

인구 감소와 자원 수요도 새로운 고려지점이다. 인구가 줄어도 수요가 늘면 자원은 역부족이다. 자원공급이 획기적으로 늘지 않으면 자원량을 초과한 욕망량은 적정인구론이 갖는 기대효과를 희석시킨다. 즉 인구감소에도 불구, '욕망(인구) > 소유(자원)'가 지속돼 문제 해결에 도움이 되지 않는다. 1인당 몫이 커지면 사람이 줄어도 확보 경쟁은 저감되지 못한다. 커지는 양극화와 무너진 중산층으로 볼 때 1인당 3만 달러를 넘긴 GDP만으로는 행복의 수준을 보장할 수 없다. 평균적인 고도·압축의 양적 성장에도 불행 호소가 일상적인 건 배분 갈등과 자원 부족 없이 설명하기 어렵다. 1인당 GDP가 1만 5,000~2만 달러를 넘기면 행복과 소득은 비례하지 않는다는 이스털린의 역설Easterlin paradox을 간단히 깨는 현실이다. 47년 전인 1974년의 역설이니 좀 더 금액을 높이는 게 맞다. 요컨대, 인구 욕망을 만족시킬 자원 소유가 아직이란 얘기다. 하물며 적정인구 운운은 한가로운 일이다.

적정인구론은 합의하기 어려운 논제다. '적정'이란 애매한 단어에서 확인되듯 명확한 평가 기준은 없다. 그보다 중요한 건 살아갈 이들의 생활 품질 업그레이드다. 살 만한 사회여야 훗날을 기약할 후속 생산도 꾀한다. 인구 규모가 얼마여야 한다는 화두보다 생활 수준이 어때야 한다는 기준이 먼저다. 행복에 닿는 삶의 질을 높이되 출산포기발 인구감소의 중장기적인 끈질긴 대응 전략도 내려놔선 곤란하다. 유인은 달콤해도 결과는 뼈저릴 수밖에 없다. 어차피 한국 사회는 2020년부터 자연감소가 확실시된다. 적정인구론을 내세워 사태 파악을 지체 혹은 회피하면 곤란하다. 논점에서 빗겨 설 여유는 없다. 충격적인 출산 포기는 원인이 제도적 억압이든 개별적 선택이든 상당한 후폭풍을 낳는다. 인구감소가 좋다는 식의 적정인구론은 착각이자 오해에 가깝다.

빗장도시 서울, 유토피아일까 디스토피아일까

이런 와중에 인구는 급격하게 움직인다. '지방 → 서울(수도권)'로의 사회이동이 그렇다. 많은 것을 완비한 도시로 향할 때 더 나은 삶을 위한 도약이 가능하리라는 기대효과 때문이다. 나름의 각자도생적인 의사선택이다. 다만 각자도생의 끝은 사회비용의 증가와 닿는다. 본인의 합리적인 선택이 사회의 불필요한 비용으로 전가된다. 일례로 사회이동은 필연적으로 도시와 지방 간의 도농격차를 유발하기 때문이다. 특히 한국의 사회이동은 출산 저하로 직결된다. 인구 밀도가 높은 도시일수록 출산율이 낮기 때문이다. 그럼에도 뭔가를 찾아 나선 탈지방·향서울의 사회전출은 끝없이 반복된다. 모두가 서울 안착에 성공하지는 않는다. 서울형 스태그플레이션(저성장·고물가)에 좌절하면 직주근접을 포기한 채 경기권으로 내몰린다. 서울이 요구하는 천문학적인 주거비용이 대표적인 정주허들이다. 그래서 서울은 '빗장도시Gated city'로 불린다. 거주증을 받은 그들만의 권력·계급 도시란 의미다.

빗장도시는 인구문제의 축소판이다. 정반대의 과소농촌이 만든 한계 공간과 달리 일극집중에 따른 도시 차원의 또 다른 갈등 문제를 내포한다. 욕구는 많은데 해소는 부족한 과수요 갈등 증폭의 현장이다. 그럴수록 통제의 빗장은 외부접근과 교류를 엄격히 차단해 스스로의 희소성을 가격에 반영한다. 못 버티면 못 살아내는 빗장도시 특유의 생존방식이다. 그래도 서울을 떠날 수는 없다. 바늘구멍보다 좁아도 서울이 아니면 생존할 수 없다. 교육과 취업은 물론 유희 수단과 자산 증식마저 빗장 안이라야 가능하다. 희망 고문에 가까우나 상향식 계층, 계급으로 이동을 꿈꾼다면 그나마 이곳뿐이다. 실제 서울은 수많은 재료가 뒤섞여진 대표적인 집적지다. 많은 걸 가졌고, 또 더 가질 태세다. 인구도, 돈도, 기회도 서울만큼 위력적인 곳은 없다. 입소문이나 선경험은 자석처럼 강력하게 주변 자원을 흡수한다. 뭐든 끌어당겨 '서울블랙홀'로도 불린다. 정치·경제·사회·문화 등 항목 불문 마찬가지다. 15~24세 청년 인구가 '지방 → 서울'로 향하는 것도 그렇다. 서울이 제공하는 '교육 → 취업'의 연계 고리가 비교 우위에 있어서다.

좋은 일자리와 직결되는 스펙과 평판을 서울이 독과점한 결과다.

지금은 고령인구마저 서울살이를 꿈꾼다. 나이가 들수록 '위험 자산 → 안전 자산'으로 포트폴리오를 바꾸듯, 고령인구의 사회이동은 제한된다는 게 라이프 사이클 이론의 핵심이다. 고령인구의 사회이동은 기회보다 위험이 더 크다고 봤다. 한국의 현실은 남다르다. 2000년대 이후 서울 전입을 택한 지방고령자는 증가세다. 인구센서스(2015년)를 보면, 서울 인구(전입-전출)는 8만 7,831명이 줄었으나, 70세 이상은 되레 27만 5,974명이 늘었다. 서울의 더 나은 의료, 간병 서비스를 기대한 선택이다. 이로써 서울은 이제 몸집을 불리는 전략을 택한다. 땅덩이는 못 늘려도 생활권을 확장해 서울 파워를 강화한다. 수도권을 품어 안는 그림이다. 서울 없이는 생존할 수 없는 수도권으로선 따를 수밖에 없다. 광역교통에 이어 광역주거로 서울의 베드타운화를 실현하며, 역내의 생산·소비·투자의 다양한 분업구조를 떠받친다. 돈은 서울에서 벌지만, 잠은 수도권이 맡는다. 우후죽순 생겨난 신도시는 상징적인 산물이다. 신도시 중 직주일치형이 거의 없는 건 서울발 산업·고용 등 유발·파생 효과에 의존할 수밖에 없음을 뜻한다. 빗장도시의 절대 존엄인 셈이다. 요컨대 '서울경제학'이다.

그렇다면 서울의 빗장은 앞으로 높아질까 무너질까? 서울이 쌓아올린 성벽은 견고하고 육중하다. 전 세계 어떤 수도도 서울보다 일극집중도는 낮다. 인구밀도·지역 총생산GRDP 등 양적 경제로는 서울이 최고 수준이다. 유명기업 본사의 70~80%는 물론, 신규취업 60~70%도 서울에서 이뤄진다. 생활 인프라는 두말하면 잔소리. 공공기관(117개), 대학(48개), 요양기관(2만2,683개), 문화시설(111개)이 밀집했다(2019년). 부동산값을 가른다는 '스타벅스'(스세권)는 서울(507개)이 전국(1,354개)의 38%를 가졌다. 국토의 0.6%일뿐인 서울이 엄청난 GRDP(423조 원·22%)를 갖는 배경이다(2018년). 지금도 서울은 배가 고프다. 엄청난 급등세와 수급 붕괴로 전 국민의 시름이 된 서울 아파트는 시가총액이 2014년 626조 원에서 2019년 1,233조 원으로 뛰었다(10월 기준). 살인적인 독주 행렬이다. 범 서울권인 경기·인천까지 넣으면 집중도는 더 높다. GRDP(990조 원·52%)만 절반 이상으로 수도권 인구 비중과 정확히 맞다(52%). 2명 중 1명이 사는 12%의 땅덩이가 만들어낸 성과다.

달도 차면 기우는 법이다. 빗장도시 서울은 중대한 도전 앞에 섰다. 아직인지 벌써인지는 몰라도 서울의 독주가 계속될 리는 없다. 반발과 균열은 엿보인다. 인구 감소가 상징적이다. 천만 서울인구는 일찌감치 깨졌다. 아직은 외압적인 추방이나 자발적인 탈출로 이어지면 전출행렬은 가속화될 수밖에 없다. 빗장인구의 보유자원을 받아줄 후속적인 손 바뀜이 끊길 때가 그렇다. '더 많이 빨리 크게'의 향상심이 줄어든 후속 인구는 곧 결심을 내릴 태세다. 서울형 스태그플레이션은 충분히 이들을 옥죈다. 바통 연결이 없는 한 기성, 기득권 세력의 독야청청은 기대할 수 없다. 서울의 고령화와 한계화는 불가피하다. '수축사회'답게 저성장마저 고착되면 욕망의 조정은 당연지사다. 2021년부터 베이비부머가 연평균 70~80만 명씩 고령인구로 들어서는 반면, 생산가능인구 진입 청년(15세~)은 30~40만 명대로 떨어진다. 이것만 봐도 빗장도시의 자원 재조정은 자연스럽다. 빗장을 열든 성벽을 낮추든 수도 서울의 지속가능성은 도마 위에 오를 수밖에 없다.

빗장도시 서울은 기울어진 운동장과 닮았다. 성벽 안팎의 금권金權 여부로 소수의 빗장인구와 다수의 추방인구로 엇갈린다. 빗장 안쪽의 폭탄 돌리기는 계속되기 어렵다. '멋진 신세계'를 움직이는 약 '소마'처럼 월급과 일자리 탓에 시간은 벌 수 있어도 조건부일 수밖에 없다. '소마'는 동경이 아닌 경계대상이란 걸 후속세대는 더 넓어지고 높아지는 빗장을 보며 깨닫기 때문이다. 그럴수록 반발과 포기는 가속화된다. 이미 '취업 → 연애 → 결혼 → 출산 → 자가自家'의 인생 과제를 삐딱하게(?) 보는 트렌드가 안착됐다. 계층이동이 막힌 가운데 '빚더미의 미래 고통 vs. 나다움의 현재 유희'는 구체화된다. 기괴한 빗장도시의 독특한 폭주기행에 동의하지 않는 달라진 청년의 등장이다. 이로써 빗장도시는 고빗사위에 선다. 개별 치부致富의 노림수가 집단 우울의 자충수로 연결되지 않는 묘책 마련이 요구된다.

인구문제를 풀어낼 화두는 결국 '로컬리즘'

치우침보단 적절함이 좋다. 중간이 탄탄할 때 안정적이다. 인구밀도도 그렇다. 면적 단위당(1㎢) 거주인구만 봐도 한국은 불균형의 극치다. 2019년 한국의 평균 인구밀도는 63.49명이다. 반면 서울은 1만 5,964명에 달한다. 평균보다 251배 많다. 그나마 시계열

　시대의 물음에 답하라

로는 줄어든 규모다. 스태그플레이션으로 서울살이가 힘들어 탈경脫京화가 심화된 결과다. 그럼에도 서울 중심의 자원 독과점은 여전하다. 빗장도시답게 견고한 비교우위를 고수한다. 특히 서울 일변도의 일자리는 파워풀하다. 밤엔 떠나도 낮엔 되돌아올 수밖에 없다. 가속화된 직주職住 이탈이 만들어낸 풍경이다. 와중에 인구는 더 몰린다. 서울을 포기한 대신 서울 접경의 수도권이 유력 후보다. 청년 인구에겐 교육·취업을 통한 호구지책을 실현해줄 최후의 공간인 까닭이다. 덕분에 경기·인천은 인구가 증가한다. 서울 포함 12%의 수도권에 총인구의 52%가 살아가는 이유다.

  한국은 곧 인구가 줄어든다. 자연증감(출생자-사망자)은 2019년 이미 마이너스를 찍었다. 국제유입 덕에 총인구는 당분간 좀 늘어도 하향 반전은 시간문제다. 총원이 주는데 한곳이 늘면 어디선가는 줄어든다. 수도권을 뺀 지방권역이다. 동전의 양면처럼 도시밀집과 농촌과소는 이음동어의다. 참고로 인구밀도 최하위인 인제군은 19.3명뿐이다. 개개인의 사회이동은 합리적인 선택이나, 사회 전체로는 비용유발과 불균형을 낳는다. 지속가능성의 훼손이다. 한쪽은 넘치고, 한쪽은 부족해서 자원 배분의 유효 활용을 가로막는다. 집적도시의 자원쟁탈보다 심각한 건 한계취락의 기능부전 문제다. 관심도 의지도 비켜선 외로운 소멸공간인 탓이다. 균형회복이 시급하다. 이대로라면 도시·농촌의 역내 분업은 깨져버린다. 농촌이 서울을 떠받친다는 점에서 생태계의 건강한 연결망이 중요하다. 답은 '로컬리즘'이다. 한국의 앞날은 농촌의 오늘이다. 지방이 죽으면 나라도 죽는다.

인구충격은 차별적이다. 서울생활권은 몰라도 기타 권역은 시한부 환자 신세다. 균형발전론이 화두란 건 한계취락이 그만큼 많다는 의미로 해석된다. 이곳엔 사람도, 돈도, 희망도 없다. 아이 울음은 옛말이고 곡소리만 들린다. 미래가 없으니 청년이 떠나는 건 당연지사다. 남아달라 애원한들 명분·실리 모두 실종 상태다. 자녀에게 "서울 10리 안에 살라"고 했던 정약용의 말은 침몰하는 배에선 탈출하는 게 낫다는 선구안과 같다. 지방 권역의 박탈감과 모멸감은 일상사다. 천정부지의 서울 집값에 온통 난리지만, 88%의 국토 공간은 배제된 방관자일 따름이다. 저성장발 디플레이션이 심화하면 지방은 회생조차 어렵다. 이대로라면 유령마을은 예약된 상태다. 발걸음이 멈춰선 곳에 돈이 돌 리 만무하다. 아직은 고령 인구로 연명하나, 다사多死 사회가 본격화되면 미래는 없다. 경고는 구체적이다. 2015년 일본 정부가 발표해 화제를 모은 소멸산식(20~39세 여성/65세 이상=0.5 미만)에 한국을 넣으면 226개 기초지자체 중 소멸위험 지역은 105곳에 달한다(2020년).

애타는 당사자로선 급해질 수밖에 없다. 해마다 축소되는 지역 단위 각종 통계는 실존적인 위협 수치로 인식된다. 탄탄했던 지방 거점대학마저 구조조정을 입에 담는다. 규모·범위의 경제로 버텨왔던 지역 상권은 가속적인 폐업 소식에 속수무책이다. 한계·과소의 딱지를 떼지 않는 한 몰락은 기정사실인지라 묘책 마련에 분주하다. 진정성은 달라졌다. 능력은 차치하고 의지만큼은 높아졌다. 몇 년간 상황의 심각성이 체감된 결과다. 실제 선거 시즌이되면 활성화 실현 공약이 선순위를 차지한다. 침묵이 동의가 아니

시대의 물음에 답하라

듯, 지역주민도 고향 상실의 감정호소를 넘어 최저생활의 품질확보로 시선을 옮겨간다. '하면 좋은 게' 아닌 '꼭 해야 할' 절체절명의 해결 미션이 된 셈이다. 환경은 무르익었다. 지역균형뉴딜처럼 중앙예산까지 풀리며 재생사업을 떠받친다. 미약하나마 고무적인 신호도 있다. 작지만 하나둘 성과를 내는 사례다. 그럼에도 고민스럽다. 가성비는커녕 부작용을 양산한 과거 경로를 반복할 수 있기 때문이다. 이름만 바뀐 채 형식·내용은 비슷한 과거 정책의 재구성이란 혐의도 구체적이다. 호기好機가 실기失機가 될지 염려하는 시선이 많다.

따라서 필요한 건 발상의 전환이다. 새로운 문제는 새로운 해결이 맞다. 최근의 도시집중·농촌과소는 과거보다 훨씬 복잡다난한 관계성을 품는다. 상황이 바뀌면 방법은 달라지는 게 옳다. '뉴노멀'에 맞는 새로운 도농균형론의 기획·실행이 필요하다. 당장 목적의 재구축이 먼저다. 무엇을, 누구를 위한 활성화인지 목적성을 분명히 하자는 취지다. 이와 관련해 과거 방식은 오히려 역내불균형을 심화시켰다. 하드웨어적인 토건사업 위주라 일부만 단발 수혜를 받을 뿐 대다수의 순환경제는 실현되지 못했다. 허술한 수요조사로 사업 이후 흉물로 방치되고 추가적인 운영비까지 내는 곳이 부지기수다. 짓고 닦는 활성화도 필요하나, 중요한건 주민 행복의 담보 여부다. 혜택이 고루 돌아가고, 지역에서 길게 살아남는 활성화가 바람직하다. 다음은 방식의 재구성이다. 행정이 모두 한다는 사고체계는 과거 유물이다. 시장 실패만큼 정부 실패도 많다. 대안은 행정 주도형 하향식보다 주민참여형 상향식이다. 공공예산을 넣어도 거리두기와 내려놓기는 필수다.

지역 활성화는 '지역'이 중심일 때 바람직하다. 기획도, 실행도, 평가도 지역이 주체로 참여할 때 효과적이다. 아쉽게도 한국의 지역 활성화는 갈 길이 멀다. 개선되고 있지만, 여전히 많은 경우 당사자보다 외부자의 입김과 이해로 결정된다. 40여 년의 균형발전론이 극단적인 도농불균형만 심화시킨 배경이다. 추진내용부터 진행방식까지 천편일률적인 토건 중심의 전국구 범용모델로 표준화된 이유다. 그러니 어디든 활성화 사업공간은 판박이처럼 닮았고 황폐화된다. 지역은 모두 다르다. 입지·역사·산업·인구·성향 등 똑같은 곳은 없다. 그 때문에 전국 표준을 적용하면 편하긴 해도 남는 게 없다. 차별화된 그들만의 활성화가 탐색·거래·감시비용을 줄일 뿐 아니라 지속적인 성과 창출로 직결된다. 중앙은 지역을 응원·지원하면 충분하다. 규제·예산 등의 권력하방으로 스스로 행복해지는 지역 시스템을 키워주는 게 옳다. 그걸 해주는 게 자치분권의 논리다. 수많은 성공사례의 공통분모로 거론되는 게 지역 중심 '로컬리즘'이란 건 우연의 일치일 수 없다.

'중앙일괄 → 지역자생'의 방향 설정에도 의문은 남는다. 과연 지역은 준비됐는가 하는 문제다. 논쟁거리인 게 달라진 활성화를 추진할 능력과 의지가 지역 공간에 갖춰졌는가의 물음이다. 자치분권이 이뤄져도, '로컬리즘'이 선택돼도, 이를 실행할 자생·내발적인 에너지가 없다면 무용지물이다. 방치된 한계취락 특유의 폐쇄성과 무력감을 벗겨내는 게 먼저다. 귀촌귀향 10년을 넘겼어도 '서울 것'이란 호칭으로 역차별하면 지역은 생존할 수 없다. 번거

롭고 힘들지만 다양한 이해관계를 공론화해 타협조율하는 참여 및 결정 구조가 '로컬리즘'의 전제조건이다. 원주민만 고향 주인 은 아니다. 활성화는 최대한 많은 이들이 인적자원으로 연결될 때 지속되는 법이다. 리더십을 포함한 지역 행정은 기획부터 실행, 관 리까지 사업공정에 직접적인 당사자성을 품어낼 장치를 갖추는 게 바람직하다. 공동체조직이든 사회적기업이든 선의만 요구하지 말 고 이해를 배분할 때 민간혁신과 영리성과는 보장된다.

　관제화된 '로컬리즘'은 곤란하다. 공공발 프로젝트라도 민관협 치에 의한 새로운 대응 체계로 완수되는 게 좋다. 미약하나마 달 라진 행정접근·주민참여도 확인된다. 즉 '뉴노멀'에 맞는 '로컬리 즘'을 완성할 절호의 기회다. 간단하고 손쉬운 활성화는 경계대상 이다. 수많은 참여와 복잡한 체계가 활성화에 녹여들 때 지역 전 체를 위한 행복 품질은 높아진다. 시간 앞에 무너지지 않도록 긴 호흡 속에서 작지만 확실한 성과를 하나둘 쌓아갈 때 역내 행복 을 위한 순환경제는 달성된다. 이젠 차별화된 지역 특화적인 창발 創發 모델을 고민할 때다. 226개 기초지자체는 226개의 활성화 모 델을 갖는 게 바람직하다. 지역 격차는 있겠으나, 분위기는 무르 익었다. 로컬리즘은 '비정상의 정상화'를 위해, 또 한국 사회의 미 래지속을 위한 새로운 실험이다. 괴물화된 빗장도시의 구심력을 해제하고, 유령화된 과소마을로 원심력을 강화할 재미나고 유의 미한 아이디어다. 지방소멸은 시작됐다. 도시가 시골을 먹듯 과거 가 미래를 막아선 낭패다. '로컬리즘'은 인구갈등을 풀어낼 마지 막 카드일지도 모른다.

인구변혁의 힌트는 당사자에게 물어야

인구변화에 가장 밀접한 연관 주체는 누굴까? 스스로 변할뿐더러 덩달아 변하는 트렌드의 주역은 여성으로 압축된다. 적어도 인구학적 시대전환을 이끄는 강력한 추동 집단은 특히 청년 여성이다. 이유는 많다. 정리하면, 인식 변화와 맞물린 정책전환이 한몫했다. 제2기 출산정책으로 평가되는 인구자질 향상기(1996~2003년)를 계기로 확인된 청년 여성의 입지와 능력이 부각된 결과다. 제2기는 제1기(인구 증가 억제기, 1961~1995년)와 제3기(저출산 고령사회 대응기, 2004년~현재)의 가운데에 위치한다. 여성권리 보호·신장을 통한 남녀평등의 실현이 정책 핵심이다. 양보다 질로 인구경쟁력을 높이는 차원이다. 이때부터 한국 사회는 남녀차별이 줄고 균등기회가 늘며 배제된 여성의 본격적인 사회참여가 촉진됐다. 굴레였던 성차별이 줄어들며 가정·사회의 위상은 달라졌다. 공고했던 비정상의 정상화 단계였다. 여전히 부족한 상황인식이지만, 과거보다 확실히 달라진 건 체감된다. 연령이 낮을수록 차별은 해괴하고 저급한 일로 인식된다. MZ세대에게 남녀평등은 자연스럽다. '기회는 평등하고, 과정은 공정하며, 결과는 정의로운' 시대의제의 한 축을 담당한다.

남녀비중은 역전됐다. 숫자로도 여성이 더 많다. 2020년 말 여성(2,598만 명·50.1%)은 남성(49.9%·2,584만 명)을 다소 앞선다(주민등록인구). 여성이 전년보다 약 3,000명 늘어난 데 비해 남성은 2년 연속 줄어 폭을 키웠다. 원래는 안 그랬다. 2015년까지 한국 인구는 '남자>여자'가 일반적이었다. 이후 매년 남녀 간 인구 격차가 늘었다. 2020년 14만 7,000명까지 벌어졌다. 참고로 2011년은 남성이 8만 명 더 많았다. MZ세대와는 무관하다. 성별역전은 60대 이상 여성 인구가 이끈다. 50대까지는 근소하게 남자가 많지만, 환갑 이후 고령 여성이 압도적인 비중이다. 가령 70대 이상은 여성(337만 명)이 남성(233만 명)보다 100만 명 이상 많다. 평균수명의 성별 차이를 감안하면 여초환경은 추세로 안착된다. '고령화=여성화'의 완성이다. 더욱이 평등 대우가 상식인 MZ세대가 늙으면 사회 전체의 차별의식은 더 옅어진다. 성숙사회의 등장에는 경제·문화적 요소도 중요하지만, 연령도 유의미한 변수다.

여성에 주목해야 할 또 다른 이유는 인구변화 때문이다. 인구문제가 아닌 인구변화라 칭하는 건 불필요한 오해보다 건설적인 논의를 위해서다. 인구변화가 문제면 남녀 모두의 귀결 사유다. 저출산 탓을 여성에게만 강요해선 곤란하다. 출산부터 양육까지 여성 홀로 불가능한 사회다. 그럼에도 인식과 통계는 여전히 전근대적이다. 사실상 '젊은 여성'에 모든 올가미를 씌운다. 심지어 일본은 20~39세 가임기 여성을 '인구 재생산력'이라 부르는 새로운 명칭까지 만들었다. 낮은 출산율의 원인을 찾고자 유배우 출산율(출산아/기혼여성)이란 통계도 동원된다. 아쉬움이 남는다. 결혼을 안 해서 덜 태어난다는 논리는 맞지만, 더 중요한 건 결혼이 여성 혼자만의 선택은 아니란 점을 간과했기 때문이다. 독신 여성에게 저출산 프레임을 던지는 해석의 오류인 셈이다. 이 논리면 혼외출산이 일반화된 프랑스 사례도 설명하기 어렵다. 오죽하면 출산율

대신 가치 중립적인 출생률을 쓰자고 반발할까.

하늘 아래 새로운 정책은 거의 없다. 단번에 문제를 풀어낼 즉효 처방은 특히 없다. 인구대응은 더더욱 그렇다. 요란한 빈 수레란 악평을 피하자면 원점부터의 재검토가 요구된다. 문제를 곡해하고 회피하는 한 먹힘직한 실효책은 멀어진다. 상식적인 얘기나 인구 해법은 청년 여성에게 묻는 게 대전제다. 문제 해결의 첫발은 당사자성이다. 당사자일수록 문제와 해법을 가장 잘 안다. 돌아보면 안 그랬다. 대부분 당사자의 심중·지향은 배제했다. 주체여야 할 이들을 객체화했으니 풀리기는커녕 엉킬 수밖에 없다. 여성이 힘든 사회에 출산은 긍정적이지 않다. 2030세대의 '출산 파업'을 과거 잣대로는 풀 수 없다. 고학력에 다양한 가치관을 가진 이들에게 '출산 vs. 직장'의 양자택일은 뻔한 결과만 낳는다. 이미 확인된 0명대 출산율이 증거다. 돈으로 풀겠다는 건 틀렸다. 1983년 인구 유지선(2.1명)을 깬 후 40여 년에 걸쳐 반등 기미 없는 추세하락은 재정 인센티브로써 출산 장려가 의미 없음을 뜻한다. 지금처럼은 곤란하다. 존재하나 기능하지 않는 정책이란 비판을 받아들일 때다.

성글지만, '인구학＝여성학'의 접근이 권유된다. 나아가 인구정책은 가족 정책으로 포괄되는 방식이 자연스럽다. 시대변화에 조응할뿐더러 당위적이고 효과적이다. 여성을 하대할수록 출산율은 낮아진다. 인구 반등까진 아니라도 최소한 하락세를 묶어낸 국가의 공통 교훈이다. 스웨덴은 2000년에 1.5명까지 떨어진 출산율이 2019년에 1.7명으로 회복됐다. 이탈리아·스페인도 20년째 ±1.3명을 유지한다. 다른 이유도 많지만, 한국과 차별적인 최대 배경은 남녀평등, 양립조화의 강화 실현으로 요약된다. 맞벌이는 자연스럽고 양육 부담의 쏠림은 개선됐다. 이를 받침해주는 돌봄의 사회제도화도 온도 차가 있다. 유럽의 성과는 장기간 이해당사자의 속내를 묻고 선택을 도와준 과정에서 비롯된다. 더 늦기 전에 한국도 청년 여성을 정책 현장에 초대해 눈높이를 맞추는 패러다임 전환이 필요하다.

미래세대가 희망을 잃으면 공멸은 불가피하다. '경쟁적 자본주의가 최고의 피임약'이란 말처럼 청년 세대의 혼돈과 불안이 낳은 비관론이야말로 출산 기피의 최대 원인이다. 가령 희망을 되돌려주는 1순위 당면과제는 안정적인 취업환경의 마련으로 귀결된다. 정년보장, 연공서열보단 기회균등, 능력발휘로 적어도 연령 차별적인 고용 관행은 바꾸는 게 좋다. 정책만으로는 불가능한 영역이다. 그러니 사회 전체가 패러다임의 수정에 동의·참가해야 한다. 다른 과제도 마찬가지다. 지름길이 없듯 하나하나 진정성과 실천성을 갖고 고쳐가야 할 타이밍이다. 로마 멸망의 고루한 전철을 밟을지, 한강의 기적 재현으로 새로운 항로를 열지 한국 사회는 고빗사위에 섰다. 이대로면 힘들어진다. 미국고령화협회AGE 설립자인 폴 휴이트는 "2100년 한국 인구는 1/3 이하로 떨어질 것"이라고 했다. 데이비드 콜먼 옥스퍼드대 교수는 "한국이 지구에서 사라지는 최초의 국가가 될 것"으로 내다봤다. 출산 포기와 청년 증발의 미래는 정해졌다. 남은 건 이제 바꿀지 말지의 선택뿐이다.

기본소득을
어떻게 보아야 하나

◆ 신중섭

기본소득의 사상적 연원은 다양하다. 토머스 모어, 토머스 페인, 토머스 스펜서, 조제프 샤를리에, 헨리 조지, 버트런드 러셀, 밀턴 프리드먼, 필리페 판 파레이스 등이 기본소득이라는 이념을 제시한 사상가로 거론된다. 이제 이들의 이념은 현실이 되고 있다. 이념이 실현되기 위해서는 사상가, 활동가, 정책가, 용기와 지성을 겸비한 정치가들 사이에 효율적인 협업이 이루어져야 한다. 이러한 협업을 통해 시민의 동의와 지지가 형성될 때 그 이념은 현실이 된다. 얼마 전까지만 해도 사상가의 아이디어에 지나지 않았던 '기본소득'이 이제 정치권의 의제가 되었고, 어떤 여론조사에서는 반대자보다 지지자가 더 많이 나온다. 여당 대선후보는 기본소득을 공약으로 채택하기도 했다. 사상가의 책에서 걸어나온 기본소득이 이제 정책으로 구체화 단계에 이른 것이다. 기본소득이 현실에서 지지 세력을 확보한 배경에는 기존 복지국가의 위기, 4차 산업혁명이 초래할 수 있는 일자리 감소, 플랫폼 경제와 불안정한 노동의 확산, 불평등의 심화가 있다. 많은 사람들이 느끼는 경제적인 불안은 기본소득을 지지하는 원동력이 되었다.

현대 기본소득의 주창자인 판 파레이스Philippe Van Parijs는 기본소득을 "한 사회의 모든 구성원 개개인에게 그들의 다른 소득 원천이 있든 없든 어떠한 조건도 내걸지 않고 현금의 형태로 정규적으로 소득을 지급하는 것"으로 정의했다. 기본소득의 원칙은 다음과 같다.

❶ 보편성: 모두에게 실질적 자유를 보장해야 한다는 이념에 따라 '누구에게나' 지급한다.

❷ 무조건성: 수급의 대가로 노동이나 구직활동 등을 요구하지 않는다.

❸ 개별성: 가구가 아니라 개인에게 준다. 자유는 개인의 자유다.

❹ 정기성: 정기적으로 지속적으로 준다.

❺ 현금 지급: 개인의 의사에 따라 자유롭게 지출할 수 있어야 한다.

❻ 충분성: 의료, 교육 등의 사회서비스와 함께 제공하고, 빈곤 탈출을 넘어 사회·문화적 참여를 보장할 수 있는 수준으로 제공되어야 한다.

❼ 수단적 대체 반대: 기존 복지를 기본소득으로 대체할 경우 중산층·저소득층·장애인·노인·취약계층 등의 처지가 개선되어야 한다. 기본소득을 다른 사회서비스를 없애기 위한 수단으로 도입해서는 안 된다.

기본소득의 두드러진 특징은 보편성과 무조건성이다. 기본소득의 수혜 대상은 모든 사람이기 때문에 개인 소득이나 수입, 자산에 대한 조사가 필요 없을 뿐만 아니라, 수혜자에게 노동의무를 부여하지 않는다. 보편성은 저소득층 심사 및 지급에 따른 행정비용이 필요 없고, 신청에 따른 낙인효과가 없다. 그리고 수급 자격 여부를 둘러싼 행정착오, 도덕적 해이, 경제적 지위나 자산 변동으로 인한 불공정성의 문제도 제기되지 않는다. 그뿐만 아니라 기본소득을 시행하기 위해서는 중산층의 지지가 필수적인데, 기본소득으로 80%의 사람들이 이익을 보기 때문에 정치적으로 쉽게 지지를 얻을 수 있다.

기본소득은 각자가 좋은 삶을 추구할 수 있는 실질적 기회를 주기 위한 것이기 때문에 여가 선호자도 배제해서는 안 된다. 말리부에서 서핑하는 사람도 받을 자격이 있다. 그뿐만 아니라 일하지 않거나 일할 의향이 없는 사람은 약자, 곧 최소 수혜자일 가능성이 높다. 그러므로 노동의 의무를 부과하지 않는 무조건성은 기본소득의 중요한 원칙이다.

기본소득을 도입해야 하는 이유는 다양하다. 판 파레이스는 모든 사람이 '실질적 자유'를 누리기 위해 기본소득이 필요하다고 주장한다. '실질적 자유'란 하고 싶은 것이 무엇이든 그것을 할 수 있는 자유다. 모든 사람은 실질적 자유에 대한 권리를 가지고 있기 때문에 그것을 할 수 있는 수단을 가져야 한다는 것이다. 이처럼 자유를 최고로 중요한 것이라고 믿는 이념을 실질적 자유주의real-libertarianism라고 부른다. 그는 우리가 살고 있는 자본주의 사회가 용납할 수 없는 불평등으로 가득 차 있다고 단정하고, 진정한 자유와 평등은 상호 배타적이 아니라고 믿는다. 진정한 자유를 추구한다고 해서 오늘날 세상에서 일어나고 있는 무수한 불평등을 모두 인정해야 할 필요가 없다는 것이다. 그렇다고 그가 완전한 평등을 주장하는 것은 아니다. 여러 불평등이 존재하고, 설령 희생자들이 존재한다고 해도 정의로운 사회일 수 있다고 주장한다.

실질적 자유의 공정한 분배를 위해서는, 그리고 사람들이 자신이 영위하고 싶은 삶을 선택할 수 있는 능력의 공정한 분배를 위해서는, 자산 조사나 근로조건을 부여하지 않고 사회의 각 구성원에게 현금으로 주어지는 무조건적인 기본소득이 도입되어야 한다고 확신한다. 무조건적 기본소득은 타인의 노동의 결실을 다른 사람들에게 이전하는 것이 아니다. 그것은 자연환경, 기술의 진보, 자본축적으로 인해, 그리고 각 개인의 삶의 상황으로 인해, 우리에게 불평등하게 부여된 편익의 일부를 좀 더 공정하게 공유하는 것이다.

'실질적 자유'라는 매우 추상적인 관념을 피하고 싶은 사람은 기본소득의 실질적 이점을 제시한다. 기본소득이 ❶ 비자발적 실업이 초래하는 심각한 경제적 불안과 험난한 생활환경을 막아주며 ❷ 노동자들을 공통적 관심사와 저항으로 이끌어낼 수 있으며 ❸ 자영업 종사자들의 잠재적 위기를 감소시키고 ❹ 빈곤 인구를 줄이고 ❺ 일정 수준의 소비를 유지하게 한다는 이유를 들어, 기본소득을 옹호한다.

기본소득을 위한 관점의 전환

기본소득의 주창자는 기본소득을 위해서는 우리의 생각이 바뀌어야 한다고 믿는다. 첫째로 복지와 정치, 경제, 노동, 생산에 대한 현재의 패러다임이 변해야 한다는 것이다. 우선 저복지 → 저세금 → 저복지의 악순환에서, 고복지 → 고세금 → 고복지의 선순환 체계로 바뀌어야 한다고 주장한다. 그 결과 기본소득이 지급되면 80% 이상의 압도적 다수가 수혜자가 된다. 둘째로 임금 노동뿐만 아니라 비임금 노동도 노동으로 인정해야 한다고 주장한다. 기본소득이 사회적으로 가치 있는 비임금 노동에 대한 보상이 될 수 있기 위해서는 노동에 대한 개념을 바꾸어야 한다는 것이다. 임금 노동만 노동이 아니라 가사, 자원봉사도 노동의 범주에 포함시켜야 한다는 것이다. 셋째는 공동부common wealth를 인정해야 한다고 주장한다. 모든 사람이 주인인 공동 자산이 존재하고, 공동 자산이 생산에 기여하고 있다는 것이다. 부의 원천에는 노동만이 아니라 토지 및 인터넷, 데이터, 전파 등 인류가 축적해온 것이 포함되며, 이것은 모든 사람의 것이라고 주장한다. 넷째 기본소득은 사람들의 정치에 대한 관심과 참여를 높일 것이라고 말한다. 기본소득을 주장하는 입장에서 정치는 세금을 누구에게 거두어서 누구를 위해 사용할 것인가를 결정하는 문명화된 전쟁이다. 기본소득을 도입하면 지급 액수 설정과 그 비용 충당을 위한 재원을 누가 부담할 것인가를 논의하기 위해 정치 참여가 확대될 것이라고 주장한다.

시대의 물음에 답하라

기본소득 옹호론에 맞서 반대론자들은 기본소득에 대해 의문을 제기한다. 기본소득에 대한 비판은 보수진영뿐만 아니라 진보 진영에서도 제기되었다. 첫 번째가 정의의 문제다. 이들은 정치철학적으로 기본소득이 정의로운가를 묻는다. 일하는 사람들로부터 거두어들인 세금을 일할 의사가 없거나 일하지 않는 사람에게 기본소득으로 지급하는 것은 정의롭지 못하다는 것이다. 그러나 옹호론자들은 자유주의적 관점에서 또는 공화주의적 관점에서 기본소득의 정당성을 정치철학적으로 옹호한다. 가난한 자는 자유로울 수 없기 때문에 그들에게 자유를 보장하기 위해 기본소득이 필요하다는 것이다.

　두 번째 비판은 빈곤 인구에게 지급하는 수당 제도가 빈곤에 대처하는 더 좋은 방법이라는 것이다. 가난한 사람에게 혜택을 몰아주어야 한다는 것이다. 예산 증액 없이 기본소득을 도입하면, 기존의 복지 혜택이 축소되어 가난한 사람들이 피해를 본다는 것이다. 이러한 비판에 대해 옹호론자들은 소득세의 누진성을 강화하는 형태로 기본소득을 도입하면 현행 사회보장제도에 비해 획기적으로 소득 격차를 줄일 수 있다고 주장한다. 소득 상위 20% 정도만 손해를 보기 때문에 소득 지급이 아니라 세금 부과 과정에서 소득 불평등이 완화된다는 주장도 한다.

　세 번째 비판은 과연 기본소득을 위한 자금 조달이 가능한가라는 의문이다. 옹호자들은 증세를 주장한다. 일부 고소득층을 제외하고 대다수 중산층은 세금 증가분보다 지급받는 액수가 많도록 설계하면 조세 저항이 없고, 최하위 계층부터 80%가 이익을 본다고 주장한다.

　네 번째 비판은 기본소득이 제공되면 과연 사람들이 계속 노동을 할까 하는 비판이다. 옹호론자들은 기본소득이 지급될 경우 일을 하면 수입이 증가하기 때문에 일할 것이라고 주장한다.

기본소득, 공산주의로 가는 길인가

기본소득은 '부드러운 사회주의'라는 관점도 있다. 기본소득 지지자들은 착취나 혁명과 같은 과격한 말을 사용하지 않는다는 점에서 부드럽다. 그러나 근대 이후 시장경제의 기본 토대가 되었던 사유재산의 정당성을 전면적으로 인정하지 않는다는 점에서 사회주의적이다. 생산수단의 사유화를 부정하는 공산주의자들과 달리 기본소득 지지자들은 생산수단의 사유화는 인정하지만, 개인이 개별적으로 가지고 있는 재산에 공유부가 포함되어 있다고 주장함으로써 현재 재산 소유자의 재산의 정당성을 인정하지 않는다. 현재 개인에 속한 재산의 일정 부분은 개인의 것이 아니라 공동의 자산이라는 것이다. 그러나 공동의 것이 얼마인가에 대해서는 구체적으로 말하지 않고, 그것은 정치적으로 결정될 문제라고 주장한다. 개인 소유물의 개인 소유권을 얼마나 인정할 것인가는 자연권의 문제가 아니라 정치적 결정의 문제라는 것이다. '정치적 결정'을 민주주의라는 말로 미화시켜 '민주적 결정'이라고 말한다.

　판 파레이스는 '기본소득은 사회주의를 거치지 않고 공산주로 가는 길'이라고 주장한다. 그는 사회주의의 핵심을 노동자들이 집단적으로 생산수단을 소유하는 것과, '노동에 따른' 생산물의 분배로 이해하고, 공산주의의 핵심을 생산수단의 집단적 소유 없이 "자신의 필요에 따라 분배받는 사회"로 이해한다. 공산주의는 사회적 생산물 전체가 각자의 생산에 대한 기여와 상관없이 분배되면 달성된다는 것이다. 사회주의에서는 착취가 사라지고, 공산주의에서는 노동이 외적인 보수에 의해 촉진되어 소외가 사라진다는 것이다.

이 밖에도 기본소득에 대한 다양한 비판이 있지만, 기본소득 옹호론자들은 모든 비판에 대해 반론을 제기한다. 기본소득에 대한 찬반 논쟁을 통해 기본소득의 우열이 가려지기는 어려운 상황이다. 근본적으로 기본소득은 정치 문제다. 많은 사람이 원하면 실행될 것이다.

현재 우리 사회의 기본소득 주창자들은 기본소득의 기본 원칙 가운데 보편성, 무조건성, 현금성을 강조하면서도 정기성이나 충분성에 대해서는 유연한 태도를 취한다. 우선 적은 액수라도 주기 시작하는 것이 중요하다는 것이다. 기본소득 지지자들은 시작에 초점을 맞추고 있다. 일단 적은 액수라도 시작하고 나면 점차 올라갈 수 있다고 믿는 것이다. 설산雪山 정상에서 주먹만 한 눈덩이를 굴려보자는 것이다. 적은 액수라도 기본소득을 시작하면 결국 '경사면 효과'가 나타날 것이라는 생각이다. 액수를 늘려 받자는 주장이 나올 것이고, 얼마나 늘릴 것인가가 민주적으로 결정된다면, 선거 때마다 액수는 올라갈 것이다. 전 국민을 수혜자로 한 기본소득이 초래할 결과를 우리는 상상만 할 뿐 실제적 결과는 알 수 없다. 기본소득이 한 번도 경험해보지 않은 새로운 세상을 창조할지도 모른다.

블록체인 기반의
메타버스 가상경제

◆ 최형욱

가상경제Virtual Economy란 가상세계에서 필요한 재화와 서비스를 생산하고 교환하며 소비하는 모든 활동과 이를 둘러싼 환경과 제도를 의미한다. 세계은행 infoDev는 보고서 〈가상경제의 지식 맵 *Knowledge Map of Virtual Economy*〉를 통해 "비물리적인 세계에서 거래되는 재화 또는 제품을 일컫는 가상재화Virtual Goods가 중심이 되어 가상경제 시스템이 확장되고 있다"고 말했다. 게임이나 소셜네트워크 서비스가 대중화되고 확산되면서 가상경제의 이용 빈도는 물론 규모도 급격하게 성장하고 있다. 특히 가치를 축적할 수 있는 가상자산Virtual Assets이 여기에 더해지면서 그 변화의 움직임이 심상치 않게 일어나고 있다. 가상자산의 가능성을 처음으로 연 것은 비트코인을 위시하여 글로벌 열풍을 불러일으켰던 블록체인 기술이 적용된 암호화폐였다. 암호화폐는 게임 머니Game Money 나 인터넷 캐쉬와는 다르게 암호화된 분산원장을 기반으로 투명하게 모든 거래를 기록할 수 있고, 변조가 불가능할 뿐만 아니라 익명성을 기반으로 하며, 은행과 같은 중앙기관의 인증이나 개입도 필요하지 않아 미래의 디지털 금융 인프라를 만들어낼 가능성으로 인식되고 있다. 다만 여전히 높은 변동성과 휘발성을 가지고 있고, 다양한 이슈들과 함께 그 내재된 와해성 때문에 암호화폐는 끊이지 않는 논란을 만들어내고 있다. 그럼에도 변동성에도 불구하고 가치를 축적할 수 있는 가상자산으로써 암호화폐가 일부 인정받게 되었고, 블록체인 기술이 전체 가상경제 인프라의 중심이 되어가고 있다.

가상자산의 확산과 메타버스

최근 블록체인 기술 중 하나인 NFTNon-Fungible Token가 디지털 경제 그리고 가상경제에 적용되면서 새로운 모멘텀이 만들어졌다. NFT 는 '대체불가능한 토큰'이란 의미를 가진 이더리움 기반의 스마트 계약 기술인데, 가상의 재화가 물리적 실체를 가질 수 있게 만들어준다. 현실 세계에서 대체 가능하다는 것은 내 손에 있는 만 원짜리 지폐와 다른 사람의 만 원짜리 지폐를 바꿔도 가치가 동일하다는 의미이고, 금, 지폐, 상품권 등 동일한 가치를 가진 물리적 실체가 다수 존재한다는 것이다. 반대로 대체 불가능하다는 것은 유

물리적 공간(원자)　　　　　　　　디지털 공간(비트)

▲ **그림 1 가상자산의 가능성**

일하며 대체할 수 있는 대상이 없다는 의미이다. 현실 세계에 가장 사본이 많은 예술 작품은 〈모나리자〉라고 한다. 아무리 사본이 많아도 루브르 박물관에 있는 모나리자 그림의 가치는 떨어지지 않는데, 그 이유는 바로 대체할 수 없는 한 점의 진본이 있기 때문이며, 우리가 그 작품을 구별하고 보증할 수 있기 때문이다. 이렇게 가치를 축적할 수 있고, 나중에 그 가치가 상승할 수 있는 유한한 것을 우리는 '자산'이라 부른다. 물리적인 세계에서는 대체 가능한 금도, 대체 불가능한 예술작품도 다 자산이 될 수 있다.

　디지털은 무한히 복제하고, 무한히 전송해도 한계비용이 거의 제로에 가깝다. 가지고 있는 디지털 사진이나 음원 파일을 천 번 복제해도, 또 천 명에게 전송해도 내가 가지고 있는 파일은 그대로이며, 복제되거나 전송된 파일과도 완전히 동일하다. 그동안 디지털은 이 속성을 무기로 세상 모든 것을 디지털화해왔다. 하지만 NFT를 적용하는 순간 그동안 디지털이 가지지 못했던 속성을 가지게 된다. 먼저 유한성, 또는 유일성을 가지게 된다. 무한하게 복제할 수 있었던 디지털 파일의 사본은 만들 수 있지만, 진본은 하나만 또는 유한한 수만큼만 존재할 수 있게 제약을 줄 수 있게 된다. 더 나아가 유한한 파일의 진위 여부를 증명해줄 수 있으며, 누구의 소유인지를 블록체인의 분산 장부에 기록하여 증빙이 가능해진다. 마치 등기부등본처럼 원래 창작자는 누구인데 누구로 소유권이 바뀌었고, 또 지금은 누가 소유하고 있는지 투명하게 보증을 해줄 수 있다. 결국 아티스트가 만든 디지털 창작물이 유일하며 진본임을 증명해줄 수 있게 되면서 그동안 갖지 못했던 가상자산의 지위를 가질 수 있게 된 것이다. 이것은 가상부동산에도 적용이 가능하며, 현실 세계의 부동산이 자산으로써 투자의 대상이 되듯, 가상부동산이 가상자산의 대열에 포함되고 있으며, 디지털로 만들어진 그 무엇이라도 유한성과 진위성을 내재가치라고 믿을 수만 있다면 가상자산이 될 수 있는 것이다.

Earth2나 Upland 같은 블록체인 가상 부동산 게임들이 열풍인 이유가 여기에 있다. 실제 세계의 지도 데이터를 기반으로 각 블럭들을 NFT화하여 매핑mapping한 서비스들인데, 자체적인 암호화폐를 중심으로 그 규모가 급격히 커지고 있다. 실제 위치정보와 지역정보가 매핑된 가상부동산에 블록체인 기술을 이용하여 그 가상부동산이 유일하며 진짜 자산임을 증명할 수 있게 되면서, 그 유한한 자원의 소유자가 되려고 하는 욕망을 불러일으킨 것이다. 당장은 투자와 소유의 목적이 이 트렌드를 부추기고 있지만, 충분한 시간이 흐르고 그 자산을 활용하여 다양한 비즈니스를 창출하는 일들이 충분히 가능해질 것이다.

매일 35만 명이 접속해서 플레이하는 엑시인피니티Axie Infinity라는 블록체인 게임이 있다. 세 마리의 엑시가 있어야 게임을 시작할 수 있기 때문에 처음엔 엑시 마켓플레이스Axie Marketplace에서 코인을 지불하고 엑시를 구매해야 한다. 세 마리의 엑시를 키우고 교배해서 전투하고, 승리하는 경우 $SLPSmall Love Portion라는 ERC-20 토큰을 보상으로 받는다. $SLP를 이용하여 교배하면 엑시를 얻을 수 있고, 각각의 엑시들은 NFT가 적용되어 있어 희귀한 엑시인 경우 비싸게 판매할 수 있다. 벌어들인 코인도 환전이 가능하다. 사람들이 돈을 벌기 위해 전업으로 엑시인피니티를 하는 경우도 빈번하다고 하는데, "Play to Earn"이라는 새로운 트렌드를 주도하는 대표적인 블록체인 게임으로 떠오르고 있다.

블록체인 기반의 대표적인 메타버스 사례인 디센트럴랜드에서도 마나Mana라는 암호화폐가 있고, 토지를 구매하여 집을 짓고, 이를 판매하여 임대수익을 올리거나, 게임을 통해 다양한 수익을 창출하기도 한다. 아타리Atari는 그 안에 카지노를 건설하고 암호화폐인 아타리 코인을 만들었다. 예전 세컨드라이프가 그랬듯, 참여하는 유저들에게 재미를 선사하고 수익을 벌어들이고 있다. 메타버스는 1992년 닐 스티븐슨의 소설에 처음 등장한다. 가상현실 고글을 착용하고 나를 대신할 아바타로 접속하게 되는 또 하나의 현실 같은 세계를 의미했다. 진짜와 같은 공간감과 몰입감, 그리고 실시간 상호작용이 가능한 디지털로 구현된 세계다. 그 안에서 사용자들은 현실 세계와는 다른 힘과 능력을 발휘하게 되고, 새로운 정체성을 가지게 된다. 지금의 메타버스는 아직 영화에서의 수준에 다다르지 못했다. 하지만 본질적으로 영화는 보여주고 공감하게 만드는 상상력이었다면, 메타버스에서는 직접 경험하고 체화되는 상상력이라는 차이가 있다. 그래서 기술적으로 더 구현하기가 어렵고 영화처럼 연출해내기가 어렵지만, 그럼에도 가능성 넘치는 새로운 트렌드로 최근 급부상하고 있다.

메타버스의 확산과 핵심 요소

메타버스가 다시 부상하게 된 배경에는 코로나 팬데믹 상황이 한몫을 했다. 사회적 거리두기와 함께 이동과 모임의 자유가 제약을 받기 시작하면서 모든 것들이 디지털 기반의 비대면 라이프스타일로 수렴하고 있다. 그러나 이는 그 속도가 가속화된 것일 뿐, 이미 진행되고 있던 방향이었다. 그렇다면 무엇이 지금의 메타버스라는 현상을 야기했는가? 첫째, 전 세계 인구의 60% 이상이 인터넷을 사용하고 있고, 그중 92.8%는 스마트폰을 통해 항상 인터넷에 연결되어 있다. 메타버스는 인터넷에 연결되어 있는 세계다. 인터넷이 없다면 존재할 수 없으며, 구현하거나 접속할 수도 없다. 인구 과반수 이상이 늘 인터넷에 연결되어 살게 되면서부터 메타버스에 임계 사용량이 만들어지기 시작했다. 둘째, 컴퓨팅 성능의 급격한 향상이 이어지고 있다. 특히 GPU의 발전이 기하급수적으로 일어나고 있는데, 이는 여러가지 기술 발전과 밀접하게 맞물려 있다. 비트코인으로 시작된 암호화폐 열풍과 블록체인 트렌드에 중요한 역할을 했던 것이 채굴이라는 과정인데, 이때 엄청난 양의 GPU가 장착된 그래픽카드가 투입되었고, 동시에 큰 성능 향상이 이루어지고 있다. 동시에 '알파고 대 이세돌' 바둑대결 때 등장한 인공지능과 딥러닝 기계학습이 GPU를 기반으로 처리되고 있다. 당연하게도 엄청난 성능을 요구하고 있고, 알고리즘 연구와 함께 비약적으로 GPU의 성능이 발전하고 있다. 메타버스는 디지털로 구현된 세계이며, 그래픽으로 가상화되고 시각화되어야 한다. 결국, 그래픽카드의 성능이 메타버스의 품질과 몰입감을 결정하는 중요한 인자가 된다. 앞서 블록체인과 인공지능의 발전이 견인해 온 GPU의 발전은 필연적으로 메타버스에 있어서도 매우 중요한 티핑포인트Tipping Point가 되고 있다. 세 번째는 페이스북 오큘러스 퀘스트2라는 가상현실 헤드셋의 대중화가 시작되었다는 것이다. 사용성도 충분히 개선되었고, 사용할 수 있는 앱들도 많아지고 있어서 2022년 초에 판매량 1,000만 대를 돌파해 생태계를 만들 수 있는 임계점을 넘어설 것으로 예상된다. 이런 이유들로 지금 불고 있는 메타버스의 열풍은 유행처럼 번지다 꺼지기보다는 본격적으로 우리의 삶 속으로 스며들면서 대중화될 가능성이 그 어느 때보다 높다.

메타버스는 '현실 세계와 인터넷으로 연결되어 디지털로 가상화된 다차원 시공간으로 이루어진 다중 사용자 중심 세계'를 의미한다. 그래서 공간 인터넷이란 용어로 불리고 게임의 속성을 가지기도 하지만, 메타버스에는 중요한 7가지 핵심 요소가 있다. 이 요소들을 가지고 있는지, 없는지를 보면 얼마만큼 메타버스에 가까

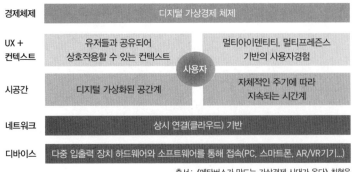

경제체제	디지털 가상경제 체제	
UX + 컨텍스트	유저들과 공유되어 상호작용할 수 있는 컨텍스트	멀티아이덴티티, 멀티프레즌스 기반의 사용자경험
시공간	디지털 가상화된 공간계	자체적인 주기에 따라 지속되는 시간계
네트워크	상시 연결(클라우드) 기반	
디바이스	다중 입출력 장치 하드웨어와 소프트웨어를 통해 접속(PC, 스마트폰, AR/VR기기…)	

출서 : 《메타버스가 만드는 가상경제 시대가 온다》 최형욱

▲ 그림 2 메타버스의 7가지 핵심 요소

운지 이해할 수 있다. 먼저 메타버스는 클라우드 기반으로 인터넷과 항상 연결되어 있어야 한다. 그리고 접속을 위해선 다중 입출력이 가능한 디바이스를 사용해야 한다. 이렇게 메타버스는 항상 인터넷에 연결되어 있고, 하드웨어와 소프트웨어로 이루어진 디바이스가 있어야 접속이 가능한 것이다. 디바이스는 인터넷과의 연결은 물론 사용자의 입출력 상호작용에 대한 인터페이스를 제공해줄 뿐만 아니라, 그래픽을 처리해 시각적으로 디스플레이 해주는 역할을 수행한다. 접속하고 나면 4가지 핵심 요소를 가진 사용자 중심의 세계가 펼쳐진다. 먼저 디지털로 시각화되고 가상화된 공간계와 자체적인 주기에 따라 멈추지 않고 흐르는 시간계가 존재한다.

게임 〈모여봐요 동물의 숲〉에는 사용자가 이주한 섬들이 존재하고, 현실 세계와 동일한 시간이 멈추지 않고 흐른다. 세컨드라이프나 디센트럴랜드에는 육지와 섬, 건물과 바다가 시간의 흐름에 따라 멈추지 않고 지속된다. 각각의 시공간은 또한 접속한 사

시대의 물음에 답하라

용자들이 이곳에서 다른 사용자들을 만나 상호작용할 수 있는 컨텍스트로써 공유된다. 개인이 혼자 사용할 수 있는 프라이빗한 방을 가질 수도 있지만, 반드시 다중 유저들이 함께 게임을 즐기고 대화를 하거나 미팅을 할 수 있는 공유된 컨텍스트가 제공되어야 한다. 이곳에서 사용자들은 자신이 원하는 정체성을 가진 아바타로 존재하게 되는데, 현실 세계의 나는 유일하고 유니크하지만, 메타버스의 나는 현실 세계의 나와 다른 다수의 정체성을 가질 수도 있고, 복수의 시공간에 동시에 존재할 수도 있다.

이렇게 다수의 사용자들이 메타버스에서 무엇인가를 생산하고 소비하고 교환하는 일이 생기면, 경제의 기본 구조가 돌아가게 된다. 여기에 화폐가 도입되고, 거래소가 생기고, 시장이나 매장들이 등장하면 본격적인 가상경제 체제가 운영될 수 있는데, 이것이 메타버스의 7번째 핵심 요소가 된다. 디지털 경제를 기반으로 하여 우리는 이미 인앱 결제를 하거나, 코인을 구매하여 아이템이나 패스를 사거나, 퀘스트에서 얻은 아이템을 판매하는 등의 일들을 해오고 있다. 이렇게 메타버스 내에서 일어나는 디지털 경제활동과 체제를 우리는 가상경제라고 부를 수 있다. 가상경제에서 생성되고 소비되거나 교환되는 가상재화들은 디지털의 속성을 가지고 있어서 무한히 생성될 수 있다. 싸이월드에서 벽지나 바닥재 같은 것을 도토리를 받고 판매할 수도 있고, 마인크래프트에서 특별한 아이템을 구매할 수도 있는데, 모두 무한하게 만들어내도 한계비용이 0에 가깝다. 따라서 가상재화는 물질적인 실체뿐만 아니라 본질적인 가치가 없는 디지털 재화에 해당하는데, 철저히 사용자들의 지불 의사에 따라 가치가 만들어진다. 로블록스에 가끔 엄청나게 비싼 아이템을 크리에이터들이 올려놓는데, 사용자의 지불가치를 넘어서는 것은 호가는 있으나 가치는 없는 것과 같다. 반대로 간혹 한정판 아이템들이 나오면 수요와 공급에 따라 지불가치가 높아지는 경우들도 있다. 실제로 구찌가 로블록스에 만든 'Gucci Garden Architypes'에 한정판으로 꿀벌 장식이 있는 'Dionysus Bag' 아이템을 공개했는데, 암호화폐도 아닌 일반 가상재화 475Robux(로블록스 자체 화폐)의 아이템이 나중에는 35만 Robux(400만 원 이상)까지 치솟으며 재판매 가격이 상승하는 일도 있었다.

메타버스 생태계와 메타휴먼의 등장

크리에이터 이코노미라고 불리는 생산자이자 동시에 소비자인 프로슈머 유저들의 등장은 가상경제라는 생태계에 있어 커다란 모멘텀이 되고 있다. 다양한 플랫폼들이 등장하면서 무엇인가 가상재화를 만드는 일들에 수요가 생기기 시작했고, 소셜 네트워크와 결합되면서 생태계가 확장되고, 또 수요자와 공급자가 서로 쉽게 연결될 수 있게 되면서 생산과 소비의 규모가 모두 급격히 성장했다. 여기에 다양한 저작 툴이나 크리에이터 스튜디오 소프트웨어가 보급되면서 더 쉽게 더 다양하며 품질이 높은 가상재화들이 시장에 만들어져 나오게 되었다. 여기에 블록체인 기술이 더해지면서 메타버스는 크리에이터 이코노미가 완성되는 가장 거대하고 급속하게 성장하는 생태계이자 다양성이 극대화되는 방향으로 진화하게 될 것이다.

얼마 전 한 보험사의 TV광고가 화제에 올랐다. 놀랍게도 실제 사람이 아닌 가상으로 만들어진 인간이 출연한 광고인데, 너무 자연스러워서 진짜인지 아닌지도 구별하기 어려웠다. 메타버스의 도래와 함께 메타휴먼Meta-Human도 함께 부상하고 있다. 광고에 출연한 로지가 바로 사람인지 아닌지 구별하기 어려울 정도로 사람과 흡사한 디지털로 구현된 가상 인간이며, 이를 우리는 메타휴먼이라고 부른다. 메타버스와 마찬가지로 메타휴먼은 컴퓨터 그래픽으로 구현되며, 인공지능에 의해 처리된다. 에픽게임즈는 메타휴먼을 그래픽으로 쉽게 만들어내고, 표정과 반응을 커스텀할 수 있는 메타휴먼 크리에이터 툴을 공개하여 크리에이터들이 쉽게 메타휴먼을 만들거나 적용할 수 있는 길을 열었다. 삼성리서치는 네온이라는 메타휴먼 스튜디오와 애플리케이션을 공개하고, 산업의 다양한 분야에 이런 가상인간을 쉽게 트레이닝하고 적용할 수 있는 서비스를 출시했다.

현실 세계의 나는 유일하고 유니크하지만 메타휴먼은 무한하고 다양한 확장성을 가진다. 삼성 네온이나 로지처럼 현실 세계로 들어와 우리의 실생활에서 상호작용할 수 있는 가상의 정체성을 가진 메타휴먼은 특별히 인조인간Artificial Human이라고 부를 수 있고, 릴 미켈라Lil Miquela나 로지처럼 유명한 셀럽이 되면, 버추얼 인플루언서가 된다. 가상세계에는 현실의 나와 동일한 정체성을 가진 아

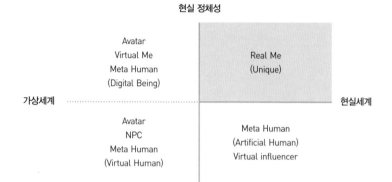

현실 정체성

Avatar
Virtual Me
Meta Human
(Digital Being)

Real Me
(Unique)

가상세계 ································· 현실세계

Avatar
NPC
Meta Human
(Virtual Human)

Meta Human
(Artificial Human)
Virtual influencer

가상 정체성

▲ 그림 3 메타휴먼

바타도, 가상의 정체성을 가진 아바타도 존재할 수 있다. 현실 세계와 동일한 정체성이라면 'Real Me'에 대비되는 'Virtual Me'가 될 수 있고, 다른 유저들의 'Virtual Me'들은 메타휴먼 중 'Digital Being'이라는 존재로 서로에게 다가갈 수 있다. 가상세계에서 가상 정체성을 가진 메타휴먼들은 그동안 우리가 온라인 게임에서 NPC라고 불렀던 존재들과 유사하지만, 강력한 컴퓨터 그래픽과 인공지능의 힘으로 우린 실제 유저의 아바타인지 가상의 메타휴먼인지 구분할 수 없게 될 것이다. 결국 메타휴먼은 메타버스처럼 가상과 현실의 인간 모두를 포함하는 커다란 개념으로 확장될 것이다. 페이스북이나 트위터 프로필에 본인인증 여부를 표현하듯 메타휴먼에 블록체인 기술인 NFT를 적용하여 신분 확인을 해야 하는 일이 생길 것이다. 또한 디지털에 살아 움직이는 메타휴먼이 가치를 가지게 되어 가상자산으로 인식되는 시기가 올 수도 있을 것이다.

시대의 물음에 답하라

가상의 것들이 진짜인 세상

현실 세계에서 투영된 인간의 욕망은 가상경제라는 체제가 가능해지도록 만들었고, 블록체인 기술을 이용하여 서서히 시스템으로 만들어가는 실험들이 한창이다. 디지털로 구현되어 인터넷과 연결되어 있는 세상인 메타버스는 디지털 기술, 인터넷 기술, 가상화 기술들과 합이 잘 맞아 빠르게 발전하며, 온라인과 오프라인의 경계가 흐려지고, 어디까지가 물리적인 세계이고, 어디까지가 가상의 세계인지 그 구별마저 모호해지고 있다. 메타버스는 디지털로 가상화되며, 인터넷을 통해 다차원 공간으로 확장되어 가고 있다. 그리고 더 나아가 인터넷이 블록체인 기반의 분산형 신뢰망이 되려는 그 시작점에 있다. 원래 인터넷이 탄생되었을 때 가졌던 완전히 분산화된 유기적 연결망이 블록체인 기술이 더해지면서 그 진화의 가능성이 열리기 시작한 것이다. 디지털 기술들의 속성이 그렇듯 블록체인도 강력한 클라우드의 컴퓨팅 능력의 발전으로 함께 기하급수적으로 확산되고 있고, 여기에 인공지능과 메타버스라는 새로운 기술과 결합되어 거대한 가상경제의 생태계로 진화하고 있다. 보이지 않았던 것들이 실체를 가지게 되고, 우리 눈으로 보이는 가상의 것들이 이제는 모두가 진짜인 세상이 열리고 있는 것이다. 보이는 것을 믿을지, 믿는 것을 보게 될지는 이제 우리 자신의 선택에 달려 있다.

민주주의의 위기와
한국 정치

◆ **강원택**

최근 들어 민주주의의 위기 조짐이 세계 곳곳에서 나타나고 있다. 이러한 현상은 사실 30여 년 전의 국제정치적 흐름과 비교하면 매우 뜻밖의 일이다. 30여 년 전 민주화는 지구적 현상이었다. 스페인, 포르투갈, 그리스 등 남부 유럽에서 시작된 민주화의 물결은 아르헨티나, 브라질, 칠레 등 남미를 거쳐, 필리핀, 인도네시아, 한국, 대만 등 아시아 지역으로 밀려왔고, 뒤이어 공산주의 체제의 몰락과 함께 소련과 동구권으로 이어졌고, 넬슨 만델라로 대표되는 남아공의 민주화로 연결되었다. 당시 세계적으로 수십 개의 국가가 민주화를 이뤘다. 공산주의의 몰락 속에 자유민주주의는 유일한 대안으로 간주되면서 프란시스 후쿠야마Francis Yoshihiro Fukuyama, 1952~ 같은 학자는 '역사의 종언'을 주장했다.

그러나 이와는 달리 최근 들어서는 민주주의가 곳곳에서 후퇴하는 조짐이 나타나고 있다. 민주주의의 위기는 크게 두 가지 형태로 나타나고 있다. 하나는 명백한 민주주의 체제의 후퇴이다. 자유롭고 공정한 선거, 정치적 자유의 보장, 제한받는 권력, 정권 교체의 가능성, 법의 지배 등 자유민주주의의 기본 원칙이 제대로 지켜지지 않는 민주주의의 퇴행이 나타나고 있다. 최근 터키, 폴란드, 헝가리 등 전 세계 여러 나라에서 정치적 자유의 침해, 장기 독재, 야당에 대한 억압 등 권위주의 정치가 모습을 드러내고 있다. 두 번째는 포퓰리즘Populism의 부상이다. 유럽 각국에서의 포퓰리즘 정당의 출현은 말할 것도 없고, 2016년 영국에서의 브렉시트Brexit 국민투표 과정에서나, 미국의 트럼프 당선에서 볼 수 있듯이 포퓰리즘은 오랜 민주주의의 전통을 갖는 서구 정치에서도 나타나고 있다. 포퓰리즘은 기존 정치권에 대한 높은 불만과 불신 속에서 인종적 편견이나 이민자에 대한 적대감 등 외부의 '적'을 설정하고, 국수주의나 인종주의를 자극하여 지지를 얻으려는 시도이다. 포퓰리즘은 자유민주주의의 기본이 되는 다원주의를 무시하고 배제와 편견이 동원된다는 점에서 결코 건강한 정치라고 할 수 없다. 세 번째는 거리 정치의 활성화이다. 제도 정치가 아니라 거리 정치가 활발해진다는 것은 그만큼 사회적 혼란과 분열을 가속화시킬 수 있다. 사실 제도 정치가 외면받은 지는 오래되었다. 서구 민주주의에서 투표율이 지속적으로 하락해왔고, 정당 가입자 수도 줄어들었다. 많은 나라에서 제도권 정치에 대한 불신도 매우 높아졌다. 최근 남미를 휩쓸고 있는 대규모 시위, 프랑스의 노란 재킷, 미국의 월가 점령 시위 등 시민들이 직접 거리로 나와 항의하는 사례가 크게 늘었다. 이러한 비인습적 정치 참여가 그 자체로는 민주주의의 위기를 초래한다고 할 수 없지만, 폭력적 행위가 수반되거나 혹은 포퓰리즘 정치와 맞물리는 경우 자유민주주의 체제에 부담을 줄 수 있다.

민주주의의 위기와 그 원인들

이처럼 세계 여러 나라에서 민주주의의 위기가 목격되고 있다. 그렇다면 도대체 어떤 이유로 오랜 민주주의의 전통을 갖는 서구에서조차 민주주의의 위기가 발생하고 있을까. 이에 대해서는 몇 가지 원인을 생각해볼 수 있다.[20] 우선 경제적 양극화, 고용의 어려움 등 여러 가지 문제가 발생하지만, 과거와 달리 한 국가가 해결할 수 있는 영역이 크게 제한되었다는 점을 들 수 있다. 세계화와 함께 국제적 분업 관계가 마련되면서 제조업 등 일자리와 관련된 산업은 개발도상국으로 이전되었고, 선진경제국은 금융, 서비스, 지식산업 등을 중심으로 산업이 재편되었다. 이러한 상황에서 실력이나 전문성을 갖지 못한 인력은 일자리를 찾기가 어려워지고, 대도시 중심으로 경제 활동이 집중되면서 지역 간 격차도 커졌다. 그러나 이러한 문제에도 불구하고 한 국가의 정부가 이를 해결하기란 쉽지 않은 상황이 되었다. 더욱이 세계화의 영향으로 각국이 밀접하게 연계되어 있고, 또 국제 규범의 제약 속에서 한 나라의 문제를 그 내부적 논리와 방안에 의해 독자적으로 해결하기도 어렵게 되었다. 이러한 한계는 통합의 심화로 인해 정책의 표준화나 특정 사건에 대한 공동 대응의 원칙이 강화된 유럽연합 국가에서는 더욱 분명하게 나타난다. 이러한 국제적 환경 속에서 중국과 같은 비민주적 국가가 지난 수십 년간 이뤄온 성장과 발전은 자유민주주의 체제에 대한 대안으로 권위주의 체제를 바라보게 하는 경우도 생겨났고, 남미에서는 집권층의 부패와 맞물리면서 최근 격렬한 거리의 정치가 나타나고 있다.

한편, 정당 정치의 전반적 약화 역시 민주주의의 위기와 깊은 관련이 있다. 정당 정치가 유권자들과 긴밀하게 연계되어 있다면 정치적 요구나 불만은 모두 기존의 정치체계를 통해 수용될 수 있을 것이다. 그러나 시대적, 환경적 변화로 인해 기존 주요 정당들과 유권자 집단 간의 연계는 약화되었다. 예컨대, 복지국가의 건설, 경제 구조의 변화와 함께 계급 정치가 약화되면서 노동자들과 계급 정당 간의 연계가 약화되었고, 세속화의 진행으로 교회나 종교, 정당과 유권자의 관계도 약화되었다. 이처럼 기존 정당과 연계가 약화된 유권자들이 많아지면서 선거의 유동성이 매우 커졌다.

서유럽 국가의 경우에는 1980년대 이후 거대 정당들의 정책적, 이념적 입장이 대체로 수렴되는 현상을 보였다. 예컨대, 영국에서는 보수당의 대처와 메이저 총리가 추진해온 신자유주의 정책은 뒤이은 노동당 블레어 총리가 '신노동당'을 선언하면서 수용되었다. 독일에서도 사민당의 슈뢰더 총리가 그 이전 기민당에서 추진해온 신자유주의 노선을 '제3의 길'로 명명하며 받아들였다. 이러한 좌파 정당의 중도화는 경제적 변화와 집권 가능성을 염두에 둔 노선의 변화지만, 유권자들의 입장에서는 두 거대 정당 간 정책의 차별성이 크지 않게 되었다는 점에서 명백한 대안의 부재를 느낄 수밖에 없었다. 특히 이러한 수렴의 정치에도 불구하고 사회적, 경제적 문제가 제대로 해결되지 못했다면 정치적 불만을 갖는 유권자의 수는 늘어날 수밖에 없다.

한편, 정치적 불만의 증대는 정치적, 경제적 환경의 변화와 함께 기존 정당들이 해결할 수 없는 이슈들이 부상하기 시작했다는 사실과도 관련이 있다. 이는 영국의 브렉시트 투표와 관련해서 그 특성을 살펴볼 수 있다. 영국은 의회 주권을 원칙으로 갖는 국가이기 때문에 모든 주요한 사안은 의회 정치를 통해서 논의되고 결정되어야 한다. 그러나 유럽의 문제는 기존의 정당 정치의 균열선을 넘어 새롭게 부상한 이슈였다. 즉 보수당과 노동당으로 대표되는 영국의 양당제에서 주로 다뤄진 이슈는 시장 대 국가, 자유 대 질서, 국제 정치적 개입 대 자제 등의 영역에 한정된 것이었다. 그러나 유럽연합 탈퇴 여부 이슈는 기존의 정당체제가 다룰 수 없는 국가의 정체성, 정치, 문화와 관련된 것이었다. 따라서 보수당도, 노동당도 모두 분명한 입장을 취할 수 없었고, 결국 의회 주권 대신 국민투표를 선택할 수밖에 없었다. 그리고 의회 정치를 벗어난 브렉시트 이슈는 포퓰리즘 정치의 대상이 되었다.

극단적 대립과 불신, 그리고 거리의 정치

우리나라는 민주화 제3의 물결을 탄 신생 민주주의 국가 중에서는 비교적 안정적으로 민주적 공고화를 이뤄왔다. 지난 30여 년 동안 선거는 공정해졌고, 이미 세 차례의 정권교체를 경험했다. 국회와 사법부의 권한도 증대되었고, 시민사회도 활성화되었다. 적어도 제도적인 차원에서 한국 민주주의는 어느 정도 안정을 이뤘다고 할 수 있다.

그러나 일상적으로 만나는 정치에 대해서는 불신과 불만이 가득하고, 최근 들어서는 실제 우리 정치의 질도 나빠졌다. 세계적으로 나타나고 있는 민주주의의 위기 속에서 우리의 자유민주주의적 질서를 안정적으로 유지하기 위한 방안에 대해서 깊이 생각해봐야 할 때이다. 최근에 나타나는 우리의 민주주의의 문제점은 다음과 같이 정리해 볼 수 있다.

첫째, 우리 민주주의의 위기는 지나친 양극화 때문이다. 이념적, 정파적으로 두 개의 집단으로 사회가 갈라져 있다. 민주화 직후 지역으로 갈라졌던 정치는 이제는 그 위에 이념적, 세대적, 계층적 균열까지 더해져서 점점 더 사회를 두 집단으로 갈라놓고 있다. 그러한 양극적 대립 속에서 극단적인 주장을 펼치는 이들의 목소리가 힘을 얻으면서 사회적 갈등은 더욱 고조되고 있다. 이러한 양극적 갈등은 때때로 '선과 악'이라는 화해할 수 없는 대립의 형태로 나타나기도 한다. 나의 주장은 '선'이고 남의 주장은 '악'이 되는 경우, 거기서 타협과 화해는 나타날 수 없다. 이런 상황이라면 선이 악을 압도해야만 문제가 해결된다. 자유민주주의의 중요한 가치는 다원주의, 즉 다양성에 대한 인정이다. 너와 나는 서로 생각이 다르지만, 그럼에도 불구하고 '나는 너의 의견을 존중한다'라고 하는 다원성의 정치가 이뤄질 때 자유민주주의는 안정적으로 작동한다.

이런 문제들이 발생하게 된 데에는 여러 가지 요인이 있다. 우선 제도적으로 본다면, 승자독식의 정치에서 그 원인을 찾을 수 있다. 선거에서 승리하면 대통령은 100%의 권력을 갖는 반면, 야당은 아무런 권한도 공유할 수 없다. 이런 승자독식의 정치에서는 제로섬적인 경쟁이 이루어진다. 또한, 정당 체계가 양당적이라는 것도 양극화의 또 다른 원인이다. 정파적 이해관계를 위해 정치적 쟁점을 계속해서 만들어내고, 그러한 갈등 속에 다수 국민들은 두 개의 선택지 가운데 하나에 서도록 강요받고 있는 것이다.

이와 함께 새로운 커뮤니케이션 수단의 등장에서도 양극화의 원인을 찾을 수 있다. 과거에는 정치적 정보나 지식의 전달과 확산은 신문이나 방송 같은 중간의 매개체들이 담당했다. 그러나 인터넷과 사회적 네트워크 서비스SNS의 등장과 함께 정치적 정보의 수용과 해석에 대한 방식이 완전히 달라졌다. 중간의 매개체나 해석자에게 의존하기보다 자기가 원하는 정보를 찾고 수용하는 방식으로 정치적 의사소통의 방식이 변화된 것이다. 인터넷 시대에 제공되는 정보의 양도 무제한이고 그 내용도 다양하기 때문에 폭넓은 정치적 지식이나 정보를 가질 수 있을 것으로 예상할 수도 있지만, 실제로는 각 시민이 찾아서 보게 되는 정보는 매우 제한적이고, 또 편향적이다. 다양한 정보를 찾으려고 하기보다는 자기가 듣고 싶고, 알고 싶은 것만 선별적으로 취한다. 뿐만 아니라, 최근에는 정치적 토론 역시 자신과 생각을 같이하는 사람들like-minded people과만 행한다. 다른 생각에 경청하는 다원주의적 토론이 아니라, 편향된 자신의 주장이나 생각, 신념을 거기서 재확인하고 강화시키는 경향이 나타나고 있다. 그런 만큼 생각이나 이념이 다른 사람들과의 거리감은 커질 수밖에 없으며, 사회적으로는 합의와 타협을 어렵게 만들고 있다.

둘째, 우리의 민주주의의 위기 징후 중 하나는 정치에 대한 신뢰가 낮다는 점이다. 사실 정치에 대한 불신은 우리나라뿐만 아니라 전 세계적으로 발견되는 현상이다. 그런데 우리나라에서 특히 문제가 되는 것은 이러한 정치적 불신이 폐쇄적인 정당 정치와 긴밀하게 관련되어 있기 때문이다. 우리의 정당 체제는 1990년 3당 합당 이후 크게 변화하지 않은 채 양당 구조를 유지해 오고 있다. 유럽 국가에서는 기존 정당들에 대한 유권자의 정치적 불신과 불만이 고조되면, 이를 해결하겠다고 나서는 새로운 정당이 출현해왔다. 예를 들면, 스페인의 포데모스Podemos, 치우다다노스Ciuadanos, 그리고 이탈리아의 오성운동Movimento 5 Stelle과 같은 신생 정당들은 정치적 불만을 가진 유권자들을 흡수하여 기존 정당 체제에 상당한 충격을 가했다. 포퓰리즘 정당, 극단주의 정당이라는 비판도 있지만, 새로운 가치와 이념을 대표하는 신생 정치 세력의 출연으로 그 정당 체제는 유권자들의 요구에 대응할 수 있다. 그러나 우리나라에서는 지역주의 정당 정치로 인해 새로운 경쟁자가 출연하기 매우 어려운 상황이다. 지역주의와 단순다수제 선거제도가 결합하여 지역적 기반을 갖지 않은 정당이 강력한 도전 세력으로 등장하기란 사실 불가능하다. 그런데 이러한 기존 제도권 정치에 대한 높은 불신은 우리의 민주주의가 포퓰리즘의 위협에 취약하게 만들고 있다. 선거 때만 되면 유권자들은 새로운 정치를 갈망한다. 그리고 기존 정치에 관여하지 않은 비정치권의 인물에 주목하게 된다. 그러한 관심은 기존 정치에서 벗어나 있기 때문에 그만큼 '깨끗하고' 또 새로운 변화도 만들어낼 수 있을 것이라는 기대감에서 비롯된 것이다. 이러한 인물은 대중매체를 통해 대중적인 인기를 얻으면서 정치적으로 부상하고, 이러한 기대감은 또다시 각종 언론의 여론조사를 통해 확대 재생산된다. 그러나 정치적인 경험이 없다는 것은, 특히 대통령 선거의 경우, 매우 위험한 선택이 될 수밖에 없다. 더욱이 정치적인 능력이나 정책 역량에 대한 검증의 기회도 사실상 존재하지 않는다. 만연한 정치적 불신의 분위기 속에서 이러한 정치적 아마추어가 포퓰리즘과 만나게 되면 한순간에 선거에서 매우 경쟁력 있는 후보로 떠오를 수 있다. 그러나 우리의 정치에서 포퓰리즘은 매우 위험하다. 미국에서는 포퓰리스트 정치인인 도널드 트럼프가 대통령에 당선되었지만, 미국은 연방국가다. 즉, 주민의 일상적인 문제 대부분은 주 정부의 권한이다. 연방 대통령의 영향력은 미국 유권자의 일상적인 삶 속에서는 그다지 크게 나타나지 않는다. 이에 비해 우리나라의 대통령은 매우 강력한 권한을 가지고 있으며, 누가 대통령이 되느냐에 따라 국가 정책과 인사 등 말 그대로 모든 것이 변한다. 미국과 같이 분권화되어 있지 않은 상황에서 포퓰리스트 정치인이 권력을 장악하게 되면 우리의 민주주의는 훨씬 위험해질 수밖에 없다.

셋째, 우리의 민주주의의 위기 징후는 '거리의 정치'이다. 사실 거리의 정치를 그저 나쁘다고만 할 수는 없다. 참여 민주주의라는 관점에서 볼 때 시민들이 공적인 이슈를 두고 자신들의 의사를 표명하는 것은 바람직하다고 할 수 있다. 그동안 우리 사회에서 보여준 평화적인 촛불집회 역시 참여 민주주의의 그런 긍정적인 측면을 보여주는 것이라고 할 수 있다. 그러나 최근 들어서는 부정적인 면도 많이 나타나고 있다. 2002년 효선·미선 사건, 2004년 노무현 대통령 탄핵, 2008년 광우병 집회, 2016년 박근혜·최순실 사건 등 10여 년 사이에 대규모 촛불집회만 네 차례 발생했다. 더욱이 최근 들어서는 광화문과 서초동 등 이념적, 정파적 입장에 따른 시위가 일상적으로 나타나고 있으며, 두 집단 간 적대감도 매우 크다. 거리의 정치가 단순한 문제 제기의 차원을 넘어서 사회적 분열과 대립으로까지 이어지고 있다.

이처럼 거리의 정치가 고조되고 있는 것은 일차적으로 정치가 그 역할을 제대로 못하고 있기 때문이다. 앞서 지적한 대로, 한국의 정당 정치가 대표할 수 있는 영역은 매우 제한적이며, 따라서 다양한 사회적 요구가 제도의 정치를 통해 효과적으로 대표되고 있지 않다. 다양한 요구를 받아들일 수 있는 새로운 정당의 의회 정치 진입은 현실적으로 쉽지 않기 때문에, 정치적 불만은 제도를 통하기보다 거리에서 표출되고 있다. 최근 들어서는 거리의 정치에서 표출된 요구를 제도가 수용하기보다 정파적 이익을 위해 양극화된 정치 구조 속에서 정당 정치가 오히려 거리의 정치에 편승하는 현상도 나타나고 있다. 국회의원들마저 거리로 나가고 있는 것이다. 그런 만큼 시민사회와 국가를 이어주는 정치적 가교로서의 정당의 역할에 대한 기대감과 신뢰는 점점 더 줄어들 수밖에 없다.

그러나 이와 같은 제도권 정치의 약화, 특히 정당 정치의 무력화는 바람직하지 않다. 참여 민주주의가 아무리 바람직한 것이라고 해도 거리의 정치가 제도의 정치를 대신할 수는 없기 때문이다. 이에 대한 좋은 예가 2008년 광우병 촛불집회이다. 2008년 광우병 촛불집회는 건강, 환경이라고 하는 새로운 이슈에 대한 우리 사회의 높은 관심을 보여주었다는 점에서 주목할 만한 사건이었다. 그럼에도 불구하고, 돌이켜보면 광우병에 대한 공포는 명백히 과장된 것이었다. 촛불집회로 인해 거의 백일 정도 국정이 사실상 마비되었지만, 그러한 결과에 대해서 어느 누구에게도 정치적 책임을 물을 수가 없었다. 그것이 거리의 정치였기 때문이다. 그러나 그 집회의 주체가 제도권의 정당이었다면 이는 선거를 통해 정치적 책임을 물었을 것이다. 이처럼 거리의 정치는 제도의 정치를 대신할 수 없다. 2016~2017년의 거대한 촛불집회도 국회와 헌법재판소라는 제도의 정치를 통해서 해결되었던 것이다.

정치 개혁의 조건들

이처럼 한국 정치에서 나타나는 민주주의 위기의 징후에 대해 우리는 어떻게 대응해야 할까. 우선 지적할 수 있는 점은 우리의 정치체계가 다양한 사회적 요구와 주장을 받아들이고, 그것을 제도적으로 처리할 수 있는 포용력과 개방성을 가져야 한다는 것이다. 민주주의 위기 징후의 핵심적인 요인인 정치적 불신과 불만은 일단 제도가 내 주장을 받아들이지 못한다는 불만에서 비롯되기 때문이다. 그런 점에서 볼 때 중요한 개혁의 대상은 정당 정치이다. 양당 중심의 폐쇄적인 정당 정치를 혁파하는 일이 시급해 보인다. 경제적 성장과 사회 발전, 정치적 민주화를 거치면서 한국 사회는 매우 다양하고 복잡한 이해관계와 관심사를 갖게 되었다. 그러나 현실 정치에서 이러한 요구를 수용할 수 있는 정치적 대표 체계는 매우 협소한 것이 사실이다. 더욱이 거대 양당이 대표하는 주요한 균열은 여전히 지역, 그리고 소모적인 이념 대결이다. 따라서 실생활과 관련된 유권자들의 다양한 요구를 정치적으로 대표할 수 있는 새로운 정치 세력의 출현이 가능하도록 정치 구조를 변화시켜야 한다. 현재와 같은 단순다수제 방식의 선거제도 하에서는 지역주의에 기반한 정치 세력 이외에는 효과적으로 국민을 대표할 수 없다. 그런 점에서 비례성이 높은 선거제도의 도입이 절실하게 요구된다. 브렉시트의 영국, 트럼프의 미국, 노란 재킷 시위의 프랑스 모두 단순다수제 선거제도를 택하고 있는 점은 주목할 만한 사실이다.

두 번째로 생각해볼 수 있는 점은 정책의 효과, 정책의 집행력을 높일 방안에 대해 고민할 필요가 있다. 앞서 언급한 대로, 세계 많은 나라에서 나타나는 민주주의 위기의 원인은 사회적, 경제적인 문제점에 대해 국가가 제대로 대응하지 못하기 때문이다. 물론 세계화, 정보화 등 구조적인 측면에서 국가가 효과적으로 문제 해결에 나서기 어려운 영역이 있다. 그러나 우리나라에서의 문제는 5년 단임 대통령제와 관련이 있다. 어떤 정책의 효과가 나타나기에 5년은 너무 짧다. 더욱이 임기 후반이면 모든 대통령은 레임덕 lame duck을 겪기 때문에 정책의 추진력은 더욱 떨어진다. 또한 후임 대통령이 전임자의 정책을 이어받으려고 하지 않기 때문에 5년마다 새로운 정책이 추진된다. 이런 상황에서는 복잡하게 얽혀 있고 구조화된 여러 가지 경제적, 사회적인 문제를 쉽게 해결해 낼 수 없다. 안정적인 통치력과 정책의 지속성이라는 관점에서 제도 개혁이 사회적으로 논의될 필요가 있다.

마지막으로는 시민교육이 필요하다는 점이다. 우리나라는 자유민주주의를 채택하고 있지만, 권위주의 시대에 그것은 반공주의와 동일시되었고, 민주화 이후에는 절차적 민주주의에만 관심이 집중되었다. 그러나 자유민주주의가 지닌 관용, 공존, 다양성의 존중에 대해서는 우리 사회가 그동안 큰 관심을 보이지 않았다. 현재 우리나라에서 나타나는 민주주의 위기의 징후가 제도권뿐만 아니라 시민사회의 영역에서도 심각하게 나타나고 있는 만큼 이제 자유민주주의의 원래 가치에 대한 관심 속에서 이러한 위기를 넘어서려는 노력이 필요한 시점이 되었다.

Endnotes

1부. 전 지구적 도전과 우리의 선택

1 글의 일부는 임혁백, "포스트 코로나 시대의 국가와 경제: 폴라니적인 시각에서 본 '우리 시대'의 대변환", 박명림 외, 《코로나 19: 생명과 문명의 전환점》(근간)을 수정, 보완한 것이다.

2 신호성·김동진, 《기후변화와 전염병 질병부담》(한국보건사회연구원, 2008), pp.96~97.

3 "코로나 확산, 지구온난화도 한몫 ⋯ 거의 매년 국지적 유행병 터질 것. 기후변화 위기 경고하는 생태학자 최재천 교수 인터뷰", 〈조선일보〉(2020년 9월 11일 자), A29.

4 근래에 들어와 인류세 개념 사용이 폭발적인 확산세에 있으므로 별도의 개념 설명은 건너뛴다. 다만 인류세 개념은 지질연대 개념임에도 불구하고, 처음부터 지질학적 시간의 척도로서가 아니라 지구에 미치는 인간의 영향력을 측정하는 개념으로 사용되고 정착되었다는 사실을 지적해둔다. 또한 인류세는 환경사학자들을 비롯한 인문학자들이 대거 참여하여 관련 담론을 이끌고 있는 유일한 지질연대 개념이며, 언론과 여론을 통해 공론적 열기와 밀접하게 공명하는 개념이기도 하다는 점도 주목할 만하다.

5 역사기후학은 미국에서는 주로 기후사로 지칭되고 있다. 역사기후학이 유럽에서 탄생했기 때문에 역사기후학으로 장 제목을 달았지만, 기후사란 명칭이 훨씬 전달력이 좋고 간소하기에 본문에서는 기후사란 명칭을 병용할 것이다.

6 Alfred W. Crosby, *The Columbian Exchange: Biological and Cultural Consequences of 1492* (London: Greenwood, 1973), p.XXV.

7 Frank Uekötter, *Umwelt - Geschichte im 19. und 20. Jahrbundert* (Oldenbourg, 2007), p.3, p.6.

8 볼프강 베링어, 안병옥·이은선 옮김, 《기후의 문화사》(공감, 2010). 이하의 내용은 pp.190~212, pp.264~289를 참고.

9 임승휘, 《절대왕정의 탄생》(살림, 2015), p.56.

10 백인호, 〈정치문화상징담론의 분석을 통한 역사서술 – 프랑스 혁명과 앙시앵 레짐 연구를 중심으로〉, 《오늘의 역사학》(한겨레신문사, 1998), pp.301~305.

11 윌리엄 F. 러디먼, 김홍옥 옮김, 《인류는 어떻게 기후에 영향을 미치게 되었는가》(에코리브르, 2017), p.119, pp.139~150.

12 〈A Region at Risk: The Human Dimensions of Climate Change in Asia and Pacific〉(Asian Development Bank, 2017), 11.
http://dx.doi.org/10.22617/TCS178839 – 2 (2022년 3월 7일 확인)

13 Jeremy D. Shakun et al., "Global warming proceeded by increasing carbon dioxide concentrations during the last deglaciation," *Nature*, No.484 (2012), p.51.

14 볼프강 베링어, 《기후의 문화사》, p.377.

15 Marc Auboin and Floriana Borino, "The Falling Elasticity of Global Trade to Economic Activity: Testing the demand channel, improving global trade forecasts," *WTO Working Paper* (2017), ERSD - 2017 - 09.

16 방(放)은 중앙에서 일정한 재정·업무 권한을 지방정부에게 부여하는 것을 말하고, 수(收)는 지방정부에게 부여된 권한을 다시 중앙으로 거두어들이는 것을 말한다. 중국 중앙지방 관계의 특징을 설명할 때 가장 대표적으로 거론되는 것이 이른바 전통적인 "방(放) - 난(亂) - 수(收) - 사(死)"의 악성 순환이다. 이는 중앙에서 지방의 자발성을 활성화하기 위해 지방에게 많은 권한을 부여하는(放) 정책을 쓰면 통제하기 어려울 정도로 혼란스러워지고(亂), 혼란스러운 상황을 막고 다시 중앙으로 권한을 거두어들이면(收) 전체적으로 활기가 없어지는(死) 상황이 반복되는 현상을 말한다.

17 중국에서는 'governance'를 '치리(治理)'로 번역하지만, 이는 민주주의 사회에서 말하는 '거버넌스(협치)'와는 의미가 다르다. 중국에서 '치리'는 치리 주체의 층위와 치리 대상의 영역에 따라 그 기능과 목표가 다르다. 국가 수준에서는 중국 제도건설이라는 통치시스템의 완성을, 정부 차원에서는 정부 관리체계의 완비와 관리 능력의 향상을, 사회 차원에서는 다원화된 주체들이 함께 참여하여 기층자치를 실현하는 거버넌스 기제의 완성을 목표로 하고 있다. 따라서 '국가 치리'는 '국가 통치'로, '정부 치리'는 '정부 관리'로, '사회 치리'는 '사회 거버넌스'라고 번역하는 것이 가장 적절하게 의미를 전달할 수 있다. 또한 각급 정부 및 부문 간의 상호 작용이나 메커니즘을 치리라고도 부른다. 이러한 경우에는 거버넌스라고 번역하는 것이 적절하다. 이 글에서는 문맥과 내용에 따라 중국의 '치리'를 '통치', '관리', '거버넌스' 등의 용어로 함께 사용한다.

2부. 삶과 직결된 현안과 쟁점

18 여기서부터는 필자가 〈한국일보〉의 칼럼 "인구와 경제"에 투고한 내용 중 일부를 수정·재구성한 것임을 밝힌다.

19 이철희, 〈저출산·고령화 대응 정책의 방향: 인구정책적 관점〉, 《보건복지포럼》 216호, (한국보건사회연구원, 2018).

20 이 글의 일부는 강원택, 〈포퓰리즘 정치와 한국 민주주의의 개혁 방안〉(2019)에 기초한 것이다.

김도연

서울대학교 재료공학과 명예교수. 프랑스 블레즈 - 파스칼 대학에서 박사학위를 취득했다. 2001년에는 과학기술훈장과 한국공학한림원이 수여하는 '젊은공학인상'을 받았다. 고든 리서치 컨퍼런스(Gordon Research Conference) 등의 세계적인 학술회의에서 40회 이상 초청받아 강연했으며, 초대 교육과학기술부 장관으로 활동했다. 이후 울산대학교 총장, 포항공과대학 총장, 국가교육과학기술자문회의 의장, 한국공학한림원 회장, 국가과학기술위원회 위원장으로 일했다. 지은 책으로《나는 신기한 물질을 만들고 싶다》,《새로운 대학을 말하다》,《우리시대 기술혁명》등이 있다.

김태유

서울대학교 산업공학과 명예교수. 미국 웨스트버지니아대학에서 경제학 석사학위, 콜로라도 CSM대학에서 자원경제학 박사학위를 받았다. 미국 컬럼비아대학에서 박사후과정을 했다. 한국자원경제학회 회장, 한국혁신학회 회장, 초대 대통령정보과학기술보좌관, 외교통상부 에너지·자원대외직명대사 등을 역임했다. 국가발전론, 에너지·자원경제학, 산업·기술경제학 등의 분야에 많은 논문을 발표했으며《정부의 유전자를 변화시켜라》,《국부의 조건》,《패권의 비밀》,《은퇴가 없는 나라: 국가경제를 이모작하라》,《한국의 시간》, *The Secrets of Hegemony* 등이 있다. 과학기술과 공학, 경제학, 역사학을 학문적 기반으로 현재 인류문명의 발전과 쇠퇴에 관한 연구와 집필에 몰두하고 있다.

윤평중

한신대학교 철학과 명예교수. 미국 남일리노이 주립대학교에서 철학 박사학위를 받았다. UC버클리 역사학과 방문학자, 미시간주립대학교 철학과 객원교수, 럿거스대학교 정치학과 풀브라이트 학자로 활동했다. 2012년부터 현재까지 주요 일간지에 '윤평중 칼럼'을 쓰고 있다. 저서로《푸코와 하버마스를 넘어서》,《담론이론의 사회철학》,《논쟁과 담론》,《극단의 시대에 중심잡기》,《윤평중 사회평론집》,《급진자유주의 정치철학》,《시장의 철학》,《국가의 철학》 등이 있다.

최진석

사단법인 새말새몸짓 이사장이자 서강대학교 철학과 명예교수. 베이징대학에서 철학 박사학위를 받았다. 1998년부터 모교인 서강대학교 철학과 교수로 재직했으며, 2015년에 건명원(建明苑)을 설립하여 초대원장을, 2017년에는 섬진강인문학교 교장을 맡았고, 부산심포니오케스트라와 지역을 돌며 〈노자와 베토벤〉이라는 철학과 음악이 함께하는 콘서트를 열었다. 이후 대한민국이 헌 말, 헌 몸짓을 벗고 새 말, 새 몸짓으로 무장하기를 염원하며 2020년 사단법인 새말새몸짓을 설립하여 '책 읽고 건너가기' 운동을 펼치는 한편 '기본학교'를 열어 사명감 있는 미래 인재를 양성하는 데에 힘쓰고 있다. 지은 책으로《노자의 목소리로 듣는 도덕경》,《인간이 그리는 무늬》,《탁월한 사유의 시선》,《경계에 흐르다》 등이 있고,《노자의소》(공역),《중국사상 명강의》,《장자철학》,《노장신론》 등의 책을 해설하고 우리말로 옮겼다.

임혁백

고려대학교 정치외교학과 명예교수. 서울대학교를 졸업하고 시카고대학교에서 박사학위
를 받았다. 이화여대, 조지타운대, 듀크대, 스탠퍼드대, 존스홉킨스대 등에서 교수를 지
냈다. 고려대학교 정책대학원 원장, 평화와 민주주의연구소 소장, BK21교육연구단 단장
등을 역임했으며, 대통령 정책기획위원회 정치행정분과 위원장을 역임하고 대통령직속 사
회통합위원회 위원, 통일부 정책평가위원, 국회입법조사처 자문위원 등을 지냈다. 주요
저서로 《시장, 국가, 민주주의》,《세계화시대의 민주주의》,《신유목적 민주주의》,《1987년
이후의 한국 민주주의》,《산과 강은 바다에서 만나고: 지중해 역사문화》,《비동시성의
동시성: 한국 근대정치의 다중적 시간》, *Democratization and Democracy in South
Korea, 1960 - Present* 등이 있다.

박혜정

연세대학교 교양교육연구소 전임연구원, 독일 빌레펠트대학교에서 역사학으로 박사학위
를 받았다. 주요 논문으로 〈도시, 자연, 환경 – 유럽환경사의 도시환경사적 진화〉, 〈환경
사, 운동의 역사인가 환경의 역사인가 – 독일 환경운동과 환경사 연구〉, 〈4차 산업혁명 시
대의 역사교육 – 대학 역사교육에서 '역사하기' 컨셉 활용하기〉, 〈서구의 아토피아적 위
치 – 유럽, 서양, 제국 사이에서〉 등이 있다.

최낙균

서울대학교 무역학과와 동대학원을 졸업하고 미국 텍사스 오스틴대학교에서 경제학 박
사학위를 취득했다. 현재 대외경제정책연구원 부원장으로 재직 중이다. 지은 책으로 *An
Empirical Analysis of International Trade Policy, Analysis of the Trade Negotiation
Options in the East Asian Context*(공저) 등이 있다.

전재성

EAI 국가안보연구센터 소장, 서울대학교 교수. 미국 노스웨스턴대학교에서 정치학 박사
학위를 받았다. 한국국제정치학회 회장, 외교부, 국방부, 통일부 자문위원으로 활동하고
있다. 주요 연구 분야는 국제정치 이론, 국제관계사, 동아시아 안보론, 한국외교정책 등
이다. 주요 저서로는 《동북아 국제정치이론: 불완전주권국가들의 국제정치》,《주권과 국
제정치: 근대주권국가체제의 제국적 성격》,《정치는 도덕적인가?: 라인홀드 니버의 초월적
현실주의》,《동아시아 국제정치: 역사에서 이론으로》 등이 있다.

장윤미

연세대학교 중어중문학과를 졸업하고 중국 베이징대학교 정부관리학원에서 《시장화 개혁
시기 중국의 노동정치》라는 논문으로 정치학 박사학위를 받았다. 서강대 동아연구소, 인
천대 인문학연구소, 성균관대 동아시아학술원 등에서 연구했으며 현재 동서대학교 중국
연구센터에서 학술연구교수로 활동하고 있다. 주요 논저로는 《열린 중국학 강의》(공저),
《중국의 민주주의는 어떻게 가능한가》(공편), 〈중국 노동운동과 사회주의 경험 및 기억의
전승〉, 〈중국과 한반도에서의 '민족'개념의 인식과 갈등구조〉 등이 있다.

임현진

서울대학교 사회학과 명예교수, 대한민국학술원 정회원, 동아시아사회학회(EASA) 회장. 서울대학교 사회학과를 졸업하고 미국 하버드대학교에서 사회학 박사 학위를 받았다. 서울대학교 아시아연구소장, 사회과학대학장, 기초교육원장과 한국학중앙연구원 이사장을 비롯하여 한국사회학회, 한국정치사회학회, 한국NGO학회, 국제개발협력학회, 전국사회대학장협의회, 한국사회과학협의회 등의 회장을 역임했으며, 교육부로부터 인문사회 분야 '국가석학'으로 선정된 바 있다. 전공 분야는 사회발전론, 정치사회학, 비교사회학이다.

박명림

연세대학교 대학원 지역학협동과정 교수. 김대중도서관 관장과 인간평화연구센터 소장으로 활동하고 있다. 연구 주제는 평화와 화해, 한국 정치, 정치이론, 동아시아 국제관계다. 주요 저서로《한국전쟁의 발발과 기원 I·II》,《한국 1950: 전쟁과 평화》,《다음 국가를 말하다》,《역사와 지식과 사회》,《인간국가의 조건 I·II》(근간) 등이 있다.

신광영

중앙대학교 사회학과 명예교수. 서울대학교를 졸업하고 위스콘신대학교 사회학 박사학위를 받았다. 한국 사회학회 부회장, 한국 스칸디나비아학회 회장, 비판사회학회 회장 등을 역임했다. 현재 국제학술지 *Globalizations, Social Forces, Journal of Contemporary Asia*의 편집위원으로 활동하고 있고 *Asian Journal of German and European Studies*의 공동 편집장을 맡고 있다. 동아시아와 유럽의 불평등 체제, 복지제도와 노동정치에 대한 비교사회학적 연구를 진행하고 있다. 주요 저서로는《계급과 노동운동의 사회학》,《동아시아의 산업화와 민주화》,《한국의 계급과 불평등》,《한국 사회 불평등 연구》가 있으며, 공저로《한국사회의 계급론적 이해》,《세계화와 소득불평등》,《대한민국 복지》,《세계화와 생애과정의 구조변동》 등이 있다.

이진우

포스텍 인문사회학부 석좌교수. 연세대학교 독어독문학과를 졸업하고 독일 아우크스부르크대학교에서 철학 석사학위와 박사학위를 받았다. 아우크스부르크대학교 철학과 전임강사, 계명대학교 총장, 포스텍 인문사회학부 교수를 역임했다. 니체 철학 최고의 권위자로 니체가 그랬듯, 인간 실존을 둘러싼 문제들에 대해 끊임없이 답을 찾고 있다. 《균형이라는 삶의 기술》,《인생에 한번은 차라투스트라》,《한나 아렌트의 정치 강의》,《니체: 알프스에서 만난 차라투스트라》,《의심의 철학》 등 다수의 저서를 집필했고,《공산당선언》,《인간의 조건》,《글로벌 위험사회》,《차라투스트라는 이렇게 말했다》 등을 우리말로 옮겼다. 다양한 매체를 통해 대중에게 철학으로 사유하는 힘을 전하고 있다.

장은주

영산대학교 성심교양대학 교수. 어떻게 하면 한국 민주주의가 좀 더 안정되고 성숙할 수 있을지를 고민하면서 필요한 철학적 인식을 다듬는 게 주된 관심사다. 독일 프랑크푸르트의 괴테대학에서 '비판사회이론'으로 철학 박사학위를 받았다. 한국 사회의 고유한 삶의 문법과 발전 동학을 제대로 이해할 수 있는 독자적인 이론을 만들고 싶어 한다. 최근에는 시민들의 민주적 역량 함양을 위한 민주시민교육에 관심이 많다. 주요 저서로는 《시민교육이 희망이다》, 《유교적 근대성의 미래》, 《정치의 이동》, 《인권의 철학》 등이 있다.

전영수

한양대학교 국제학대학원 교수. 혁신 인재를 양성하며 사회 발전을 위한 다양한 연구를 진행하고 있다. 현재 대통령직속 일자리위원회 전문위원, 고용노동부 모태펀드 선정위원, 기획재정부 협동조합 정책심의위원회 심의위원 등으로 활동하며 다각도로 정책을 분석·연구하고 있다. 그리고 인구통계와 세대 분석으로 인구 트렌드를 읽어내는 사회경제학자이기도 하다. 고령화 선두주자 일본을 시작으로 국제 사회의 인구 추이를 비교 분석해 대한민국에 최적화된 솔루션을 찾는 것을 목표로 연구 중이며 이를 다양한 매체에 소개하고 있다. 지은 책으로는 《각자도생 사회》, 《대한민국 인구·소비의 미래》, 《한국이 소멸한다》, 《이케아세대, 그들의 역습이 시작됐다》, 《은퇴대국의 빈곤보고서》 등이 있다.

신중섭

강원대학교 윤리교육과 교수. 고려대학교 철학과를 졸업하고 동 대학원에서 석사와 박사학위를 받았다. 1986년부터 강원대학교 윤리교육과 교수로 재직 중이다. 한국과학철학회 회장, 유네스코 한국위원회 위원을 역임했다. 지은 책으로는 《포퍼의 현대의 과학철학》, 《포퍼의 열린사회와 그 적들》, 《현대철학의 흐름》(공저), 《철학과 논쟁》(공저), 《과학철학: 흐름과 쟁점 그리고 확장》(공저) 등이 있다. 옮긴 책으로는 《새로운 과학철학》, 《치명적 자만》, 《무한한 다양성을 위하여》, 《상상의 세계》 등이 있다.

최형욱

퓨처디자이너스·라이프스퀘어 대표. 미국 서던캘리포니아대학교에서 석사학위를 받았다. 삼성전자에서 무선네트워크, 센서, 디스플레이 등 신기술 연구·개발에 참여했으며 IoT 플랫폼 기업 매직에코 공동대표를 역임했다. IoT, UX, 모바일 디바이스, 무선 통신 및 네트워크 등과 관련해 50여 개의 특허를 출원하기도 했다. 현재 미래 전략 싱크테크 퓨처디자이너스와 기업들의 혁신을 디자인하는 혁신기획사 라이프스퀘어 대표이다.

강원택

서울대학교 정치외교학부 교수. 영국 런던정치경제대(LSE)에서 정치학 박사를 취득했다. 한국정치학회장, 한국정당학회장을 역임했다. 주요 연구 분야는 한국 정치, 의회, 선거, 정당 등이다. 주요 논저로는 《한국 정치의 결정적 순간들》(2019), 《사회과학 글쓰기》(2019), 《한국 정치론》(2019), 《시민이 만드는 민주주의》(2018, 공저), 《대한민국 민주화 30년의 평가》(2017, 공저), 《대통령제, 내각제와 이원정부제》(2016) 등이 있다.

시대의 물음에 답하라

초판 1쇄   2022년 03월 30일

엮 은 이   철학문화연구소
책임편집   박병규
디 자 인   박경아

펴 낸 이   박병규
펴 낸 곳   생각의닻
등   록   2020년 11월 11일 제2020-40호
주   소   (01411) 서울시 도봉구 마들로13길 84
            창동아우르네 1층 신나
전   화   (070) 8702-8709
팩   스   (02) 6020-8715
이 메 일   doximza@gmail.com
I S B N   979-11-973552-2-6 (03300)